Ulla-Britta Chimara • Ágnes Einhorn • Diana Gelegonya • Ágnes Magyar
Enikő Rabl • Wolfgang Schmitt • Anna Szablyár

Deutsch mit Grips 1

Lehrwerk für Jugendliche

LEHRERHANDBUCH

Ernst Klett Sprachen
Barcelona • Budapest • London • Posen • Sofia • Stuttgart

QUELLENVERZEICHNIS

S. 82–83 Gerhard Wahrig, Deutsches Wörterbuch. Bertelsmann Lexikon Verlag, Gütersloh/München 2000
S. 146 Steckbrief. JUMA 1/2000
S. 148 Jeansmuseum, Mariahilferstr. 24., 1060 Wien
S. 150 Brigitte Peter, Ufo. Am Montag fängt die Woche an. 1990 Beltz Verlag, Weinheim und Basel, Programm Beltz & Gelberg, Weinheim
S. 151 Verhaltensregeln für Lehrer. Specht Nr. 4 Weihnachten 1990
S. 152 Plakat über die Lese-Nacht. Wilhelm-Löhe-Schule in Nürnberg
S. 153 Plakat über das Müllkonzept. Wilhelm-Löhe-Schule in Nürnberg
S. 154 Verzettelte Familie. Spot, Jugendzeitschrift der jungen Kirche, Nr. 128 März 1994
S. 155 Treff © OZ Verlag GmbH, 30926 Seelze
S. 156 Broschüre „Downtown Switzerland" Hrsg. Schweizer Jugendherbergen, 8042 Zürich

Trotz unserer Bemühungen ist es uns nicht gelungen, alle Inhaber von Text- und Bildrechten zu ermitteln. Für entsprechende Hinweise ist der Verlag dankbar.

Das Lehrwerk folgt der reformierten Rechtschreibung. Ausnahmen bilden Texte, bei denen künstlerische, philologische oder lizenzrechtliche Gründe einer Änderung entgegenstehen.

1. Auflage A1 $^{5\ 4\ 3\ 2}$ | 2007 2006 2005 2004 2003

Alle Drucke dieser Auflage können im Unterricht nebeneinander
benutzt werden, sie sind untereinander unverändert. Die letzte Zahl
bezeichnet das Jahr des Druckes.

© Ernst Klett Sprachen GmbH, Stuttgart 2002
Alle Rechte vorbehalten

Projektleitung: Jürgen Keicher, Enikő Rabl
Redaktion: Nicole Nolte, Enikő Rabl
Gestaltung und Satz: Gábor Puiz

Druck: Regia Rex Nyomda, Székesfehérvár
Printed in Hungary

Internetadresse: www.edition-deutsch.de
E-Mail: edition-deutsch@klett-mail.de

ISBN 3-12-**675582**-8

INHALTSVERZEICHNIS

Einführung 4

Hinweise zu Lektion 1 10

Lektion 2 19

Lektion 3 28

Lektion 4 36

Lektion 5 49

Lektion 6 60

Lektion 7 70

Lektion 8 83

Lektion 9 91

Lektion 10 101

Lektion 11 110

Lektion 12 120

Lektion 13 131

Transkription der Hörtexte 134

Ergänzungsmaterialien 146

Kopiervorlagen zur Grammatik 159

Einführung

Deutsch mit Grips richtet sich an jugendliche Lerner mit ca. 300–400 Unterrichtsstunden in Deutsch als Fremdsprache. Das Lehrwerk ist für die Klassenstufen 9–12 entwickelt worden und bietet optimalen Anschluss an Lehrwerke für Kinder wie z. B. *Das Deutschmobil* oder andere in der Sekundarstufe I gebräuchliche Lehrwerke. *Deutsch mit Grips* führt in drei Bänden zur Stufe B2–C1.

Lernziele des Lehrwerks *Deutsch mit Grips*

Im ersten Band werden hauptsächlich früher erworbene Kenntnisse wiederholt, systematisiert und gefestigt, im zweiten Band werden die Sprachkenntnisse erweitert und die Ausbildung von Lerntechniken gefördert, der dritte Band führt in die Mittelstufe und befähigt die Lerner zu produktiver und sicherer Sprachanwendung.

Deutsch mit Grips möchte Lehrerinnen und Lehrer sowie ihre Schüler davon überzeugen, dass es eine spannende Aufgabe ist, in einer Gruppe zusammenzuarbeiten und dabei immer mehr über die Länder des deutschen Sprachraums und ihre Bewohner zu erfahren, sich in einer fremden Welt orientieren zu können und altersgemäße interkulturelle Situationen zu bewältigen. Zur Formulierung ihrer Gedanken und Meinungen in der Fremdsprache benötigen die Lerner immer differenziertere sprachliche Mittel. Durch Beispiele, Lern- und Übungsmöglichkeiten werden verschiedene Strategien gezeigt, dieses Wissen zu erwerben. *Deutsch mit Grips* ist in der Auswahl von Themen, Texten und Kommunikationssituationen an den Interessen der Lerner orientiert und fördert das selbstständige Lernen der Schüler. Auch der Titel weist darauf hin: Das Wort *Grips* steht in der Jugendsprache für Verstand und Auffassungsgabe, d. h., das Lehrwerk möchte das Sprachenlernen auch für den Schüler zu einem transparenten Prozess werden lassen, in dessen Verlauf er sich Problemlösungsverfahren aneignet, die ihn zu selbstständigem Lernen befähigen.

Aufbau und Komponenten von *Deutsch mit Grips 1*

Kursbuch Das Lehrwerk *Deutsch mit Grips* kann kurstragend eingesetzt werden und besteht aus Kursbuch, Arbeitsbuch, Hörmaterial (Kassette oder CD) und Lehrerhandbuch. Der erste Band beinhaltet bei durchschnittlicher Kursintensität Lernstoff für ein Schuljahr mit 3–4 Wochenstunden. Der zweite und dritte Band deckt den Lernstoff von jeweils zwei Schuljahren ab.

Der erste Band des Kursbuches besteht aus 13 Lektionen. Die Auswahl der Themen orientiert sich unter Berücksichtigung pädagogischer Prinzipien in erster Linie an den Interessen und Bedürfnissen der Zielgruppe. Der Aufbau der Lektionen wird jeweils durch ein Thema und die daraus hervorgehenden Schwerpunkte im Fertigkeitstraining bestimmt. Unterschiede in Aufbau und Struktur der einzelnen Lektionen sind also Resultat einer bewussten Entscheidung. Der Stoff ist in verhältnismäßig kurze Einheiten gegliedert. Altersgemäße und prüfungsrelevante Themenkreise wie Reise, Umweltschutz, Schule, Kultur oder Technik, bestimmte Situationen und Sprechabsichten werden in den drei Bänden mehrmals, unter verschiedenen Aspekten thematisiert.

Arbeitsbuch Da die Übungen im Arbeitsbuch eng mit den Aufgaben im Kursbuch verknüpft sind, empfiehlt es sich, die beiden Komponenten parallel zu benutzen. An vielen Stellen wird auf die entsprechende Aufgabe im Kursbuch verwiesen. Im Arbeitsbuch wird die Grammatik systematisch dargestellt und es gibt Übungen zu Grammatik und Wortschatz sowie ergänzende Aufgaben zum Training der Fertigkeiten. Einzelne Teile des Arbeitsbuches können auch unabhängig vom Kursbuch eingesetzt werden.

Die letzte Kursbuchlektion weicht in ihrem Charakter von den anderen Lektionen ab: Als Abschlusslektion des ersten Bandes bietet sie einen Überblick über das vergangene Schuljahr und eignet sich zur Zusammenfassung der Ereignisse und zur Auswertung der Ergebnisse. Da hier kein neuer grammatischer Stoff eingeführt wird, findet sich keine Entsprechung im Arbeitsbuch.

Kassette/CD Ein weiterer Bestandteil des Lehrwerks ist das Hörmaterial auf Kassette bzw. CD. Hier sind Dialoge, Interviews und Beiträge zu hören, zu denen Hörverstehensübungen gehören. Außerdem befinden sich auf der Kassette/CD auch die literarischen Texte aus dem Kursbuch. Hörtexte auf Kassette/CD werden im Kursbuch durch ein Piktogramm gekennzeichnet.

Entwicklung der sprachlichen Fertigkeiten

Einstiegsniveau Bei der Bestimmung des Einstiegsniveaus wird davon ausgegangen, dass die Schüler im Verlauf von 300–400 Deutschstunden zwar sehr viel gelernt haben, die Anwendung ihrer Kenntnisse ihnen aber noch vielfach Probleme bereitet. Das Niveau der einzelnen Lerner innerhalb der Gruppe kann – gerade wenn auch Schulwechsel vorliegt – sehr heterogen sein; manche Schüler können sowohl bei den Fertigkeiten als auch beim Wortschatz noch Defizite haben. Der Grund dafür liegt nicht nur darin, dass sie vorher möglicherweise mit verschiedenen Lehrwerken und mit unterschiedlichen Methoden gelernt haben, sondern auch darin, dass das Lernen unter unterschiedlichen Bedingungen stattfand und unterschiedliche Gegebenheiten ihren Lernerfolg beeinflusst haben. Erfahrungsgemäß ist es deshalb notwendig, früher Gelerntes zu systematisieren und zu wiederholen, wie z. B. bestimmte wichtige Sprechabsichten, einzelne Teile der Grammatik und des Grundwortschatzes sowie Sprachlernstrategien. Viele Aufgaben im Kurs- und Arbeitsbuch sind dazu geeignet, einen binnendifferenzierten Unterricht durchzuführen.

Fertigkeiten *Deutsch mit Grips* trainiert alle vier Fertigkeiten durch ein abwechslungsreiches Übungssystem mit didaktisch durchdachten Übungssequenzen und durch Bewusstmachung von grundlegenden Techniken und Strategien.

Lesen *Deutsch mit Grips* bietet den Schülern viele Möglichkeiten, für sie relevante und interessante Texte unterschiedlicher Textsorte zu lesen, die sie dazu anregen, ihre Gedanken und **Sprechen** Meinungen zu äußern. Mit abwechslungsreichen Aufgaben zum Leseverstehen wird das Textverstehen gesteuert und unterstützt. Die gemeinsame Besprechung der Themen bietet zahlreiche Möglichkeiten zur Verwendung bestimmter sprachlicher Mittel und realer Sprechabsichten.

Im Lehrwerk wurde auf einige Alltags- und Kommunikationssituationen bewusst verzichtet, da diese während des Deutschlernens mit Sicherheit schon öfter bearbeitet wurden. Auf diesem Niveau soll der Akzent neben der Entwicklung des dialogischen Sprechens mehr auf das monologische Sprechen verlagert werden. Ziel ist also, dass der Schüler mehr und mehr zusammenhängend über sich selbst, über seine Ansichten und Gefühle sprechen kann.

authentische Texte Damit die Lerner für das gewünschte Ziel mit wirklich aktuellen, sprachlich anspruchsvollen, abwechslungsreichen und motivierenden Materialien arbeiten können, bietet das Lehrwerk vor allem authentische Texte mit einer Vielfalt an Textsorten aus Schülerzeitungen, Jugendmagazinen, Wochenzeitschriften, Werbeprospekten, literarischen Werken usw. Manche wurden leicht verkürzt oder vereinfacht. Zur vielseitigen Entwicklung der sprachlichen Kompetenz schließen sich an die Texte eine Reihe kommunikativer Aufgaben und auch Aufgaben zur Erarbeitung von Wortschatz und Grammatik. Das Lehrwerk hat ein offenes Materialangebot, d. h., die vorhandenen Materialien können mithilfe von aktuellen Themen, Zeitungsartikeln oder Videofilmen den Bedürfnissen der Gruppe entsprechend ergänzt werden. Gleichzeitig können auch Texte und Aufgaben, die der Gruppe aus irgendeinem Grund weniger entsprechen, weggelassen werden.

Textarbeit Auf die Textarbeit wird besonderer Wert gelegt. Es werden vor allem das globale und selektive Lesen geübt, da es in den meisten Fällen nicht nötig ist, Texte Wort für Wort zu verstehen. Manche Wörter sind mit einer Indexzahl gekennzeichnet; d. h., diese Wörter sind aus dem Kontext nicht oder nur schwer zu erschließen und müssen auf dieser Stufe von den Schülern noch nicht aktiv beherrscht werden. Ihre Bedeutung sollte vom Lehrer angegeben werden, damit die Schüler die Lust am Lesen nicht verlieren, weil sie mit zu vielen unbekannten Wörtern konfrontiert werden.

Lerntechniken, Lesestrategien Durch die Textarbeit erwerben die Schüler auch Lerntechniken und wichtige Lesestrategien. Auf diese werden die Schüler einerseits mit dem mehrmals wiederkehrenden *Lesetipp* aufmerksam gemacht, andererseits wird die Bewusstmachung durch Aufgaben erzielt. Den Schülern wird so die Technik beigebracht, je nach Charakter des Textes und den damit verbundenen Aufgaben die entsprechende Lesestrategie einzusetzen.

Lesetexte Das Kursbuch enthält am Ende jeder Lektion Lesetexte: Hierbei handelt es sich um kurze Zeitungsartikel oder literarische Texte, zu denen keine Aufgaben gehören. Dadurch wird das Leseangebot erweitert. Diese Texte sollen beim Schüler Leseinteresse wecken und ihn auch zum selbstständigen Lesen anregen. Selbstverständlich können sie aber auch als Ergänzungsmaterial in der Stunde bearbeitet werden. Zu ihrer Didaktisierung gibt es Vorschläge im Lehrerhandbuch.

literarische Texte Auch literarische Texte kommen im Lehrwerk vor: Gedichte, kürzere Prosawerke oder Auszüge daraus. Es ist besonders wichtig, dass die Schüler lernen, ihre Gedanken im Zusammenhang mit diesen Texten zu äußern, ihr Gefallen oder Nichtgefallen auszudrücken und dieses auch begründen zu können. Zu diesen Texten gibt es meist keine Wortschatz- oder Grammatikübungen, um Lehrern bei der Planung des Unterrichts möglichst große Freiheiten zu lassen und einen zielgruppenorientierten Umgang mit den Texten zu ermöglichen.
Im Lehrerhandbuch werden die Autoren der literarischen Texte kurz vorgestellt. Diese Hintergrundinformationen können bei der Textarbeit genutzt werden.

Hörverstehen Auch bei den Hörtexten müssen unterschiedliche Hörstrategien für die verschiedenen Textsorten gewählt werden. Welche Hörtechnik angewendet werden soll, geht aus der jeweiligen Aufgabe zum Text hervor. In bestimmten Fällen können die Dialoge oder Kommentare als Muster für ähnliche Äußerungen dienen, d. h., mit ihnen werden Sprechaufgaben verknüpft. Alle Hörtexte sind im Kursbuch durch ein Piktogramm gekennzeichnet. Die Transkriptionen befinden sich im Lehrerhandbuch.

Schreiben Die Aufgaben zum Training der Schreibfertigkeit haben im Kursbuch den Titel *Schreib's auf*, Schreibaufgaben kommen aber auch im Arbeitsbuch vor. Einige von ihnen üben das Schreiben in seiner kommunikativen Funktion (z. B. Brief), andere dienen eher dem kreativen Schreiben, bei dem Gefühle bzw. Gedanken in fiktionalem oder witzigem Rahmen ausgedrückt werden können.

Grammatik und Wortschatz

Grammatikdarstellung Das Arbeitsbuch beinhaltet die Darstellung der Grammatik, Hilfsfragen zur Erarbeitung, knappe Regeln, Tabellen und Übungen. Im Kursbuch weist ein Piktogramm auf die Grammatik hin; an der markierten Stelle kann man zum entsprechenden Grammatikteil im Arbeitsbuch übergehen.
Im Lehrerhandbuch gibt es zusätzlich Kopiervorlagen zur Grammatik; auf jeder Kopiervorlage ist der Grammatikstoff einer Lektion zusammengefasst.

Funktionalität Die einzelnen grammatischen Erscheinungen werden im Lehrwerk funktional behandelt, die wichtigste Frage ist also, was man mit der gegebenen Konstruktion ausdrücken kann. Bestimmte grammatische Strukturen sollen die Schüler zunächst nur verstehen und erkennen; ihre Anwendung ist möglicherweise erst später erforderlich. Die rezeptive und produktive Phase kann zeitlich auseinander liegen, d. h., manche grammatische Phänomene kommen zwar bereits im ersten Band vor, die Fähigkeit, sie zu verwenden, wird aber erst in einer späteren Phase erwartet.

Einübung der Grammatik Der wichtigste Gesichtspunkt bei der Auswahl und Einübung des grammatischen Stoffes war die Frage, was die Schüler auf ihrem jeweiligen Niveau unbedingt benötigen. Da im ersten Band grammatische Erscheinungen und Strukturen vorkommen, die früher wahrscheinlich schon behandelt wurden, werden sie zwar nochmals wiederholt und zusammengefasst, mechanisierende, reproduktive Übungen kommen jedoch in einem geringeren Maß vor, als es in Anfängerlehrwerken üblich ist.

entdeckendes Lernen Schüler sollen grammatische Tabellen – mithilfe einiger Beispiele und bereits bestehender Kenntnisse – selbst vervollständigen. Auch wenn frühere Kenntnisse nicht mehr vorhanden sind, sollen sich die Schüler die sprachlichen Strukturen und Regelmäßigkeiten durch entdeckendes Lernen erschließen und aneignen. Die auf diese Weise erworbenen grammatischen Kenntnisse bedeuten ein dauerhafteres Wissen als das Lernen von Regeln. Lernpsychologisch betrachtet entsprechen Analogieschlüsse, Erkennen und Ableitung der Regelmäßigkeiten dem Alter der Zielgruppe und sollen gefördert werden. Eine Systematisierung der grammatischen Regeln erfolgt durch Tabellen. Der Schüler ergänzt das lückenhafte System mithilfe von lenkenden Fragen während der Aufgabenlösung selbstständig.
Auf diese Weise kann jeder Lerner sein Wissen auf seinem jeweiligen Niveau formulieren, was besonders in heterogenen Gruppen von Vorteil ist, da beim Vergleich der Ergebnisse die Schüler voneinander lernen können. Die Besprechung grammatischer Fragen kann in muttersprachlich homogenen Gruppen anfangs noch ohne Weiteres in der Muttersprache erfolgen.
Bei der Überprüfung der Aufgaben im Plenum können die Kopiervorlagen zur Grammatik im Lehrerhandbuch als Lösungs- oder Merkblatt verwendet werden.
Die Kopiervorlagen lassen sich auch zur Einführung oder Widerholung grammatischer Erscheinungen einsetzen.

Wortschatz Auch beim Wortschatz wird zwischen rezeptiver und produktiver Ebene unterschieden. Es ist immer abzuwägen, welcher Teil des Wortschatzes unbedingt aktiv beherrscht werden muss und wo rezeptive Fähigkeiten genügen. Dies kann von Fall zu Fall vom Lernziel beeinflusst werden.
Am Ende jeder Lektion gibt es im Arbeitsbuch eine Seite zur Zusammenfassung und Systematisierung des Lektionswortschatzes. Die Gesichtspunkte der Systematisierung sind abhängig vom Thema und dem dazugehörigen Wortschatz und gestalten sich jeweils anders. Die Wörterlisten sind ebenfalls offen, sie können den Kenntnissen und den Interessen der Schüler entsprechend durch Wörter oder weitere Gesichtspunkte des Ordnens erweitert werden.

Weitere wichtige Merkmale des Lehrwerks

Projekte Das Lehrwerk beinhaltet auch kleine Projekte, wie z. B. Material zu einem Thema sammeln, Beobachtungen protokollieren, Interviews führen, Collagen oder Plakate anfertigen. Bei diesen Aufgaben stellen die Schüler in einem längeren, selbst geplanten und organisierten Arbeitsprozess ein eigenes Produkt her. Eine wiederkehrende Aufgabe ist im ersten Band *DAS GROSSE WIR-BUCH*. In dieser tagebuchartigen Mappe können alle interessanten Schülerarbeiten gesammelt werden, was die gesamte Gruppe abbildet und charakterisiert. Dadurch wird der Entwicklungsprozess begleitet und dokumentiert, und auch später kann in dem Buch immer wieder geblättert werden.
Durch Projektarbeit sammeln die Schüler soziale Erfahrungen; gleichzeitig wird die Zusammenarbeit innerhalb der Gruppe gefördert und es kann binnendifferenziert werden. Mit den in Projektarbeit entstandenen Schülertexten kann die Gruppe gegebenenfalls weiterarbeiten, was sich als besonders effektiv erweisen kann.

Landeskunde Im Lehrwerk sind durch die Auswahl der Texte alle Länder des deutschsprachigen Raumes vertreten. Schüler sollen ihre eigenen Reiseerlebnisse, Erfahrungen, Hintergrundkenntnisse an vielen Stellen in den Unterricht einbringen. Dadurch tragen sie dazu bei, dass das Sprachenlernen auf wirkliche Motivation gründet.

Zeichnungen, Fotos Zeichnungen und Fotos spielen eine wichtige Rolle im Lehrwerk. Meist sind sie Teil der Aufgaben und sollen den Schülern Redeanlässe bieten. Außerdem ist bei jeder Lektion im Kursbuch die Startseite mit farbigen Fotos gestaltet, die die verschiedenen Aspekte des Themas innerhalb der Lektion widerspiegeln und sich gut eignen, das Thema einzuleiten, den Wortschatz zum Thema zu aktivieren, zu wiederholen und zu erweitern.

Die Verwendung des Lehrerhandbuchs

Das Lehrerhandbuch bietet Hilfestellung bei der effektiven Vorbereitung der Unterrichtsstunden.

Unterrichtsvorschläge Im Folgenden werden konkrete Hinweise und Vorschläge zur Durchführung der einzelnen Aufgaben gegeben. Am Anfang der Lektionen und der Lektionsteile werden die allgemeinen Ziele angeführt. Danach werden zunächst die Aufgaben des Kursbuches beschrieben, im Anschluss daran die Aufgaben des Arbeitsbuches. Die Lernziele sind jeweils fett hervorgehoben. Verknüpfungspunkte zwischen Kurs- und Arbeitsbuch sind angegeben. In diesem Teil sind auch die grammatischen Hintergrundinformationen sowie die Lösungen der Aufgaben zu finden.

Hörtexte Der an die Didaktisierungsvorschläge anschließende Teil beinhaltet die Transkription der Hörtexte.

Ergänzungs- Das Lehrerhandbuch bietet auch weitere Ergänzungsmaterialien zu jeder Lektion. Bei der
material Beschreibung der einzelnen Lektionen wird an entsprechender Stelle auf den möglichen Einsatz dieser Materialien hingewiesen.

Kopiervorlage Im letzten Teil gibt es Kopiervorlagen zur Grammatik, die bei der Grammatikarbeit in der jeweiligen Lektion ebenfalls eingesetzt werden können.

Im Lehrerhandbuch werden folgende Abkürzungen verwendet:

- S   Schüler/Schülerin
- L   Lehrer/Lehrerin
- EA   Einzelarbeit
- PA   Partnerarbeit
- GA   Gruppenarbeit
- PL   Plenum
- HA   Hausaufgabe
- KV   Kopiervorlage zur Grammatik
- KB   Kursbuch
- AB   Arbeitsbuch
- LHB   Lehrerhandbuch

Autoren und Verlag wünschen erfolgreiche Arbeit und viel Spaß mit dem Lehrwerk *Deutsch mit Grips*.

LEKTION 1

Ein Tag mit dir

Mithilfe des Lektionsthemas kann man nach den Ferien auf die gemeinsame Arbeit einstimmen: Es geht um Tagesabläufe während der Ferien und während der Schulzeit. S erarbeiten die Tagesabläufe zunächst im Präsens, dann im Perfekt, dabei wird vorhandenes Wissen wiederholt und systematisiert. So kann sich L über den Sprachstand seiner Gruppe ein genaues Bild verschaffen. S können sich näher kennen lernen, was die Grundlage für die weitere Zusammenarbeit schafft.

Kursbuch

A | So vergehen die Tage

Die Einstiegsseite bietet die Möglichkeit, dass S das Thema selbst erraten: Schule und Ferien, Zeit und Tagesablauf. S können auch ein eigenes Foto aus ihren Ferien mitbringen und in der Stunde beschreiben.

S. 10–11 **1–2.**
Mündlicher Ausdruck: Schilderung von Tagesabläufen
Die zwei Bildreihen auf S. 10 und 11 stellen zwei Tagesabläufe dar: einen Tag während der Schulzeit und einen Ferientag. Es bietet sich der Vergleich der Tagesabläufe an.
- Als Vorbereitung machen sich S in PA oder GA Notizen zu der jeweiligen Bildsequenz. Dazu können sie die Sprachmittel von Aufgabe 3 zu Hilfe nehmen.
- S oder Gruppe trägt den Tagesablauf zusammenhängend vor.

Andere Möglichkeit:
- S sammeln in PA Ausdrücke zu jeweils einem Bild. In diesem Fall stellt sich die Ereignisreihe aus den Arbeiten der einzelnen Paare zusammen.

S bereiten nur Notizen vor, die sie anschließend als zusammenhängenden Text vortragen. L sollte darauf achten, dass S keinen vorformulierten Text vorlesen.

→ AB 1 Sollten S Schwierigkeiten haben, kann die Aufgabe im AB als Vorentlastung dienen.

S. 12 **3.**
Hilfestellung zur Bildbeschreibung der Aufgaben 1–2
Die hier angeführten Sprachmittel können S bei der Beschreibung der Tagesabläufe in den vorhergehenden Aufgaben anwenden.
Auf der Liste sind verschiedene Strukturen und Ausdrücke angeführt, deren Verwendung nicht obligatorisch ist. Da das sprachliche Niveau der Gruppe heterogen sein kann, hat L bei solchen Aufgaben die Möglichkeit zur Binnendifferenzierung und kann sich gleichzeitig von dem sprachlichen Einstiegsniveau der Gruppe ein Bild machen.

S. 12 **4.**
Mündlicher Ausdruck: Schilderung des eigenen Tagesablaufes
- S vergleichen in GA die beiden Bilderreihen und besprechen die Gruppenergebnisse im PL.
- S machen sich zu ihren eigenen Tagesabläufen in EA Notizen und berichten darüber im PL oder zunächst dem Nachbarn, dann im PL.

Bei der Beschreibung und bei dem Vergleich der alltäglichen Tätigkeiten verwendet S sinngemäß Präsens. An dieser Stelle kann aber mithilfe der Aufgaben im AB zur Wiederholung und Systematisierung des Perfekts übergegangen werden.

→ AB 2, 3–10) Beim Vergleich von Schulzeit und Ferien sollte kein einseitig negatives oder positives Bild entstehen. Bei der Differenzierung kann die Wortschatzliste im AB (S. 16) helfen.

S. 12 **5.**
Schriftlicher Ausdruck: Anwendung der wiederholten sprachlichen Mittel
Die mit *Schreib's auf* gekennzeichneten Aufgaben dienen dem kreativen Schreiben, bei dem S nach Schreibvorlagen oder steuernden Fragen und Arbeitsschritten einen eigenen Text gestalten.
- Mithilfe der ausführlichen Aufgabenstellung und des Beispieltextes können die Umstände des Schreibens geklärt werden (wer schreibt wem und warum). Auch durch den Beispieltext kann sich S besser in die gegebene Rolle hineinversetzen.
- S schreiben den eigenen Tagesablauf aus der Perspektive eines anderen, und bereichern ihn durch viele kleine Details.
- Als Auswertung kann L die Texte einsammeln und unter S neu verteilen, die dann raten, von wem der Text stammt.

S. 13 **6.**
Mündlicher Ausdruck: spielerische Einübung des Perfekts
Die Aufgabe kann in zwei Varianten, in PA oder in GA, gespielt werden:
- S bilden Paare, ein S stellt Fragen und notiert die Antworten. Danach fasst er die Informationen anhand seiner Notizen vor der ganzen Gruppe zusammen (in kleineren Gruppen einsetzbar).
- S bilden Dreier- oder Vierergruppen, in jeder Gruppe gibt es einen, der befragt wird, die anderen spielen die Rolle des Reporters. Nach einer Minute stellen die Fragenden ihre Informationen zusammen (wer die Antworten gegeben hat, darf nicht helfen). Zum Schluss fasst aus jeder Gruppe ein S die Informationen zusammen. Die vorherigen Interviewten entscheiden, welche Gruppe gewonnen hat (auch in größeren Gruppen einsetzbar).

S. 13 **7.**
Lesen und Schreiben: Tagesabläufe in spielerischer Form
Mit dem Gedicht *Urlaubsfahrt* können vielerlei kreative Aufgaben verknüpft werden. Auch bei diesen Aufgaben ist es wichtig, die Umstände der Textgestaltung zu klären (wer spricht mit wem wo und mit welcher Sprechabsicht usw.).
Mündliche Übungsmöglichkeiten:
- das Gedicht vortragen: mit Hilfe der Intonation und des Tempos werden Inhalt und Stimmung des Gedichts wiedergegeben;
- zu der Situation Interviews gestalten lassen (z. B. Rundfunk- oder Fernsehreporter berichtet vom Ort des Verkehrsstaus);
- Rollenspiele durchführen (z. B. Szene der Familienmitglieder, die im Auto sitzen).

Das Schülergedicht *Ein Tag wie jeder andere* kann nach einer formalen Analyse als Mustertext für eigene Texte dienen.
- Als Vorbereitung wird die Rolle der Verwendung der Partizip-II-Formen besprochen.
- S können weitere Partizipformen sammeln und das angegebene Gedicht beenden oder ein ähnliches eigenes Gedicht schreiben. Solche Texte sollten mit Filzstift auf Packpapier geschrieben werden, um sie zur anschließenden Besprechung an die Tafel kleben zu können.

S. 13 **8.**
Hörverstehen und mündlicher Ausdruck: einen Tagesablauf rekonstruieren und dazu eine Geschichte erfinden
- S notieren in EA während des Hörens, welche Geräusche sie hören, und vergleichen bzw. ergänzen ihre Listen in kleinen Gruppen.
- Da die Geräusche mit verschiedenen Ereignissen des Tages in Zusammenhang stehen, stellt sich daraus der Ablauf eines Tages zusammen. Jede Gruppe erzählt ihre Geschichte, die sie anhand der Geräusche herausgefunden hat. Je mehr Unterschiede die Geschichten in ihren Details aufweisen, desto interessanter wird die Aufgabe.

Die Geräusche folgen sehr rasch aufeinander, deshalb sollte die Aufnahme unbedingt mehrmals abgespielt werden. Es ist nicht nötig, jedes einzelne Geräusch zu erkennen.

Lösung:

der Wecker klingelt, jmd. wäscht sich, frühstückt, packt, schließt die Tür, geht die Treppe hinunter, fährt mit dem Fahrstuhl, steigt in die Straßenbahn, in der Schule klingelt es, Deutschstunde, es klingelt zur Pause, Cafeteria, Spaziergang, Wind, Vögel, ein Hund bellt, ein Papierblatt wird zerrissen, das Telefon ist besetzt, das Telefon klingelt, wird aber nicht abgehoben, in der Ferne tönt ein Polizeiauto, jemand rennt, läuft die Treppe hinauf, fährt mit dem Fahrstuhl, schließt die Tür auf, setzt sich und seufzt, spielt am Computer, sieht fern, öffnet das Fenster, es regnet, eine Tür quietscht, eine Katze kommt herein, der Wecker wird gestellt

Weitere Möglichkeit: S machen selbst Aufnahmen von Geräuschen, die die anderen Gruppenmitglieder auf ähnliche Weise wie oben bearbeiten.

B | Deutsch lesen

In diesem Teil stehen verschiedene Texte zur Auswahl, an denen die Strategie des globalen Lesens geübt werden kann. L kann sich ein Bild davon machen, inwieweit S in der Lage sind, diese Strategie selbstständig anzuwenden.

S. 14 **9.**
Globales Lesen und Weiterführung zum Sprechen oder Schreiben
- S überfliegen alle drei Texte in EA.
- Sie wählen entsprechend ihrem Interesse und sprachlichen Niveau einen Text aus, und lesen diesen noch einmal.
- Sie erzählen einander in PA, GA oder PL den Inhalt des Textes entweder auf Deutsch oder in sprachlich homogenen Gruppen in der Muttersprache.

Die Texte können als Ausgangspunkt für einen eigenen Bericht dienen:
- S machen ein Interview mit einem neuen Lehrer oder mit einem neuen Schüler der Schule und schreiben anhand dessen einen kurzen Zeitungsartikel;
- S beschreiben das Leben in ihrer Schule und seine Besonderheiten mit dem Ziel, z. B. im Internet Kontakt mit anderen Schulen aufzunehmen.

In den Texten kommen einige Strukturen und Konstruktionen *(Konjunktiv I, Konjunktiv II, Passiv, sein+zu+Infinitiv)* vor, deren Bildung erst später eingeführt wird. Daher wird ihr produktiver Gebrauch hier nicht erwartet.

S erkennen so, dass das Verstehen größerer Textzusammenhänge auch dann möglich ist, wenn der Text teilweise unbekannte sprachliche Formen enthält.

S. 15 **10.**
Detailliertes Verstehen
Sollten S schon in der Lage sein, auch mit längeren Texten zu arbeiten, kann dieser Text anhand der Aufgaben a), b) und c) ausführlicher bearbeitet werden.

Bei a) kann L das Sammeln von Informationen auch steuern, indem er einige Fragen vorgibt, auf die S beim Lesen die Antwort suchen:
- *Wie verläuft sein Tag?*
- *Wie fühlt er sich in Deutschland?*
- *Welche Rolle spielt Musik in seinem Leben?*

Bei b) und c) sollen S ihre eigenen Meinungen äußern.

Der Text kann auch als Ergänzung dienen oder eventuell an anderen Stellen eingesetzt werden, so z. B. als Beispiel für einen Tagesablauf nach Teil A.

→ AB 11

C | Wie bist du eigentlich?

In diesem Teil werden Möglichkeiten gezeigt, Personen vorzustellen und zu beschreiben, so dass sich S – insbesondere in einer neuen Gruppe – näher kennen lernen können. Es müssen nicht alle Aufgaben gelöst werden. L entscheidet, welche Art der Vorstellung am besten in der Gruppe eingesetzt werden kann oder überlässt die Wahl den S zwischen Steckbrief, Collage usw.

S. 16 **11.**

Mündlicher Ausdruck: sich vorstellen

S stellen sich nach einer kurzen Vorbereitung vor. Dies kann zunächst in PA geschehen, und anschließend können sich die Partner auch gegenseitig im PL vorstellen. Bei Bedarf kann L weitere helfende Fragen auf Kärtchen schreiben und in die Runde geben, z. B.:

- *Wie siehst du aus? Bist du mit deinem Aussehen zufrieden?*
- *Welches sind deine Lieblingskleider?*
- *Was kannst du besonders gut?*
- *Was bedeutet für dich das größte Glück?*
- *Wovor fürchtest du dich?*
- *Wo würdest du am liebsten wohnen?*
- *Was ärgert dich am meisten?/Was freut dich am meisten?*
- *Was sagen andere über dich?*
- *Wofür interessierst du dich?/Womit beschäftigst du dich gern?*
- *Was ist dir besonders wichtig?/Was würdest du auf eine einsame Insel im Ozean mitnehmen?*

Bei einem Klassenspaziergang kann L feststellen, welche Strukturen S schon sicher gebrauchen bzw. wo sie noch Schwierigkeiten haben.

→ AB 12–15

S. 16 **12.**

Mündlicher Ausdruck: sich auf spielerische Weise vorstellen

Bei dieser Variante der Vorstellung schreiben S in EA besonders kennzeichnende Wörter zu den Anfangsbuchstaben ihres Vornamens und stellen sich so der ganzen Gruppe vor. Zu den einzelnen Wörtern können auch Erklärungen gegeben werden.

- L kann sich als Beispiel zunächst selbst auf diese Weise vorstellen: L schreibt seinen Namen an die Tafel und schreibt passende Wörter dazu.
- Die Vorstellungen können auch im Klassenzimmer ausgehängt werden. S diskutieren, welche Vorstellung besonders gut gelungen ist oder stellen Hypothesen zu einzelnen Wörtern auf.

S. 16 **13.**
Mündlicher Ausdruck: Vorstellung im Rahmen eines kleinen Projekts
In Form einer Collage kann man mehr über Hobbys und Interessen aussagen. Diese Art von Aufgabe benötigt in jedem Fall gründliche Vorbereitung:
- Besprechung der Aufgabe (hier leistet das Bild Hilfestellung);
- Planung der Arbeit (Termine, Mittel usw.);
- Materialiensammeln (eigene Fotos und Zeichnungen oder Bilder aus Zeitungen, auch kurze Texte sind möglich);
- Fertigstellung der Collage: Sie kann entweder zu Hause oder auch in der Stunde erfolgen, in diesem Fall müssen Hilfsmittel bereitgestellt werden;
- Präsentation und Auswertung der fertigen Produkte.

S. 16 **14.**
Schriftlicher Ausdruck: Vorstellung im Steckbrief
Eine weitere Möglichkeit der Vorstellung ist die des Steckbriefes. Ein Steckbrief ist ursprünglich eine kurze Beschreibung, die die Polizei von einem Verbrecher gibt, um ihn zu finden. Im Sprachunterricht wird die Textsorte zur Vorstellung, kurzen Beschreibung und Charakterisierung von Personen eingesetzt.
Wenn die eigene Vorstellung als Thema ausgeschöpft ist, können S auch über eine bekannte Persönlichkeit ihrer Wahl einen Steckbrief zusammenstellen.
Die Auswertung erfolgt im PL.
Zu dieser Aufgabe können weitere Steckbriefe als Muster benutzt werden (siehe LHB S. 146).

Arbeitsbuch

S. 7 **1.**
Wortschatz zur Beschreibung des Tagesablaufs
Die Übung soll dann eingesetzt werden, wenn S Schwierigkeiten haben, das Tagebilderbuch im KB zu beschreiben. Mit Hilfe des Lückentextes können die zur Schilderung des Tagesablaufs benötigten Verben wiederholt werden. S können zunächst auch versuchen, den Lückentext auszufüllen, indem sie den Wortkasten abdecken und sich dann selbst überprüfen.
Zugleich wird auch die Konjugation im Präsens wiederholt.

Lösung:

Paul *hat* einen roten Wecker. Der *klingelt* heute schon um Viertel nach sechs, weil Paul sich vor der Schule noch die Haare *waschen* will.
Nach dem Duschen *geht* er in die Küche und *frühstückt*. Am liebsten *isst* er Butterbrot mit Marmelade oder Käse und *trinkt* ein Glas Milch dazu. Dann muss er aber *losgehen*, weil der Bus um zwanzig nach sieben *abfährt*. An der Haltestelle *warten* schon viele Leute. Vor der Schule *trifft* Paul einige Klassenkameraden und sie *sprechen* noch zehn Minuten über das Rockkonzert vom Wochenende. Dann *beginnt* der Unterricht. In Deutsch müssen sie heute einen Aufsatz *schreiben*. Das Thema *ist*: „Mein Alltag". In Mathe *passt* Paul besonders gut *auf*, denn morgen soll es einen Test *geben*.
In der Mensa *unterhält* er *sich* mit seinen Freuden über den neuen Sportlehrer. Am Nachmittag *trainiert* Paul in der Sporthalle mit seiner Mannschaft für das Spiel am Samstag. Dann *lernt* er für den Mathetest. Am Abend *liest* er Zeitschriften, denn er will *sich* gern über die neuesten Trends *informieren*.

LEKTION 1

S. 7 2.

Mündlicher Ausdruck: den eigenen Tagesablauf schildern

Die Tabelle hilft bei der Schilderung des eigenen Tagesablaufs, indem sie eine Struktur vorgibt. S machen sich Notizen zu den einzelnen Tageszeiten, um zusammenhängend über ihren Tag sprechen zu können. Die Übung unterstützt die Aufgabe 4 im KB.

S. 8 3.

Mündlicher Ausdruck: der Gebrauch des Perfekts

Hier findet der Übergang von Präsens zu Perfekt statt. S führen zu Beginn ein Interview über die Tätigkeiten des gestrigen Tages miteinander. Dabei kann L feststellen, in wieweit S Sätze in Perfekt verwenden können.
Mithilfe der angeführten Beispiele soll auf die Satzklammer hingewiesen werden.

S. 8 4.

Wiederholung und Systematisierung des Perfekts

- Zunächst sollen die Verben von Übung 3 nach Hilfsverb und Partizipform systematisiert werden. Die Verben können auch auf Zettel geschrieben und an die Tafel geklebt werden.

Lösung:

	ist	_hat_		
A	ist **ge**gang**en**	hat **ge**gess**en**	ge-	-en
	ist aufgestanden	hat getrunken		
	ist gefahren	hat gelesen		
	ist geblieben	hat ferngesehen		
		hat geschlafen		
B		hat **ge**mach**t**	ge-	-t
		hat gelernt		
		hat gespielt		

- Im Anschluss daran wird auf die Hilfsverben (a) und auf die Partizipformen (b,c) eingegangen. Dabei sollen S ihr Wissen aktivieren bzw. sich gegenseitig ergänzen. Die vorgegebenen Beispiele sollen die Erinnerungen wachrufen. Selbstverständlich können die Fragen in der Muttersprache beantwortet werden.
- Es soll auch darauf hingewiesen werden (d), dass bei Modalverben und den Verben *sein* und *haben* der Gebrauch des Perfekts nicht üblich ist.
- Es ist für S hilfreich, wenn in einem gebräuchlichen Wörterbuch nachgeschlagen wird, wie und wo die Verbformen angegeben werden (e).

(KV S. 159) Zur Bearbeitung des Perfekts kann L auch die Kopiervorlage auf verwenden.

S. 10 5.

Bildung des Partizips II

Die grammatischen Tabellen sind vom S meist selbst zu vervollständigen. Das erfolgt mithilfe seiner früheren Kenntnisse oder durch Analogieschlüsse und Hypothesenbildung. S können sich mithilfe eines Wörterbuchs selbst kontrollieren, es ist aber wichtig, dass die Lösungen auch mit L gemeinsam überprüft und korrigiert werden.

Lösung:

arbeiten	*hat gearbeitet*		helfen	*hat geholfen*
anfangen	hat angefangen		hören	*hat gehört*
anrufen	*hat angerufen*		kommen	*ist gekommen*
beginnen	hat begonnen		lesen	*hat gelesen*
bekommen	*hat bekommen*		nehmen	hat genommen
bleiben	ist geblieben		schlafen	*hat geschlafen*
bringen	hat gebracht		*schreiben*	hat geschrieben
denken	*hat gedacht*		*sitzen*	hat gesessen
essen	*hat gegessen*		sprechen	*hat gesprochen*
fahren	*ist gefahren*		stehen	*hat gestanden*
finden	hat gefunden		telefonieren	*hat telefoniert*
fliegen	*ist geflogen*		*treffen*	hat getroffen
geben	*hat gegeben*		vergessen	*hat vergessen*
gefallen	*hat gefallen*		werden	*ist geworden*
gehen	*ist gegangen*		*wissen*	hat gewusst

Weitere Übungsmöglichkeiten:
- Die Infinitivformen werden auf Kärtchen geschrieben. Ein S zieht ein Kärtchen und nennt die entsprechende Perfektform. Dann kommt der nächste S an die Reihe usw.
- Infinitiv- und Perfektformen werden auf Kärtchen geschrieben. S ordnen sie zu oder spielen Memory.

S.10 **6.**

Vergangenheitsformen im Kontext erkennen

Es ist jeweils der Anfang der entsprechenden Verbform vorgegeben. S sollen sich neben der Form auch auf den Inhalt konzentrieren und das Wort aus dem Kontext erschließen.

Lösung:
- Peter, wo wa*rst* du denn so lange? Ich habe mit dem Essen fast eine Stunde auf dich gew*artet*.
- Entschuldige Mutti, ich w*ar* bei Hans.
- Bei Hans?
- Ja, wir haben die Matheaufgaben gem*acht*.
- Die Matheaufgaben?
- Ja, ja. Ich habe jetzt viele Probleme, und Hans hat mir etwas geho*lfen*.
- Und warum hast du nicht ange*rufen*?
- Entschuldige, ich habe es einfach verg*essen*.
- Und habt ihr was gege*ssen*? Ich habe extra für dich Bohnensuppe gek*ocht*.
- Toll. Wir hat*ten* keine Zeit zum Essen.
- Und seid ihr fertig ge*worden*?
- Nein, leider nicht. Am Abend gehe ich noch einmal zu ihm. Vielleicht können wir dann fertig werden.
- Aha. Hans hat übrigens vor einer Stunde ange*rufen*. Er wollte nur wissen, warum du heute nicht in der Schule wa*rst*.

LEKTION 1

S.11 7.

Das Hilfsverb zur Bildung des Perfekts einüben

Vor der Lösung in EA kann die Regel zum Gebrauch von *sein* und *haben* noch einmal wiederholt werden.

Lösung:

a) *Hast* du auch Milch gekauft? – Entschuldige, die *habe* ich leider vergessen.
b) Wann *bist* du angekommen? – Erst gestern Abend.
c) Kennst du Helga? – Ja, wir *haben* uns bei Gerd kennen gelernt.
d) Warum *ist* Luise nicht mitgekommen? – Sie *ist* doch nach England gefahren. Weißt du das nicht?
e) *Hast* du die Fotos mitgebracht? – Oh nein, die *habe* ich schon wieder zu Hause vergessen.
f) Wie lange war deine Mutter in Deutschland? – Sie *ist* eine Woche geblieben.
g) *Seid* ihr mit dem Auto gefahren? – Nein, mit dem Zug.
h) *Habt* ihr lange geschlafen? – Ja, wir *sind* erst mittags aufgestanden.

S. 11 8.

Tagesablauf in Perfekt zusammenstellen

In dieser Übung kann durch die Bildung von Sätzen im Perfekt die korrekte Wortfolge erneut bewusst gemacht werden. Die Übung bereitet die Schilderung des eigenen Tagesablaufs in der Vergangenheit vor.

Lösung:

Am Morgen *ist er spät aufgestanden.* Zuerst *hat er gefrühstückt.* Dann *hat er sich mit Freunden verabredet.* Um 11 Uhr *ist er ins Schwimmbad gegangen.* Danach haben sie sich *bei Carla getroffen.* Dort *haben sie Monopoly gespielt.* Danach *haben sie im Schnellimbiss Hamburger gegessen und Cola getrunken.* Nachmittags *haben sie sich im Park auf die Wiese gelegt.* Am Abend *hat er mit der Familie Abendbrot gegessen.* So um acht Uhr *ist er ins Rockkonzert gegangen.* Natürlich *ist er spät nach Hause gekommen.* Obwohl es schon spät war, *hat er noch ferngesehen.*

S.12 9.

Zu Bildern Sätze im Perfekt bilden

Zur Vorbereitung der Übung können Redemittel des Widersprechens gesammelt werden: *Das stimmt doch nicht!/Das ist nicht wahr!/Das ist nicht richtig!/Nein, er hat doch ...*

S.12 10.

Zu Situationen Sätze im Perfekt bilden

Die Situationen können in PA gelöst und auch zu kleinen Dialogen weiter ausgestaltet werden. S können einander außerdem in GA weitere Situationen erfinden, in denen eine Ausrede nötig ist. Sie notieren sie auf einen Zettel und geben sie einer anderen Gruppe, die dazu Ausreden formuliert.

S.13 11.

Textmerkmale erfassen

S sollen mithilfe der Tabelle darauf aufmerksam gemacht werden, dass es beim Verstehen helfen kann, wenn verschiedene Angaben zum Text bewusst aufgenommen werden. Sie schlagen in EA im KB nach und vergleichen dann ihre Ergebnisse.

S.14 **12.**

Kennenlernspiel

Mithilfe der Übung können die Gruppenmitglieder viel Interessantes übereinander erfahren.
- S füllen die Vorlage in EA aus. Es muss nicht zu jedem Buchstaben ein Wort eingetragen werden.
- Sie vergleichen die Listen in Kleingruppen und suchen nach Gemeinsamkeiten.
- Sie tragen im PL vor, welche Gemeinsamkeiten bzw. Unterschiede es gibt.

S. 14 **13.**

Wortschatz aktivieren

Die Übung unterstützt das Thema Vorstellung in Teil C im KB. Zu den einzelnen Oberbegriffen können weitere bekannte Wörter gesammelt werden.

Lösung:

Aussehen: groß, klein, dick, schlank, blond, brünett, jung, alt
Charakter: nett, freundlich, offen, nervös, traurig, sympathisch, unsympathisch, egoistisch
Eigenschaften: Pünktlichkeit, Unpünktlichkeit, Fleiß, Faulheit, Zuverlässigkeit, Hilfsbereitschaft
Gewohnheiten: trinkt gern Cola zum Frühstück, hat die Hände in den Hosentaschen, kratzt sich ständig am Kopf, geht nicht ohne Walkman aus dem Haus
Lieblingsplätze, Aufenthaltsorte: Schnellimbiss, Fußballplatz, Park, Schulhof, Garten, Schwimmbad
Hobbys: Fußball, Reiten, Computer, Musik, Skateboard fahren, Angeln, Schwimmen

S. 14 **14.**

Wortschatz zur Vorstellung einer Person einüben

Die Übung unterstützt ebenfalls die Vorstellungsspiele in Teil C im KB, indem sie den nötigen Wortschatz aktiviert und in einen Kontext setzt.

Lösung:

Die Mädchen aus meiner Klasse sagen, dass Paul <u>*toll aussieht*</u>. Ich finde sein Aussehen <u>*ganz normal*</u>. Er ist ungefähr <u>*1,70 m*</u> groß und <u>*schlank*</u>. Er hat <u>*lange braune*</u> Haare, die er im Nacken gebunden trägt.
Wir haben dieselben Hobbys: <u>*Basketball und Schwimmen*</u>. Beim Spiel ist er oft nicht <u>*besonders fair*</u> und dann bekommt er <u>*Ärger*</u> mit unserem Sportlehrer. Einige Mitschüler meinen, dass er sich zu <u>*egoistisch*</u> verhält. Das finde ich aber nicht, denn er hilft mir und den anderen Schülern <u>*in Mathe*</u> und auch sonst kann man sich mit ihm <u>*gut unterhalten*</u>. Er <u>*versteht*</u> meine Probleme und gibt mir <u>*Tipps und Ratschläge*</u>. Paul interessiert sich sehr für <u>*Rockmusik*</u> und geht oft zu Konzerten. Mir ist es da zu laut, aber Paul sagt immer: „Je <u>*lauter*</u> desto besser!"

S. 15 **15.**

Schriftlicher Ausdruck: einen kurzen Vorstellungsbrief schreiben

Die Vorstellung erfüllt den Zweck der Kontaktaufnahme, daher bietet sich hier das Schreiben eines Antwortbriefes an. Das Schreiben ist an dieser Stelle noch sehr stark gelenkt: Die Briefstruktur und auch der Text wird vorgegeben, es sind nur die Lücken mit Inhalt zu füllen. Falls S schon sprachlich auf einem höheren Niveau sind, können sie den Brief eventuell auch ohne die Vorlage frei beantworten.

S.16 **Wortschatz** | Aktivitäten

Die Aktivitäten in den Ferien und während der Schulzeit können auf dieser Seite gesammelt werden. Da sie mit Ortsangaben und Zeitbegriffen verknüpft sind, sollten diese hier auch wiederholt werden.

LEKTION 2

Einfach tierisch

In dieser Lektion steht die globale Lese- und Hörstrategie im Mittelpunkt, die an verschiedenen Texten geübt wird. In Rollenspielen sollen außerdem sprachliche Mittel der Argumentation und der Begründung erarbeitet und angewendet werden. Die sprachlichen Schwerpunkte sind in das Thema Tiere integriert.

Kursbuch

A | Igel-Hotel

Das Lektionsthema kann eingeführt werden, indem S darüber berichten, welche Tiere sie haben oder mögen und welche Tiernamen sie schon kennen. Die Einstiegsseite stellt verschiedene Aspekte dar: Haustiere, Tiere im Wald, Tiere im Zoo.

→ AB 1

S. 18 1.
Globales Lesen: W-Fragen beantworten
- Mithilfe der Zeichnung und der Fragen kann das Textverstehen vorbereitet werden: S formulieren in PA oder GA Ideen zum Wort *Igel-Hotel*.
- Vor dem Lesen des Artikels werden S auf den *Lesetipp* aufmerksam gemacht: Die Lesestrategie des globalen Lesens wird auf diese Weise bewusst gemacht. Beim Lesen soll die Technik eingesetzt werden, indem S die W-Fragen beantworten.
- S unterstreichen beim Lesen die wichtigsten Informationen und schreiben diese neben die entsprechende W-Frage.

S. 19 2.
Textinhalt kurz zusammenfassen
Aufgrund der W-Fragen lässt sich der Inhalt des Textes ganz kurz, auch in einem Satz zusammenfassen, z. B.:

> *Eine Frau in Dortmund hat ein Igel-Hotel eingerichtet, weil sie junge und schwache Igel retten wollte.*

Mithilfe der Übungen im AB können die W-Fragen und die Verwendung der Konjunktionen *weil* und *denn* wiederholt werden.

→ AB 2–3; 5–7

S. 19 3.
Bedeutungen erschließen
S versuchen, die Bedeutung des angegebenen Wortes aus dem Kontext zu erschließen. Es soll erst dann ein Wörterbuch verwendet werden, wenn es nicht eindeutig ist oder wenn die erschlossene Bedeutung überprüft werden soll.
Unter den Ausdrücken sind sowohl solche, die leicht zu erschließen sind, als auch manche, die S Schwierigkeiten bereiten können, um auch dadurch den sinnvollen Einsatz von Wörterbüchern zu verdeutlichen.

S. 19 **4.**
Textsorten vergleichen

Der Lexikoneintrag gibt allgemeine Informationen, die Igel-Fibel wendet sich jedoch an eine konkrete Zielgruppe und gibt präzise Hinweise. Daraus folgen inhaltliche und sprachliche Unterschiede:
- Der Lexikonartikel strebt eine kurze, genaue Definition an, die sich auf das Tier allgemein bezieht. Er besteht aus knappen, aneinander gereihten Sätzen.
- Der Text *Igelfibel* beschreibt auch die Tätigkeiten, die mit der Pflege des Tieres zusammenhängen. Er ist untergliedert, Zwischentitel helfen bei der Orientierung. Die Infinitivformen verleihen ihm einen Hinweischarakter.

Der Vergleich soll in muttersprachlich homogenen Gruppen in der Muttersprache erfolgen. Die Bedeutung des Wortes *Igelfibel* wurde angegeben, die übrigen unbekannten Wörter sind erschließbar. Eine detaillierte Bearbeitung des Wortschatzes der beiden Texte ist nicht nötig.

→ AB 4

S. 20 **5.**
Schriftlicher Ausdruck: eine Tierfibel schreiben
- Die Igel-Fibel in Aufgabe 4 dient S als Muster zum Schreiben. Vor dem Schreiben sollen S in verschiedenen Lexika Informationen über das gewählte Tier sammeln. Die Gesichtspunkte können gemeinsam an der Tafel noch einmal festgehalten werden.
- S formulieren den Text in PA oder GA.

Die Aufgabe ist nach Besprechung auch als HA geeignet. Eine mögliche Form der Auswertung kann die Präsentation des Textes im PL sein.

S. 20 **6.**
Mündlicher Ausdruck: eine Tierstation beschreiben

Aufgrund der fertigen Texte kann das Thema durch ein Gespräch im PL abgeschlossen werden.

Die Reihenfolge der Aufgaben 5 und 6 ist austauschbar. In diesem Fall bereitet das Gespräch das Schreiben vor.

S. 21 **7.**
Mündlicher Ausdruck: ein Interview führen

Das Interview kann sich auf den gelesenen Artikel oder auch auf eine der von S erfundenen Tierstationen beziehen. Übungen zu den W-Fragen können es vorentlasten.

Wenn ein professionelles Interview geführt werden soll, kann L zunächst die Technik des Interviewens thematisieren (siehe dazu LHB S. 42 Aufgabe 40).

Zum Thema kann als Ergänzung der Text *Wir haben 8000 Stacheln ...* verwendet werden (siehe LHB S. 147).

B | Haustiere pro und contra

In diesem Teil werden in kurzen Situationen über Haustierhaltung in Diskussionen gebräuchliche Redemittel eingeführt und geübt.

S. 20 **8.**
Hörverstehen: Argumente sammeln
- Zur Vorbereitung des Themas kann die Übung 1 im AB herangezogen werden.

- In a) wird der Hörtext thematisch vorbereitet: S sammeln in EA oder PA mögliche Argumente und Gegenargumente.
- S notieren während des Hörens die Argumente und Gegenargumente, die im Hörtext vorkommen, und vergleichen sie mit ihren eigenen Ideen.

Lösung:

Tier	Argument	Gegenargument
Meerschweinchen	– es ist lieb – Peter zeigt mir alles	– keine Tiere in der Wohnung – die Wohnung stinkt – Futter besorgen, Käfig putzen – das Aquarium hat Vater geputzt – dem Osterhasen kein Futter gegeben

S. 20 **9.**
Argumente sammeln zur Vorbereitung eines eigenen Dialogs
Nach dem Muster der in Aufgabe 8 vorgegebenen Tabelle erstellen S in PA oder in Kleingruppen zu anderen Tieren ihrer Wahl eine Liste von Argumenten und Gegenargumenten. Diese bilden die Grundlage für Aufgabe 11.

S. 20 **10.**
Hörverstehen und mündlicher Ausdruck: Dialoge nachspielen und gestalten
Es folgen weitere Varianten der vorangegangenen Situation.
- Mit dem Dialoggerüst sollen S vor dem Hören Hypothesen zum Hörtext bilden. S spielen zunächst ihre Variante in PA vor.
- Der vorgespielte Dialog wird mit dem Text auf der Kassette/CD verglichen. S notieren sich beim Hören die Argumente.
  Auf der Kassette/CD ist noch eine weitere Variante zu hören, die Transkription befindet sich auf S. 134 im LHB.
- S spielen einen der gehörten Dialoge mithilfe ihrer Notizen nach.

S. 21 **11.**
Mündlicher Ausdruck: argumentieren und überzeugen
Die hier angeführten sprachlichen Mittel können mit Ausdrücken ergänzt werden, die in Aufgabe 10 gesammelt wurden. Die inhaltliche Vorbereitung ist in Aufgabe 9 erfolgt. Zum Vorspielen der Dialoge kann L nach Bedarf auch Dialogskizzen oder Rollenkarten austeilen. Das Ziel des gesamten Teils besteht darin, dass S Techniken der Argumentation anwenden können. S können die Situation auch schriftlich vorbereiten, sie sollten aber anhand ihrer Notizen möglichst frei diskutieren.

C | Tiere auf dem Bauernhof

Das Thema wird um Haustiere bzw. das Leben auf einem Bauernhof erweitert. Das wird mit kreativen Schreibaufgaben verknüpft.

S. 21 **12.**
Leseverstehen und Wortschatzarbeit
Differenzierung: In dieser Aufgabe kann der Umstand genutzt werden, dass S über einen

unterschiedlichen Wortschatz verfügen. S können einander die unbekannten Wörter im PL oder in GA erklären, vielleicht auch zeichnen.

Bei der Wortschatzarbeit helfen auch die Übungen im AB. Das Plakat dient als Ausgangspunkt für die folgenden Schreibaufgaben.

→ AB 8–9

S. 21 **13.**
Schriftlicher Ausdruck: eine Farm beschreiben
Bei einer projektartigen Aufgabe wie dieser müssen folgende Punkte berücksichtigt werden:
- die Art der Gruppenbildung bedenken: Es ist wichtig, dass die Gruppen gut zusammenarbeiten können;
- zur Gruppenarbeit geeigneten Platz schaffen, ggf. das Klassenzimmer anders einrichten;
- bei der Planung den Aspekt des Zeitaufwandes berücksichtigen;
- Materialien bereitstellen;
- die Art und Weise der Präsentation und der Auswertung der fertigen Arbeiten vorbereiten.

S. 22 **14.**
Schriftlicher Ausdruck: einen Werbeprospekt gestalten
- L bespricht mit S die Merkmale des Prospektes als Textsorte im PL (z. B. genaue, zweckmäßige Formulierung, Betonung der Vorteile, Hervorhebung des Wesentlichen, überschaubare Gliederung, schöne Gestaltung). Dazu können S vorher auch Material sammeln und in die Stunde mitbringen.
- Vor dem Schreiben werden auch die angegebenen sprachlichen Mittel geklärt.
- S schreiben ihren Text auf der Grundlage der vorhergehenden Aufgaben.
S können den Text auch als HA schreiben. Die Texte können in der nächsten Stunde ausgewertet werden.

→ AB 11

D | Bankmanager im Zoo gelandet

In diesem Teil kann die globale Verstehensstrategie auch an einem Hörtext eingesetzt und geübt werden.

S. 22 **15.**
Globales Hören: die wichtigsten Informationen notieren
- Zur Vorbereitung kann L kurz auf den Anfang der Lektion verweisen, um die Strategie des globalen Verstehens und die dazugehörende Technik noch einmal aufzufrischen.
- S hören das Interview und machen sich Notizen zu den W-Fragen. Es handelt sich um ein längeres Interview, das nur global verstanden werden soll.
- S fassen den Inhalt des Textes zusammen. Das kann entweder in der Muttersprache oder auf Deutsch erfolgen. Sollte sich der Text als zu schwierig erweisen, kann eine Multiple-choice-Aufgabe im AB eingesetzt werden, die das Verstehen stark steuert.

→ AB 12, 13 Der Text bietet Gelegenheit zur Bewusstmachung der Indefinitpronomen.

Lösung:

Wer: der jetzige Zoodirektor in Budapest
Was: hat die Stelle bei einer internationalen Bank in London aufgegeben
Wann: vor einiger Zeit
Warum: ihn haben die Tiere schon immer viel mehr interessiert als alles andere
Wozu: damit er mit Tieren zu tun hat
Wie: plötzlich, unerwartet, ungewöhnlich

LEKTION 2

S. 23–24 Lesetexte

Am Ende der Lektionen sind mit dem Titel *Lesetexte* kurze Texte zu finden, die nicht didaktisiert sind. Diese sollen S dazu anregen, selbstständig, in individuellem Tempo zu lesen; L kann sie aber auch in den Stoff der Lektion einbauen und mit Aufgaben verknüpfen.
Die hier angeführten kurzen Texte über Tiere bieten weitere Gelegenheit zur Anwendung der Strategie des globalen Verstehens.
S können auch selbst Artikel sammeln, die von Tieren handeln, und den Inhalt kurz auf Deutsch wiedergeben oder eigene Tiergeschichten erzählen.

Arbeitsbuch

S. 17 1.
Wortschatz aktivieren: Gefallen und Missfallen ausdrücken
Die Übung kann auch als Ausgangspunkt für die gesamte Lektion dienen.
- S aktivieren ihren Wortschatz: Sie füllen die Tabelle in PA oder in Kleingruppen mit Tiernamen aus, die ihnen bereits bekannt sind.
- Sie wählen in EA einige Tiere aus der Tabelle und bringen diese mit den angegebenen Redemitteln in eine Reihenfolge.
- Sie vergleichen ihre Ranglisten in Kleingruppen.

S. 18 2.
W-Fragen einüben
Parallel zu dem Lexikontext über Igel im KB erscheint ein ähnlicher Text über die Schildkröte, mit dem die Anwendung der W-Fragen wiederholt werden soll.

Lösung:

Wo lebt die Griechische Landschildkröte?	In den Mittelmeerländern.
Warum kann sie stundenlang in der Sonne liegen?	Weil sie die Wärme liebt.
Wann kriecht sie unter Laub?	Im Herbst.
Was schützt den Körper?	Ein knöcherner Panzer aus Horn.
Womit schneidet und zerkleinert sie die Nahrung?	Mit den Hornschneiden.
Was frisst sie gern?	Kräuter, Früchte, Würmer, …
Wie ist ihr Geruchssinn?	Er ist sehr fein.
Wie lange kann sie ohne Wasser und Nahrung auskommen?	Bis 5 Monate.
Wie alt kann sie werden?	Über hundert Jahre.
Wo muss man die Tiere melden?	Bei der Landschaftsbehörde.

S. 19 3.
W-Fragen formulieren
Der Dialog soll mit passenden Fragen ergänzt werden. Die Fragewörter sind hier nicht mehr angegeben, welche Information aber erfragt werden soll, ist fett hervorgehoben. Der Wortschatz ist aus der vorhergehenden Aufgabe bekannt. Nach diesem Muster können S auch zu eigenen Haustieren Dialoge gestalten.

Lösung:

- ▪ *Wie alt sind deine Schildkröten?*
- ● Meine Schildkröten sind ungefähr **3 Jahre alt**.
- ▪ *Wie heißen sie?*
- ● Sie heißen **Irma und Oskar**.
- ▪ *Was fressen sie (gern)?*
- ● Am liebsten **Gemüse und Obst**. Sie mögen aber **auch Hackfleisch**.
- ▪ *Wann beginnen sie mit dem Winterschlaf?*
- ● **So ab Anfang Oktober.** Sie laufen nicht mehr viel und verkriechen sich in eine Ecke.
- ▪ *Was machst du dann?*
- ● Dann **setze ich sie in eine Schachtel mit Laub** und decke sie mit Laub zu. Ich gieße das Laub, damit die Schildkröten nicht austrocknen.
- ▪ *Wie oft gießt du es?*
- ● Ich gieße **einmal pro Woche**.
- ▪ *Wie lange schlafen sie?*
- ● **So bis März.** Sie werden wieder wach und bewegen sich in der Kiste.
- ▪ *Wohin bringst du sie?*
- ● Dann bringe ich sie **in den Garten**.
- ▪ Das ist ja gar nicht so schwer. Ich möchte auch eine Schildkröte. *Wie viel kostet so eine Schildkröte?*
- ● Nicht so viel. Ungefähr **20 Euro**.

S. 19 **4.**

Textinhalte vergleichen

Die Übung leistet Hilfestellung zur Lösung der Aufgabe 4 im KB, indem sie die Bearbeitung der Texte ermöglicht und die inhaltlichen Unterschiede verdeutlicht.

Lösung:

Informationen/Inhalt	Lexikoneintrag Igel	Igelfibel
a) wo der Osteuropäische Igel lebt		x
b) wie Igel aussehen	x	x
c) wie lang Igel sind	x	
d) was Igel fressen	x	x
e) was Igel trinken		x
f) wie sich der Igel bei Gefahr verhält	x	
g) warum Igel einen Tierarzt brauchen		x
h) auf was man im Frühling Acht geben muss		x
i) wo sich die Igel oft aufhalten	x	x
j) wo der Igel unter Naturschutz steht	x	
k) was man machen muss, wenn der Igel im Haus lebt		x

S. 20 **5.**

***Wiederholung der Konjunktionen* weil *und* denn**

Die Bedeutung der Konjunktionen kann an den zwei Beispielen verdeutlicht werden. S können jeweils einen weiteren Satz formulieren, z. B.:

LEKTION 2

Frau Vogt hat das Igel-Hotel eingerichtet, weil sie junge und schwache Tiere retten wollte.
Sie hat das Igel-Hotel eingerichtet, denn sie beschäftigt sich gern mit Tieren.

Anschließend sollen S den Unterschied in der Wortstellung formulieren.
Weil-Sätze sollen nicht in denn-Sätze transformiert werden, damit nicht der Eindruck entsteht, dass die zwei Konjunktionen ihrer Bedeutung nach frei austauschbar sind. *Weil* gibt eine Begründung, mit *denn* wird mehr eine Erklärung hinzugefügt. Diese sprachliche Unterscheidung ist vom S auf dieser Stufe keineswegs zu erwarten. Deshalb wurde aber durchgehend vermieden, den gleichen Satz mit beiden Konjunktionen anzuführen.

S. 20 **6.**
Die Konjunktionen weil und denn einüben
Die vorgegebenen Sätze beziehen sich am Anfang noch auf den Artikel über die Igel und gehen dann zum Thema Tierhaltung über. S sollen in EA die Sätze sinngemäß beenden und dabei auf die Wortstellung achten. Die Übung eignet sich auch als HA.

S. 20 **7.**
Mit weil und denn Sätze bilden
- Zunächst sollen S in EA die Paare zuordnen. Dabei wird Wortschatz wiederholt.
- Die Sätze werden mit *weil* oder *denn* erweitert. Dabei muss die Wortfolge geändert werden. Die Übung kann auch mündlich durchgeführt werden.

Lösung:

Katzen sind anschmiegsam und gute Mäusefänger.
Hunde sind gute Freunde und Wächter.
Papageien sind klug und können sprechen lernen.
Ponys sind nicht so groß und man kann auf ihnen reiten.
Schildkröten machen keinen Krach und können sehr alt werden.
Fische schwimmen ruhig im Aquarium.
Schlangen sind interessant und sehen gefährlich aus.
Kaninchen haben ein weiches Fell und große Ohren.
Affen sind frech und können gut klettern.
Mäuse sind klein und man kann mit ihnen andere erschrecken.

S. 21 **8.**
Wortschatz erweitern
Diese Übung gehört zu Teil C im KB, wo es um Tiere auf einer Farm/einem Bauernhof geht. Sie kann auch bei der Planung einer eigenen Farm herangezogen werden.
Die Wörter sind wahrscheinlich teilweise unbekannt, so dass es sich empfiehlt, die Übung in Kleingruppen lösen zu lassen. Dabei können sich S gegenseitig helfen. Gegebenenfalls können einzelne Wörter auch im Wörterbuch nachgeschlagen werden.
Die Wörter bilden den Ausgangspunkt für die folgende Aufgabe.
Lösung:

s Schwein	r Eber	e Sau	s Ferkel
s Huhn	r Hahn	e Henne	s Küken
s Rind	r Stier/r Ochse	e Kuh	s Kalb
s Pferd	r Hengst	e Stute	s Fohlen
–	r Ziegenbock	e Ziege	s Zicklein
s Schaf	r Widder/r Schafsbock	–	s Lamm

S. 21 **9.**

Begründungen geben

S formulieren in Kleingruppen Sätze. Unter den vorgegebenen Strukturen sind Sätze mit *weil* und *denn* angeführt, aber auch andere Möglichkeiten zur Begründung, die S frei verwenden können.

S. 22 **10.**

Wortschatz: Tiere benennen

S suchen in der Zeichnung Tiere und geben an, wo diese im Bild zu finden sind. Sie können auch in Kleingruppen suchen: Die Gruppe, die in einer bestimmten Zeit die meisten Tiere findet, gewinnt.

Lösung:

r Hase, r Bär, e Katze, r Papagei, e Taube, r Schmetterling, r Strauß …

S. 23 **11.**

Aufbau der Schreibkompetenz: einen Brief rekonstruieren

Die Übung bezieht sich hinsichtlich des Wortschatzes auf Teil C im KB. Sie kann auch als Vorbereitung der Schreibaufgabe im KB S. 22 dienen, bei der S einen Urlaubsprospekt entwerfen sollen.
Gleichzeitig werden auch Form und Aufbau eines Briefes deutlich gemacht.

Lösung:

Liebe Katrin,

vielen Dank für deine lustige Karte aus Griechenland. Wie war es dort? Sicherlich toll.
Ich habe auch Ferien gemacht, aber nicht so weit weg von zu Hause wie du.
Meine Familie und ich waren diesen Sommer in einem kleinen Dorf am Fuße der Alpen. Mitten in der grünen Natur. Wir haben auf einem richtigen Bauernhof gewohnt. Die Zimmer waren hell und freundlich, mit bunt bemalten Bauernmöbeln und Balkon. Zum Frühstück gab es frische Milch, Eier, Speck, selbst gemachten Käse und selbst gebackenes Brot.
Der Bauer, die Bäuerin und ihre beiden Kinder waren sehr nett. Wir spielten nach dem Abendessen oft Karten oder andere Spiele. Sie zeigten uns auch ihren Hof und erklärten uns die verschiedenen Maschinen.
Am liebsten war ich bei den Tieren. Es gab dort Kühe und Schweine, Enten, Hühner und Gänse. Am besten haben mir die kleinen Ferkel gefallen. Wir waren aber nicht nur den ganzen Tag auf dem Bauernhof, sondern machten auch viele Ausflüge und einfache Bergtouren.
Mir wurde es in den zwei Wochen niemals langweilig.
Jetzt mache ich Schluss für heute, weil ich noch zum Training muss.

Herzliche Grüße
dein Peter

S. 24 **12.**

Globales Hören

Das Interview ist ziemlich lang und vom Wortschatz her nicht leicht. Falls S aufgrund des Hörens noch nicht selbstständig die Informationen zu den W-Fragen notieren können, kann das Hören durch diese Übung gesteuert und auch der Wortschatz vorentlastet werden. Da mithilfe der W-Fragen nur die wichtigsten Informationen erfragt werden, handelt es sich um globales Verstehen. Es ist nicht nötig, auf Details einzugehen.

LEKTION 2

Lösung:

a) **Wer** macht das Interview mit Herrn Persányi?
■ Ein Reporter vom internationalen Schülerrundfunk.

b) **Was** hat Herr Persányi vorher gemacht?
■ Er war Experte bei einer internationalen Bank.

c) **Wann** hat er sich zum ersten Mal für Tiere interessiert?
■ Schon als Kind.

d) **Wozu** hat er seine Stelle in London aufgegeben?
■ Er wollte sich nur mehr mit Tieren beschäftigen.

e) **Wie** hat er das seinem Chef mitgeteilt?
■ Er hat mit ihm gesprochen.

f) **Warum** konnten seine Kinder keine Haustiere halten?
■ Weil die Familie viel unterwegs war.

S. 24 13.

Indefinitpronomen bewusst machen

Im Interview mit dem Zoodirektor kommen viele Indefinitpronomen vor, die entsprechenden Sätze aus dem Interview werden hier noch einmal aufgegriffen. Es soll lediglich die Funktion der Indefinitpronomen erkannt werden. Auf dieser Stufe ist es noch nicht notwendig, diese auch produktiv zu beherrschen. An den Beispielen kann deutlich gemacht werden, dass die Endung des Pronomens mit Genus und Numerus des Substantivs, auf das es sich bezieht, übereinstimmt.

Lösung:

■ … Stadtkinder haben heutzutage oft <u>Kleintiere</u>. Ich hatte aber nie <u>welche.</u>

● … Ich kam mir schon damals wie ein <u>Zoodirektor</u> vor. Da ahnte ich aber natürlich noch nicht, dass ich irgendwann mal auch <u>einer</u> werden könnte.

■ Hätten Sie vielleicht auch schon in Wirklichkeit ein <u>Raubtier</u> gehalten?
● Nein. Ich würde „privat" auch nie <u>eines</u> halten wollen!

■ Haben Sie da vielleicht auch irgendwelche „<u>guten Ratschläge</u>" bekommen?
● Nein, zum Glück <u>keine</u>!

■ Hatten Ihre Kinder die Möglichkeit, zu Hause wenigstens <u>irgendein Kleintier</u> zu halten?
● Sie hätten natürlich gerne <u>eines</u> gehabt, aber …

S. 25 Wortschatz | Ein Tier beschreiben

Es werden verschiedene Gesichtspunkte zur Systematisierung gegeben. In den ersten beiden Spalten sollen S Tiernamen eintragen, die sie kennen, für die sie sich interessieren oder die in der Lektion vorgekommen sind. Vollständige Listen können nicht erstellt werden, sie können an solchen Stellen durchaus vom Interesse der S abhängig ergänzt werden.

Mithilfe des Wortschatzes können Ratespiele gespielt werden: Ein Tier wird nach seinem Aussehen, dem Lebensort, den Gewohnheiten usw. beschrieben, die anderen erraten, um welches Tier es sich handelt.

LEKTION 3

In oder out?

Bei dem Lektionsthema Aussehen, Mode und Bekleidung geht es weniger um Sprechabsichten und Situationen in Zusammenhang mit dem Einkaufen als vielmehr um Meinungsbildung zu Geschmack und Mode als eine Form der Selbstdarstellung. Dabei wird die Adjektivdeklination wiederholt.

Kursbuch

A | Kleider machen Leute

Der Wortschatz zum Thema Kleidung wird aktiviert und erweitert, um Personen beschreiben und aufgrund ihres Äußeren charakterisieren zu können. Es werden Sprachmittel zum Ausdruck des Gefallens oder Nichtgefallens erarbeitet.

S. 26 **1.**
Wortschatz aktivieren: Kleidung und Aussehen
Mithilfe der Bilder und der kurzen Texte kann das Thema eingeführt und der damit verbundene Wortschatz gesammelt werden. S suchen die Schlüsselwörter im Text und ordnen sie den entsprechenden Abbildungen zu.
Bei diesem Thema kommen viele Ausdrücke vor, die vor allem für die Jugendsprache charakteristisch sind. Diese werden stellenweise erklärt. Es kommen auch viele englische Wörter vor, die für die heutige Sprache kennzeichnend sind. Das wird bereits im Lektionstitel angedeutet.

S. 27 **2.**
Mündlicher Ausdruck: Personen beschreiben
Auf den Bildern sind nur Gesichter zu sehen. S wählen in PA oder Kleingruppen 1–2 Personen, bilden Hypothesen, was diese Personen tragen könnten und beschreiben sie mithilfe der angegebenen Strukturen bzw. der in Aufgabe 1 gesammelten Wörter. Zur Vorbereitung der Personenbeschreibung sollte mit den Übungen im AB die Adjektivdeklination
→ AB 1–5   wiederholt werden.

B | Uniform der Jugend?

Die Strategie des globalen Lesens, bei der einem Text nur die wesentlichsten Informationen zu entnehmen sind, wird weiter vertieft.
Der Titel bietet Gelegenheit, darüber zu diskutieren, was mit „Uniform der Jugend" gemeint sein kann.

S. 28 **3.**
Textverstehen vorbereiten
S ist die Textsorte Steckbrief aus Lektion 1 bekannt.
● S füllen den Steckbrief in PA anhand eigener Kenntnisse und Ideen vor dem Lesen des Textes aus.

- Die Paare vergleichen ihre Lösungen.
  Nach dem Lesen werden die Ideen mit den Informationen im Text verglichen.

Lösung:

Name: Jeans
Alter: *ca. 150 Jahre*
Geburtsort: *Kalifornien*
Schöpfer (Vater): *Levi Strauss*
Verwandte: *andere Marken, wie z. B. Mustang, Diesel, Wrangler*
Material: *Segeltuch*
Eigenschaften: *robust, fest*
Karriere: *zuerst Arbeitskleidung für Goldgräber, dann Freizeithose, sogar Statussymbol, Symbol der Rebellion der Jugend, Verbreitung in der ganzen Welt*

S. 28–29 **4.**

Globales Lesen: Hypothesen und Textinhalte vergleichen
Den Text müssen S nicht detailliert verstehen. In dieser Aufgabe sollen sie zunächst größere inhaltliche Einheiten erkennen.
- Vor dem Lesen wird der *Lesetipp* geklärt. Er weist auf eine Besonderheit des Zeitungsartikels als Textsorte hin: Der Vorspann erleichtert das weitere Verstehen des Textes, da er die wichtigsten Themen des Textes benennt.
- Nach dem Lesen können die Textinhalte mit dem ausgefüllten Steckbrief in Aufgabe 3 verglichen werden.

S. 30 **5.**

Text in inhaltliche Einheiten gliedern
S markieren im Text in EA oder PA die einzelnen Abschnitte und ordnen die genannten Themen zu. Dadurch wird der Textaufbau bewusst gemacht.

Lösung:

Z 15–28: über Levi Strauss
Z 28–34: *Jeans als Arbeitskleidung*
Z 31–33: *Gründung der Firma Levi Strauss*
Z 33–36: *die Karriere der Jeans*
Z 37–39: *Jeans als Protest*
Z 40–44: *Jeans heute*

S. 30 **6.**

Textinhalte kurz wiedergeben
S lesen den Text noch einmal und schreiben die wichtigsten Informationen neben die entsprechende Jahreszahl. Dadurch wird der Text auf das Wesentliche reduziert.

Lösung:

1829: Da wurde Levi Strauss geboren.
1848: *Levi Strauss wanderte nach Amerika aus.*
1853: *Da entstand die erste Levi's Jeans.*
1890: *Levi Strauss gründete die Firma* Levi Strauss & Co.
1902: *Da starb Levi Strauss.*
1950–59: *Die Jeans wurde Symbol der Rebellion der Jugend.*
1967–69: *Siegeszug über den ganzen Erdball.*

S. 30 **7.**
Schriftlicher Ausdruck: einen Dialog erfinden
- Aus der Perspektive der Jeanshose schreiben S in PA oder in Kleingruppen ihren absurden Dialog. Dabei können S ihrer Fantasie freien Lauf lassen.
- Die Texte werden im PL präsentiert.

Zu diesem Teil kann als Ergänzungsmaterial der Plakattext des Jeans Museums in Wien verwendet werden: *Geschichte der Jeans* (siehe LHB S. 148).

S. 30 **8.**
Wortschatz sammeln und sich einigen
- Jeder S wählt zunächst ein Reiseziel und fertigt eine eigene Liste an.
- Diejenigen, die das gleiche Ziel gewählt haben, setzen sich in eine Gruppe zusammen und vergleichen ihre Listen.
- Die Gruppenmitglieder erstellen eine gemeinsame Liste. Dabei soll diskutiert und argumentiert werden, bis es zu einer Einigung kommt. Es sollen auch die in der vorhergehenden Lektion erarbeiteten sprachlichen Mittel verwendet werden.

- Die Gruppenlisten werden im PL vorgestellt.

C | Was ist modisch?

S werden in den Aufgaben in diesem Teil zur eigenen Meinungsbildung hingeführt. Außerdem bietet sich auch die Gelegenheit, von den Hörtexten ausgehend Rollenspiele in einem Geschäft durchzuführen. Dazu gibt es eine Übung im Arbeitsbuch.

S. 31 **9.**
Selektives Hören: Aussagen Personen zuordnen
In den Interviews in einem Geschäft für Kleidung äußern sich drei Personen über Mode, Trends und Geschmack.
- Beim zweiten Hören ordnen S die angegebenen Inhalte den Personen zu.
- Nach dem Ausfüllen der Tabelle können S die drei Interviews auch kurz zusammenfassen.
Die gehörten Meinungen über Mode bereiten die Bildung der eigenen Meinung vor.

Lösung:

	1	2	3
… sucht eine Hose in einer bestimmten Farbe.	☐	☐	■
… hat sich gerade einen Hut gekauft.	■	☐	☐
… trägt gern etwas Zeitloses, Elegantes.	☐	■	☐
… hat schon verschiedene Hosen anprobiert.	☐	☐	■
… meint, Mode ist, was gefällt.	■	☐	☐
… tanzt in einem Verein.	☐	■	☐
… meint, es lohnt sich teure Sachen zu kaufen.	☐	☐	■
… steht auf eine bestimmte Marke.	☐	☐	■
… interessiert sich für Mode überhaupt nicht.	☐	■	☐

S. 31 **10.**
Schriftlicher Ausdruck: sich selbst beschreiben
- Das Zitat kann als Diskussionsanlass dienen. Ausgehend davon können S in Gruppen

oder im PL mehrere mögliche Meinungen formulieren. Dadurch wird das Schreiben vorbereitet. Auch die Übung im AB dient der Vorbereitung.
- Aufgrund der aufgezählten Gesichtspunkte schreiben S einen Text über sich und ihr Aussehen, ihren Geschmack, ihre Gewohnheiten usw.

Schülertexte dieser Art können gesammelt und in dem sogenannten WIR-BUCH zusammengeheftet werden, das die sprachliche Entwicklung der Gruppe und die Aktivitäten in der Deutschstunde dokumentiert.

→ AB 12

S. 32 Lesetext

Eine mögliche Methode zur Bearbeitung des Textes *Was ist eigentlich deine Lieblingsfarbe:*
- L gibt zunächst nur die Farben an, S sammeln dazu in GA ihre Assoziationen: Eigenschaften, die ihrer Meinung nach die Farben ausdrücken.
- Nach dem Lesen werden die Ideen mit dem Textinhalt verglichen.
- Der Text bietet auch Anlass zur Diskussion, inwieweit die darin geäußerten Beschreibungen für die Gruppenmitglieder zutreffen.

Arbeitsbuch

S. 26 1.
Adjektive sammeln und ordnen
Der Text stammt aus einem Jugendroman und passt inhaltlich gut zur Lektion, da es um den Kauf von Kleidungsstücken geht. Ausgehend vom Text soll die Adjektivdeklination wiederholt werden.
- Der Text wird in EA gelesen und der Inhalt im PL besprochen. L kann auch Hintergrundinformationen geben, um S dazu anzuregen, vielleicht den ganzen Roman zu lesen.

> **Bitterschokolade** wurde vom Langenscheidt Verlag in der Reihe „Leichte Lektüren für Jugendliche" veröffentlicht. Der Jugendroman beschreibt die Geschichte eines Mädchens mit Essproblemen. Die 15-jährige Eva ist viel zu dick und fühlt sich deshalb einsam und isoliert. Doch allmählich gelingt ihr, ihre Isolation zu durchbrechen und sich selbst zu akzeptieren. Die folgende Szene steht im letzten Kapitel mit dem Titel „Wie Eva eine Hose und ein Hemd sucht und etwas ganz anderes findet".

- Beim zweiten Lesen erfolgt das Sammeln und Auswerten: S unterstreichen alle Adjektive und Adjektivkonstruktionen und tragen sie unten ein.

Lösung:

Undekliniertes Adjektiv: *schwer, klein, rosa, besser, hell, dicker, schön, toll, zufrieden*
Dekliniertes Adjektiv vor einem Substantiv: *einen kleinen Laden, einen ganz guten (Laden), in einen größeren (Laden), eine helle Hose, das rosa Hemd, die nächste Hose, helle Farben, in dem blauen Faltenrock, in den langweiligen Blusen, die richtigen Farben*

Die deklinierten Adjektive können noch in drei weitere Gruppen unterteilt werden: Adjektiv nach bestimmtem oder unbestimmtem Artikel, Adjektiv ohne Artikel.

S. 27 **2.**

Wiederholung der Adjektivdeklination
Es wird davon ausgegangen, dass früher auch die Adjektivdeklination schon behandelt wurde, trotzdem stellt sie erfahrungsgemäß immer wieder eine Schwierigkeit für S dar. In der mündlichen Kommunikation sind Fehler bei der Adjektivdeklination nicht schwerwiegend, da sie meist zu keinen Missverständnissen führen. Beim Verfassen eines Textes beeinträchtigen sie jedoch in großem Maße die Wirkung des Textes. Es hängt immer von der Funktion der jeweiligen Übung ab, wie stark die formale Korrektheit zu berücksichtigen ist. Es ist wichtig, in formbezogenen Übungen, die die Struktur einüben, sämtliche Fehler zu korrigieren. In kommunikativen Übungen, in denen nicht die Einübung der Struktur das vordergründige Ziel ist, sollten solche Fehler als natürliche Erscheinung betrachtet werden. S füllen die hier angegebenen unvollständigen Tabellen in PA oder in Kleingruppen aus und ergänzen sich dabei gegenseitig. Die vorgegebenen Beispiele aus dem Text helfen, die Kenntnisse abzurufen bzw. Regelmäßigkeiten zu erschließen. In die Lücken sollen nicht isolierte Wörter, sondern Beispiele eingetragen werden, die der realen Sprachverwendung entsprechen. Die Tabellen müssen zum Schluss auf jeden Fall gemeinsam überprüft und korrigiert werden. Dazu eignet sich auch die Kopiervorlage.
In diesem Kontext kommt der Gebrauch der starken Adjektivdeklination im Singular nicht vor, deshalb wird diese erst im zweiten Band, in einem passenden Kontext eingeführt. Hier

→ KV S. 160 wird nur der Plural behandelt.

Lösung:

a) **EIN… / KEIN… / MEIN… + ADJEKTIV**

	<u>Singular</u>			<u>Plural</u>
	<u>Maskulin</u>	<u>Feminin</u>	<u>Neutrum</u>	
<u>Nominativ</u>	**ein** klein**er** Laden	**eine** hell**e** Hose	**ein** schön**es** Hemd	**meine** langweili**gen** Blusen
<u>Akkusativ</u>	**einen** klein**en** Laden	**eine** hell**e** Hose	**ein** schön**es** Hemd	**meine** langweili**gen** Blusen
<u>Dativ</u>	in **einem** klein**en** Laden	in **einer** hell**en** Hose	in **einem** schön**en** Hemd	zu **meinen** langweili**gen** **Blusen**
<u>Genitiv</u>	die Verkäuferin **eines** klein**en** Laden**s**	die Knöpfe **meiner** hell**en** Hose	die Ärmel **ihres** schön**en** Hemd**es**	der Schnitt **meiner** langweili**gen** Blusen

b) **DER / DIESER / WELCHER + ADJEKTIV**

	<u>Singular</u>			<u>Plural</u>
	<u>Maskulin</u>	<u>Feminin</u>	<u>Neutrum</u>	
<u>Nominativ</u>	**der** blau**e** Faltenrock	**die** weit**e** Hose	**dieses** kurz**e** Kleid	**die** richti**gen** Farben
<u>Akkusativ</u>	**den** blau**en** Faltenrock	**die** weit**e** Hose	**dieses** kurz**e** Kleid	über **die** richti**gen** Farben
<u>Dativ</u>	in **dem** blau**en** Faltenrock	in **der** weit**en** Hose	mit **diesem** kurz**en** Kleid	in **den** richti**gen** Farben
<u>Genitiv</u>	die Länge **dieses** blau**en** Faltenrock**es**	der Stoff **der** weit**en** Hose	das Muster **dieses** kurz**en** Kleid**es**	die Auswahl **der** richti**gen** Farben

LEKTION 3

b) DER/DIESER/WELCHER + ADJEKTIV

				Plural
Nominativ				hell**e** Farben
Akkusativ				hell**e** Farben
Dativ				in hell**en** Farben
Genitiv				die Wirkung hell**er** Farben

S. 28 **3.**

Adjektivdeklination gesteuert anwenden

In dieser Übung stellen S in PA einander Fragen. Damit sie sich auf die richtigen Formen konzentrieren und diese einüben können, sind inhaltliche und grammatische Hilfen hier noch vorgegeben.

S. 28 **4.**

Sätze mit attributiven Konstruktionen bilden: Personen beschreiben

S sollen ihre individuellen Beispielsätze formulieren und dabei möglichst alle Arten der Adjektivdeklination anwenden. Damit die Aufgabe interessanter wird, sollen dabei in GA nach dem Muster bunte Plakate entstehen, die auch im Klassenzimmer aufgehängt werden können. Auch die Wortschatzliste im AB auf S. 33 kann dazu benutzt werden. Die Formulierung von Sätzen zu den Bildern wird durch Fragen gelenkt.

S. 29 **5.**

Attributive Konstruktionen in einen Text einfügen

Der mit den bisher vorgekommenen Ausdrücken in Jugendsprache verfasste Dialog in dieser Übung eignet sich zum Einüben der korrekten Adjektivformen. S müssen aufgrund des Kontextes auch den richtigen Kasus erkennen.
Mithilfe des Dialogs können S miteinander ähnliche kleine Gespräche führen.

Lösung:

- ▪ Hallo! Kannst du mir vielleicht verraten, was dieses Jahr modern ist?
- ● So genau weiß ich das nicht. Aber ich glaube, dass *kurze, enge T-Shirts, weite Schlaghosen, bunte Kopftücher und taillierte Jacken* in Mode sind.
- ▪ Worin gehst du denn am liebsten zur Schule?
- ● In mein**en** *schwarzen Jeans*, mein**em** *nabelfreien T-Shirt* und in mein**em** *langen Kapuzenpulli*.
- ▪ Was würdest du nie anziehen?
- ● Ich würde nie *eine bestickte Schlaghose* anziehen.
- ▪ Was findest du sonst noch ätzend?
- ● *Karierte Hosen* und *dunkle Strümpfe* finde ich oberätzend.
- ▪ Was steht dir denn besonders gut?
- ● Mir steht das *enge schwarze Kleid*, die *kurze Jeansweste* und das *grüne Stirnband* ganz gut.
- ▪ Kritisieren die Eltern dein Aussehen? Worüber ärgern sie sich?
- ● Sie ärgern sich über mein**en** *kleinen Nasenknopf* und über meine *geschlitzte Hose*.
- ▪ Was steht dir weniger gut?
- ● Ich glaube, *elegante Sachen* und *feine Schuhe* mit hohem Absatz passen nicht so gut zu mir.

S. 30 **6.**
Wortschatz festigen: Personenbeschreibungen
S müssen die beschriebenen Personen mit den Fotos identifizieren und die Lücken sinngemäß ausfüllen. Zum Schluss können sie die drei Personen noch einmal mit eigenen Worten beschreiben, wobei sie die Adjektivdeklination frei verwenden.

Lösung:

Minirock, Strumpfhose, Arbeitskleidung, Latzhosen, Kapuzenpulli, Kopftuch, Stirnband, Minirock, Rucksack

S. 31 **7.**
Auf Besonderheiten des Sprachgebrauchs aufmerksam machen
Bei diesem Thema werden – vor allem von Jugendlichen – sehr viele englische Wörter verwendet. Hier sollen einige Beispiele in der Lektion gesammelt werden. Sie können auch mit der eigenen Muttersprache verglichen werden.

Lösungsbeispiele:

T-Shirt, Streetwear, Workwear, Jeans, Boutique, Handy, etwas ist in / out, Baseballmütze, Cocktailkleid, Kapuzen-Shirt, Sweatshirt, …

S. 31 **8.**
Lückentext als Zusammenfassung
S sollten darauf aufmerksam gemacht werden, dass in den Texten nicht nur Adjektivendungen weggelassen wurden, sondern auch die Hälfte von anderen Wörtern. Die Übung geht also über die reine Formorientiertheit hinaus und fordert bereits komplexere Kenntnisse. Die fehlenden Wortteile sind aufgrund des Kontextes zu erschließen.

Lösung:

a) **Moritz, 17,** geht noch zur Schule. Das normale Outfit für die Schule ist: eine rote Baseballmütze, we*iße* Sportschuhe und ein quergestre*iftes* Polo. Die gra*ue* Stoffhose ist für Moritz die bequemste, die er bisher hatte. Auf Hochzeiten und anderen Partys trägt er ein weißes Stirnb*and*, offene Turnschuhe, beige Jeans, mit lässigem Gür*tel* und ein blau-wei*ßes* Karo-Hemd. Was Moritz nicht hat, aber gerne hätte: „Ein ausgeflipptes Hawaiihe*md* in schr*illen* Farben und mit Riesenkragen."

b) **Atakan, 18,** macht eine Ausbildung zum Maler und Lackierer. Seine Arbeitsk*leidung* sieht so aus: weiße So*cken*, weiße Ho*se*, weißes T-Shirt, schw*arze* Turnschuhe. Nach der Arbeit hat er gerne he*lle* Jeans und ein hel*les* Polo an. Wenn er sich fein macht, trägt er ein schwa*rzes* Hemd und schwa*rze* Lederschuhe und dazu einen türkisbla*uen* Anzug.

c) **Bianca, 21,** bezeichnet ihr Arbeitsdress als konservativ: klein*karierte* Stoffhose, schicke Absatz*schuhe*, weißes T-Shirt, Ke*tte* um den Hals. In der Freizeit trägt sie gerne eine en*ge* Stoffhose, eine we*iße* Bluse mit Knoten auf dem Bauch und dazu eine Weste aus J*eans*stoff. Das „kle*ine* Schwarze" gehört zu ihrer Abendgard*erobe*. Sie trägt es am liebsten mit ärmel*losen* Handschuhen.

S. 31 **9.**
Wortschatz festigen
Die beschriebene Moderichtung ist S sicherlich bekannt, so dass sie die Lücken ausfüllen können. Dabei soll Wortschatz gefestigt werden.
Ausgehend von diesem Text kann auch eine andere Moderichtung beschrieben werden.

LEKTION 3

Lösung:

Nie waren Klamotten so *bunt* wie heute: Die _Mode_ der Generation „Techno" erobert mit Farbschocks die Kleiderschränke. Was früher _unmöglich_ war, ist heute erlaubt, zum Beispiel _wildes_ Kombinieren von Mustern und Stoffen. Was gehört noch zur Techno-Mode: _schrille_ Brillen, _Ringe_ in Ohren, Nasen, Lippen oder Augenbrauen, _buntes_ Plastikspielzeug und _gefärbte_ Haare; auf dem _Kopf_ Piratentücher, Kappen und Mützen; an den Füßen _Stiefel_ mit _dicken_ Sohlen oder Turnschuhe aus den Siebzigern. Die „Uniform" der Achtziger – Jeans, _Sweatshirt_ und Basketballschuhe – gehört endlich in die Altkleidersammlung. Seit den Neunzigern will jeder _einzigartig_ sein – und aussehen. Den Trend machen die jungen Leute, und noch reagieren viele Ältere schockiert. Doch sicher nicht lange!

S. 32 **10.**

Wortschatz ordnen

Es müssen nicht unbedingt alle angegebenen Wörter zugeordnet werden, es reicht, wenn in jede Spalte einige Beispiele gesucht und mit einem Attribut ergänzt werden. Die Übung kann den im KB Aufgabe 8 benötigten Wortschatz vorbereiten.

S. 32 **11.**

Mündlicher Ausdruck: eine Situation im Geschäft gestalten

S gestalten die Dialoge nach dem Beispiel des Hörtextes im KB in Aufgabe 9. Damit die Aufgabe interessanter wird, werden verschiedene Kundentypen angegeben. S bereiten für den gewählten Typ Rollenkarten vor und spielen dann die Situation möglichst frei vor.

S. 32 **12.**

Konjunktionen wiederholen

In dieser Übung kommen nur Konjunktionen vor, die auf jeden Fall schon bekannt sind; *weil* und *denn* wurden in Lektion 2 wiederholt.
Es handelt sich um kurze Meinungen über Mode, die die Bildung der eigenen Meinung vorbereiten und vor Aufgabe 10 im KB eingesetzt werden können.

Lösung:

a) Ich ziehe meistens weite Pullis an, _weil_ sie so bequem sind.
b) Ich trage Jeans, Sportschuhe und Kapuzen-Shirt, _denn_ das ist jetzt gerade absolut „in".
c) Es gibt für mich Wichtigeres als Mode, _aber_ es ist mir auch nicht ganz egal.
d) In Jeans, Wollpullover und Turnschuhen fühle ich mich sehr wohl, _und_ so gefalle ich mir.
e) Früher war es für mich wichtig, immer das anzuhaben, was modern ist. _Aber_ heute habe ich meinen eigenen Stil.
f) Eigentlich ziehe ich mich ganz normal an, _aber_ ich mag manchmal auch ausgefallenere Sachen.
g) Man sollte nur Markenklamotten kaufen _oder_ wirklich auf die Qualität achten.
h) Ich beschäftige mich überhaupt nicht mit der neuesten Mode, _weil_ ich nicht so aussehen will, wie alle anderen.

S. 33 Wortschatz | Über Mode sprechen

In der Liste sind die Kleidungsstücke gesammelt, die in der Lektion vorkommen. Außerdem werden Hilfen gegeben, Gefallen und Missfallen auszudrücken. Diese Ausdrücke können während der Lektionsarbeit immer wieder zu Hilfe genommen werden. Weitere Übungsmöglichkeit: Die Kleidungsstücke werden auf Kärtchen geschrieben. S ziehen ein Kärtchen und sagen schnell ihre Meinung dazu oder zeichnen es für die anderen, die das Wort erraten.

LEKTION 4

Zeit für Hobbys

Mit dem häufig wiederkehrenden Thema der Freizeitgestaltung haben sich S wahrscheinlich schon oft beschäftigt. In dieser Lektion wird der Wortschatz aufgefrischt und erweitert. Das Ziel dieser Lektion ist, dass sich S ausführlich und differenziert über ihre Freizeitmöglichkeiten und -gestaltung äußern können. In diesem inhaltlichen Rahmen werden mehrere grammatische Themen erarbeitet: indirekte Frage, Konjunktiv II und Wortbildung. Der Konjunktiv II wird in Lektion 9 weitergeführt.

Kursbuch

A | Wie sieht dein Sonntag aus?

Der erste Teil stimmt auf das Thema ein. Als Einstieg kann auch das Wort *Freizeit* verwendet werden: S sammeln in Form eines Kreuzworträtsels Wörter, die mit dem Begriff Freizeit in Verbindung stehen. Das kann auch in Form einer Kettenübung an der Tafel geschehen.

S. 34 **1.**

Bearbeitung des Liedes: Hören und Stimmung erfassen
In dem Lied von Wolf Biermann geht es um Freizeitmöglichkeiten in einer Kleinstadt.
- S hören zuerst das Lied, ohne den Text zu lesen.
- Beim zweiten Hören lesen sie den im KB abgedruckten Text mit.
- Sie äußern sich darüber, welche Stimmung für sie vom Lied ausgeht. Dabei können sie sowohl die vorgegebenen Wörter als auch andere verwenden.

> **Wolf Biermann** geb. 1936 in Hamburg, verlor seinen jüdischen Vater im KZ Auschwitz, übersiedelte als überzeugter Kommunist 1953 in die DDR, erhielt dort aber bereits 1962 ein erstes Mal, 1965 endgültig Auftrittsverbot und lebte, da seine Werke auch nur im Westen gedruckt wurden, von seinem Publikum isoliert, in Ost-Berlin. 1976 wurde er, nach einer Konzertreise in der Bundesrepublik Deutschland, von den DDR-Behörden ausgebürgert. Er lebt in Hamburg und in Frankreich.
> Biermanns Lieder und Balladen, die er zur Gitarre singt oder spricht, haben immer eine kritische, ironisch-sarkastische Note.

Biermann ist nicht nur Sänger, sondern er denkt in seinen Konzerten laut nach und teilt seine Ansichten mit dem Publikum.
Auf dieser Konzertaufnahme ist während des Liedes eine Prosaeinlage zu hören, die den Text in einen politischen Kontext setzt und auf die gesellschaftlichen Unterschiede zwischen den beiden deutschen Staaten vor der Wiedervereinigung verweist. Dieser Text soll hier nicht bearbeitet werden.

LEKTION 4

S. 34 2.

Bearbeitung des Liedes: Titel und Inhalt vergleichen

Ausgehend von a) kann das Gedicht interpretiert werden: S lesen den Text genauer und stellen fest, welche Freizeitaktivitäten darin – zum Teil indirekt – vorkommen: in die Kneipe gehen, Bier trinken, fernsehen.

Daraus geht hervor, wie wenig Möglichkeiten es mancherorts gibt, die Freizeit sinnvoll zu gestalten. Das bietet in b) einen guten Diskussionsanlass über die Bedeutung des Wohnortes unter dem Aspekt der Freizeitmöglichkeiten sowie über eigene Erfahrungen, über die S berichten können.

S. 35 3.

Mündlicher Ausdruck: eine Gruppenumfrage machen

- S machen sich in EA Notizen darüber, was sie von den anderen erfahren wollen.
- Die sprachliche Form, die zur Aufgabe nötig ist, wird geklärt. S können ihre Fragen einleiten, sollen das aber nicht mechanisch tun, sondern darauf aufmerksam gemacht werden, dass sich in einem Gespräch direkte und indirekte Fragen abwechseln.
- S bilden Gruppen und stellen einander ihre Fragen. Sie machen sich dabei Notizen.
- Sie tragen ihre Ergebnisse innerhalb der Gruppe zusammen und definieren ein Gruppenergebnis.
- Ein Gruppensprecher trägt das Ergebnis im PL vor.

Als mögliche HA kann die Umfrage auf einen größeren Kreis (Klassenkameraden, Familienmitglieder, Bekannte usw.) ausgeweitet werden. Die Ergebnisse können in der nächsten Stunde präsentiert werden.

Weitere Möglichkeit:

Mit Hilfe der folgenden Tabelle können S eine Woche lang beobachten und festhalten, wie sie ihre Zeit verbringen. In die Tabelle tragen sie die Zeit ein, die sie mit der gegebenen Tätigkeit verbracht haben und besprechen die Ergebnisse. Die Tabelle kann auch als Grundlage für die Umfrage dienen.

→ AB 1–5

Tag/Datum	In Minuten												
	Computer	Musik spielen	Lesen	Sport treiben	Spielen	Musik hören	Fernsehen	Stadtbummel	Schularbeiten	Theater/Kino	Gammeln	Freunde	Haushalt	...
Montag														
Dienstag														
Mittwoch														
Donnerstag														
Freitag														
Samstag														
Sonntag														

B | Einmal Ballboy für...

Im Mittelpunkt dieses Teils steht ein längerer Text, der kleinschrittig bearbeitet wird. Es knüpfen sich zahlreiche Aufgaben und Übungen im AB daran an.

S. 35 **4.**
Textverstehen vorentlasten: Hypothesen zum Titel bilden
S sammeln vor dem Lesen Ideen in PA oder in Kleingruppen zum Wort Ballboy und tragen sie in das vorgegebene Raster ein. Das dient zur inhaltlichen und sprachlichen Vorbereitung des Textverstehens. Die Ideen werden in Aufgabe 7 mit dem Textinhalt verglichen.

S. 37 **5.**
Globales Lesen: Leitfaden erarbeiten
Auch bei diesem Text geht es darum, Inhalte der einzelnen Abschnitte vereinfacht wiederzugeben. Die Stichworte sind aber nicht mehr vorgegeben (vgl. Lektion 3, Aufgabe 5), S sollen sie selbstständig formulieren und in die Kästen eintragen.
- S lesen den Text in EA.
- Sie füllen die Kästen stichwortartig aus.
- Sie vergleichen ihre Lösungen zunächst in PA, anschließend im PL.

S. 37 **6.**
Textinhalt mündlich zusammenfassen
Aufgrund des erarbeiteten Leitfadens geben S den Weg zum Ballboy kurz wieder. Die Temporaladverbien sind vorgegeben, damit ein zusammenhängender Text entsteht und keine lose aneinander gereihten Sätze aufgezählt werden. Vor der Lösung der Aufgabe soll S eine kurze Vorbereitungszeit zur Verfügung stehen.
Im Text ist der Gebrauch von Präsens ein stilistisches Mittel, das eine wiederkehrende Ereignisreihe beschreibt. Sinngemäß kann auch Perfekt verwendet werden.

→ AB 20

S. 37 **7.**
Hypothesen und Inhalte vergleichen
S suchen die entsprechenden Stellen im Text und ergänzen in EA oder PA die in Aufgabe 4 aufgestellten Hypothesen. Auch bei dieser Aufgabe geht es nicht um Detailverstehen, sondern darum, dem Text bestimmte Informationen zu entnehmen.

S. 37 **8.**
Mündlicher Ausdruck: die eigene Meinung äußern
Nach der Bearbeitung des Textes sollen sich S in das Gelesene hineinversetzen und mithilfe der angegebenen sprachlichen Mittel ihre eigene Meinung äußern. Auf die grammatischen Übungen im AB zu Konjunktiv II kann L an dieser Stelle übergehen, aber auch später bietet sich dazu Gelegenheit.

→ AB 12–19

Als Ergänzungsmaterial können ein Inserat und ein Bewerbungsbrief (siehe LHB S. 149) eingesetzt werden.

C | Weitere Hobbys

Die drei Texte in diesem Teil (zwei Lesetexte und ein Hörtext) stellen drei verschiedene Freizeitbeschäftigungen näher vor. Das soll S dahin führen, über ihr eigenes Hobby ausführlicher, aus unterschiedlichen Aspekten berichten zu können.

LEKTION 4

S. 38 **9.**

Globales Lesen: zwei Texten Informationen entnehmen

S sollen auch hier die wichtigsten Informationen verstehen. Dabei helfen die angegebenen Fragen.
- Zur Bearbeitung des Textes kann L auch eine Tabelle auf Folie am OHP vorgeben. Sie wird in EA während des Lesens ausgefüllt und kann dann in PA verglichen werden.
- Die Kontrolle erfolgt im PL, L trägt die Informationen auf der Folie ein.

	Lars	Uwe
Was ist sein Hobby?		
Seit wann macht er das?		
Was braucht man dazu?		
Wie kann man das erlernen (Stationen)?		

S. 38 **10.**

Mündlicher Ausdruck: die eigene Meinung äußern

S versetzen sich in die Rolle der Personen, über die sie gelesen haben und bilden sich eine Meinung. Dabei können sie die im Kasten angegebenen sprachlichen Mittel benutzen.

→ AB 12–19 Die Bearbeitung von Konjunktiv II lässt sich auch von dieser Aufgabe ableiten.

S. 39 **11.**

Hörverstehen: einem Hörtext Informationen entnehmen

- Beim ersten Hören (a) ist nur globales Verstehen gefordert.
- Das detailliertere Hören wird durch Fragen gesteuert (b). S machen sich beim Hören in EA Notizen und vergleichen in PA ihre Lösungen.
- Anschließend wird der Text noch einmal gehört, damit S ihre Antworten überprüfen und ergänzen können.

→ AB 11 • Zum Abschluss äußern S auch dazu ihre Meinung.

Lösung:

- Wie sind die Tiere im Tierheim?
    – *traurig, einsam, manchmal auch freudig und böse, treu, stubenrein, kinderlieb, pflegeleicht und anhänglich*

- Wie leben dort die Hunde?
    – *die Hunde sind zu zweit oder zu dritt in einem Zwinger*
    – *an jedem Zwinger ist eine kleine Tafel mit Beschreibungen, Eigenschaften und Informationen über den Hund*
    – *viele Tiere sind schon ziemlich lange im Heim (bis 8 oder 9 Jahre)*

- Warum hat sie diese Beschäftigung gewählt?
    – *es macht ihr Spaß, mit den Hunden spazieren zu gehen*
    – *die Tiere freuen sich darüber*

S. 39 **12.**

Mündlicher Ausdruck: ein Hobby vorstellen

In dieser Aufgabe wird das vorher Erarbeitete zusammengefasst und in selbstständiger Form angewendet.

39

Es handelt sich um ein kleines Projekt, das über das Klassenzimmer hinausgeht, und selbstständige Arbeit und Vorbereitung benötigt. Die Präsentation kann in vielfältigen Formen erfolgen: mit Fotos, Präsentation des gesammelten Materials usw.
S können bei solchen Aufgaben auch in PA oder GA recherchieren.

S. 39 **13.**

Mündlicher Ausdruck: Hobbys vergleichen
- Bevor S die Tabelle ausfüllen, sollen die Wörter geklärt werden. Die Tabelle ist in beide Richtungen offen, damit S sie entsprechend ihren Interessen mit weiteren Tätigkeiten und Merkmalen ergänzen können.
- S füllen in EA die Tabelle aus (a).
- Die Ergebnisse werden im PL besprochen. Die Daten werden unter Anleitung des L zusammengezählt. L legt die auf Folie kopierte Tabelle auf den OHP und trägt die Ergebnisse ein.
- Die Ergebnisse geben Anlass zu einem Gespräch in der Gruppe (b).

S. 40 **14.**

Textarbeit als Vorbereitung des Schreibens
Der Text stammt aus dem Jahrbuch einer österreichischen Schule.
- Der Textanfang wird zusammen gelesen, damit S die Struktur verstehen.
- S versuchen, in EA die Lücken zu ergänzen.
- Sicherlich können sie nicht alles verstehen, deshalb ist es hilfreich, wenn sie anschließend die Lösungen in PA oder in Kleingruppen vergleichen und ergänzen. Manche Verben können an mehreren Stellen eingesetzt werden.
- Der Text wird im PL zusammengesetzt.

Es geht nicht darum, den Wortschatz aktiv zu beherrschen. Der Text dient vielmehr als Muster für ein ähnliches Porträt in Aufgabe 16.

Wählen Sie Ihren persönlichen FREIZEITBETREUER!

Sie können
mit Marc Kaugummiblasen vermessen,
mit Melody Masken malen, töpfern, Kerzen gießen,
mit Astrid im Autodrom kurven,
mit Barbara K. Kirschkerne um die Wette *spucken*,
mit Peter Müller Schi *fahren* und Fußball *spielen*,
mit Girid musizieren,
mit Babette Schnecken *suchen*,
mit Raffaela Fliegen *fangen*,
mit Johannes Str. Schummelzettel entwerfen,
mit Johannes S. an den Nerven der Lehrer *sägen*,
mit Gerhard Eidechsen *beobachten*,
mit Michael einen Flohzirkus eröffnen,
mit Christoph Limonade *trinken*,
mit Barbara Z. über Wiesen *galoppieren*,
mit Rabi in den Wolken *schweben*,
mit Andrea in der Loopingbahn die Schwerkraft testen,
mit Martin beim French Open mit Seifenblasen Tennis *spielen*,
mit Nathalie Chips *futtern*,
mit Bernadette Freundschaftsbänder knüpfen,
mit Myriam Regenwürmer *sammeln*,
mit Carola Kimonos wickeln,
mit Tan in der Schule um die Wette *schlafen*,
mit Matthias Rad fahren oder
mit Martina in 80 Tagen um die Welt tauchen.

Viel Spaß dabei wünscht die 1A

LEKTION 4

S. 41 **15.**

Schreiben vorbereiten: Fantasiehobbys erfinden

Die Aufgabe versetzt den Themenkreis der Hobbys in die Welt der Fantasie. S können ihre Ideen oder Zeichnungen in EA oder PA auf Zettel notieren oder anfertigen, die sie dann an der Tafel oder an der Wand aufhängen.

S. 41 **16.**

Schriftlicher Ausdruck: ein Gruppenporträt erstellen

Bei dieser Aufgabe soll auf der Grundlage des in Aufgabe 14 Gelesenen und der in Aufgabe 15 gesammelten Ideen ein interessanter, kreativer Text entstehen. Es ist wichtig, dass S an solchen Aufgaben Spaß haben, im Vordergrund sollte hierbei also nicht die absolute sprachliche Korrektheit stehen. Die am besten geeignete Sozialform ist dafür die Kleingruppe. Falls nötig, können S auch Wörterbücher benutzen.

S. 42 **Lesetext**

Der Leserbrief *Keine Zeit für Hobbys* bietet einen anderen Aspekt das Themas: S haben wenig Freizeit. Das kann ein weiterer Diskussionsanlass sein.
Weitere Möglichkeit: S formulieren Ratschläge zum Problem im Leserbrief oder verfassen einen möglichen Antwortbrief der Redaktion.

Arbeitsbuch

S. 34 **1.**

Einführung der indirekten Frage

- Anhand der Beispiele (a) sollen S die Regel erkennen: Bei einer Ergänzungsfrage wird das Fragewort zur Konjunktion, bei einer Entscheidungsfrage verwendet man die Konjunktion *ob*. Das konjugierte Verb steht am Ende.
- Aufgrund der Beispiele wird die Bildung der indirekten Frage reproduktiv geübt (b).

Lösung:

	Darf ich dir ein paar Fragen stellen? **Ich möchte gern wissen,**
Wann hast du mit Tennis angefangen?	*wann du mit Tennis angefangen hast.*
Wer war dein erster Trainer?	*wer dein erster Trainer war.*
Haben dich deine Eltern unterstützt?	*ob dich deine Eltern unterstützt haben.*
Bist du immer gern zum Training gegangen?	*ob du immer gern zum Training gegangen bist.*
	Ich möchte dich auch fragen,
Was war bisher dein bestes Ergebnis?	*was bisher dein bestes Ergebnis war.*
Wie hast du dich nach dem Spiel gefühlt?	*wie du dich nach dem Spiel gefühlt hast.*
Spielst du nochmals um den Pokal?	*ob du nochmals um den Pokal spielst.*
Trainierst du schon dafür?	*ob du schon dafür trainierst.*

	Die Leser interessiert,
Wie oft muss man trainieren?	*wie oft man trainieren muss.*
Bleibt da noch Zeit für andere Hobbys?	*ob da noch Zeit für andere Hobbys bleibt.*
Hast du noch Zeit für deine Freunde?	*ob du noch Zeit für deine Freunde hast.*
Wann ist das nächste Tennisturnier?	*wann das nächste Tennisturnier ist.*

S. 35 **2.**

Indirekte Fragen ergänzen

Aus dem Kontext sollen die Konjunktionen erschlossen werden. An manchen Stellen sind mehrere Lösungen möglich.

Lösungsmöglichkeit:

a) Weißt du, <u>wann</u> die Vorstellung beginnt?
b) Hat er gesagt, <u>wann</u> er in die Schweiz fährt?
c) Kannst du mir sagen, <u>warum</u> du nicht angerufen hast?
d) Uns würde interessieren, <u>warum</u> ihr so lange geblieben seid.
e) Ich möchte gern wissen, <u>ob</u> du Pfirsiche magst.
f) Können Sie mir sagen, <u>wann</u> der nächste Zug nach Salzburg abfährt?
g) Wisst ihr, <u>mit wem</u> Renate ins Kino gegangen ist?
h) Wir möchten erfahren, <u>wie</u> das passiert ist.
i) Sag mir, <u>welches</u> Hemd du dir am liebsten kaufen würdest.
j) Wissen Sie <u>wer</u> den Roman „Bitterschokolade" geschrieben hat?

S. 35 **3.**

Indirekte Fragen formulieren

S bekommen oft die Aufgabe, ein Interview zu führen. Dabei sollen sie auch indirekte Fragen anwenden.
- S lesen den Steckbrief in EA.
- Aufgrund der Angaben formulieren sie mögliche Fragen, die an die Lehrerin gestellt wurden.

Es entspricht zwar der realen Sprachverwendung nicht, alle Fragen nacheinander indirekt zu formulieren, hier handelt es sich aber noch um kein zusammenhängendes Interview. Es soll die indirekt gestellte Frage eingeübt und gefestigt werden. S sollen im Späteren darauf hingewiesen werden, dass die Einleitung der Fragen nicht mechanisch einzusetzen ist, dass es aber den Text variiert, der Sprecher dadurch Zeit gewinnt und die Frage höflicher wirkt.

S. 36 **4.**

Mündlicher Ausdruck: ein Interview führen

Hier soll bereits ein zusammenhängendes Interview geführt werden, bei dem S direkte und indirekte Fragen abwechselnd einsetzen.
Da der Aufgabentyp oft wiederkehrt, ist es hilfreich, die Technik, ein Interview zu führen, zu besprechen. S neigen dazu, es stark zu vereinfachen.
Wichtige Schritte bei der Durchführung von Interviews können die Folgenden sein:
- die Ziele und Inhalte des geplanten Interviews festlegen;
- den Interviewpartner bestimmen;
- den Ort des Interviews festlegen;

LEKTION 4

- die nötigen technischen Mittel (Kassettenrekorder, eventuell Fotoapparat, Videokamera usw.) besorgen und ausprobieren;
- den Aufbau, die Fragen und die sprachlichen Formulierungen im Vorfeld überlegen und dazu Notizen machen (Vorstellung, Fragen, Danksagung, Abschluss);
- den Dauer des Interviews festlegen;
- evtl. Arbeitsverteilung besprechen.

Sofern S keine Möglichkeit haben, das Interview auf Deutsch durchzuführen, können sie es auch in der Muttersprache führen und anschließend einen zusammenfassenden Bericht über die Ergebnisse verfassen.

Die dritte Möglichkeit ist, ein Interview z. B. mit einer berühmten Persönlichkeit frei nach der Fantasie zu erfinden.

S. 36 5.

Interviewfragen aus dem Textzusammenhang erschließen

Hier geht es nicht mehr um die Einübung der indirekten Frage, sondern es soll ein ganzer Text rekonstruiert werden, indem S aufgrund der Antworten auf die Fragen schließen. Der Vorspann sollte gemeinsam gelesen und die Situation geklärt werden. Es können auch einige wichtige Wörter aus dem Text eingeführt werden, um das Textverstehen zu entlasten.

In dem Artikel standen die folgenden Fragen, die natürlich auch anders formuliert werden können:

Wie habt ihr von dem Austauschjahr erfahren?
Muss man „Spitzenschüler" sein, um angenommen zu werden?
Thema Abreise: Wart ihr traurig? Hattet ihr Angst vor der Fremde?
Wie seid ihr von euren Gastfamilien empfangen worden?
Der erste Schultag war sicher mächtig.
Hattet ihr Sprachprobleme?
Wie war der Abschied?
Hat es sich gelohnt, ein Schuljahr zu „verlieren"?

S. 37 6.

Verben und daraus abgeleitete Substantive unterscheiden

Ausgehend vom Thema des Austausches wird die Ableitung von Substantiven aus Verben behandelt. In dieser Übung wird das Phänomen rezeptiv eingeführt, die Bewusstmachung erfolgt in der nächsten Übung.

Lösung:

a) Ich werde im August nach London *fliegen.* Das *Fliegen* macht mir ein wenig Angst.
b) Ich gehe mit meiner Gastfamilie fast jedes Wochenende *wandern*. Mir macht *das Wandern* großen Spaß.
c) Am Anfang war *das Sprechen* nicht leicht. Ich glaube, jetzt beherrsche ich *die Sprache* schon ziemlich gut. Auch *das Fernsehen* hat mir dabei geholfen.
d) Es war auch nicht einfach, alle Fächer in einer Fremdsprache zu *lernen*.
e) *Das Essen* schmeckt mir nicht immer, ich muss mich noch daran gewöhnen.
f) Zum Abschied werde ich selbst eine deutsche Spezialität *kochen*.

S. 37 7.

Wortbildung: Aus Verben Substantive bilden

In der Tabelle soll verdeutlicht werden, dass aus Verben verschiedene Substantive gebildet werden können und je nachdem auch die Bedeutung unterschiedlich sein kann. Es können nicht in allen Fällen beide Arten gebildet werden.

Lösung:

Tätigkeit	Prozess	Ergebnis/Produkt
spielen	s Spielen	s Spiel
sprechen	s Sprechen	e Sprache, s Gespräch
essen	s Essen	s Essen
fahren	s Fahren	e Fahrt
reisen	–	e Reise
springen	s Springen	r Sprung
lieben	–	e Liebe
schenken	s Schenken	s Geschenk
trinken	s Trinken	s Getränk
träumen	s Träumen	r Traum
schreiben	s Schreiben	e Schrift
üben	s Üben	e Übung

S. 37 **8.**

Wortbildung: eigene Beispiele suchen

Die Übung führt die vorhergehende Tabelle weiter. S suchen weitere Beispiele im Text in Übung 5 auf S. 36. Es müssen natürlich nicht alle Wörter in die Tabelle eingetragen werden.

Lösung:

austauschen	–	r Austausch
erfahren	–	e Erfahrung
lehren	s Lehren	r Lehrer
leisten	–	e Leistung
auswählen	s Auswählen	e Auswahl
verstehen	s Verstehen	s Verständnis
anfangen	–	r Anfang
fühlen	–	s Gefühl
trennen	s Trennen	e Trennung
zurückkehren	–	e Rückkehr
verabschieden	s Verabschieden	r Abschied
kennen	–	e Kenntnis
entschließen	–	r Entschluss

S. 38 **9.**

Wortbildung: aus dem Verb das entsprechende Substantiv bilden

Die Verben, zu denen ein passendes Substantiv gebildet werden soll, sind hervorgehoben. Die richtige Form ist aus dem Kontext zu erschließen.

LEKTION 4

Lösung:

a) Er *schreibt* sehr undeutlich, ich kann seine _Schrift_ kaum lesen.
b) Er mag nur die praktischen _Geschenke_. – *Schenke* ihm also wieder Socken.
c) Ich *trinke* jetzt keinen Wein, ich bin mit dem Auto gekommen. – Wir haben auch alkoholfreie _Getränke_.
d) Wie *sprechen* denn diese Leute? – Ich kenne diese _Sprache_ nicht.
e) Du brauchst noch mehr _Übung_. – Aber ich habe schon so lange *geübt*.
f) Kennst du dieses _Spiel_? – Ja, ich habe es mit euch schon mal *gespielt*.
g) Wir sind drei Stunden *gefahren*. – Warum hat die _Fahrt_ so lange gedauert?

S. 38 **10.**

Wortbildung: Komposita

Hier geht es um eine andere Art der Wortbildung: Substantive sollen zusammengesetzt werden.

- In a) werden die Wörter noch vorgegeben, der Wortschatz knüpft an das vorhergehende Thema an. Die Artikel der Grundwörter sind bei den Beispielen fett gedruckt, damit S sich an die Regelmäßigkeit erinnern, dass sich das Genus des Kompositums nach dem Genus des Grundwortes richtet. Zusätzlich soll auch auf das Fugenlaut hingewiesen werden. Dazu gibt es keine eindeutige Regel, bei Substantiven auf *-ung, -heit, -keit, -ion, -ität, -ling, -schaft, -tum* erscheint ein Fugen-s.

Lösung:

r Abend+**s** Essen	das Abendessen
r Geburtstag+**s** Geschenk	das Geburtstag**s**geschenk
r Austausch+s Jahr	das Austauschjahr
e Note+r Durchschnitt	der Notendurchschnitt
r Austausch+r Schüler	der Austauschschüler
r Gast+e Familie	e Gastfamilie
e Blume+r Strauß	r Blumenstrauß
s Wort+r Schatz	r Wortschatz
e Sprache+e Kenntnisse	e Sprachkenntnisse
e Notiz+r Zettel	r Notizzettel

- In b) müssen die Wörter vom S zugeordnet werden, wobei es mehrere Möglichkeiten gibt. Der Wortschatz bezieht sich auf den Text im KB auf S. 36.

Lösung:

e Geschicklichkeitsprüfung, r Mannschaftskapitän, s Handtuch, e Aufnahmeprüfung, s Erfrischungsgetränk, r Tennisschläger, s Tennisspiel, s Tennistraining, s Ballspiel, e Eintrittskarte, s Mannschaftsspiel, r Fitnessraum …

S. 39 **11.**

Selektives Hören

Die Multiple-Choice-Aufgabe kann den Hörtext im KB auf S. 39 vorentlasten, sofern die hier vorkommenden Wörter im Vorfeld geklärt werden. Das steuert und erleichtert das

45

Hören und sollte bei Gruppen eingesetzt werden, die mit Hörtexten noch nicht so selbstständig umgehen können, dass sie sich beim Hören Notizen machen.

Lösung:

a) Was macht Annabell in ihrer Freizeit?
☐ Sie geht heim.
■ Sie besucht ein Tierheim.

b) Was macht sie dort?
☐ Sie geht mit Hunden spazieren.
■ Sie spaziert durch das Tierheim.

c) Was für Gesichter kann man dort sehen?
■ Verschiedene Hundegesichter.
☐ Gesichter von alten Leuten.

d) Wie viele Tiere sind in einem Zwinger?
☐ Acht bis neun Tiere.
■ Zwei oder drei Hunde.

e) Was steht auf den Tafeln?
☐ Was verboten ist.
■ Informationen über die Tiere.

f) Was macht Annabell Spaß?
■ Sie geht gern mit einem der Tiere spazieren.
☐ Sie liest gern etwas über Tiere.

S. 39 **12.**
Einführung des Konjunktivs II
Der Konjunktiv kann nach Aufgabe 8 oder 10 im KB wiederholt und systematisiert werden. An dieser Stelle wird nur *wäre, hätte, könnte, dürfte, müsste* und die Konstruktion mit *würde + Infinitiv* behandelt. Der Konjunktiv steht hier in erster Linie in seiner Funktion, irreale Konditionalsätze einzuleiten. Die Erweiterung der Bildung und der Funktionen erfolgt in Lektion 9.
In dieser Übung wird der Konjunktiv in den Beispielsätzen rezeptiv eingeführt. Es wird davon ausgegangen, dass S die Sätze verstehen, zur Kontrolle übersetzen sie sie in sprachlich homogenen Gruppen in ihre Muttersprache.
Die Formen werden tabellenartig zusammengefasst.

S. 39 **13.**
Verben im Konjunktiv bilden und konjugieren
S ergänzen die offene Tabelle zur Konjugation. Die vorgegebenen Formen helfen dabei. Durch die letzte Frage soll bewusst gemacht werden, dass die Konjunktiv-II-Form aus der Präteritum-Form des Verbs abgeleitet werden kann.

(KV S. 161) Zur Kontrolle der Lösungen eignet sich auch die Kopiervorlage im LHB.

Lösung:

	werden	sein	haben	können	müssen	dürfen
ich	würde	wäre	hätte	könnte	müsste	dürfte
du	würdest	wärest	hättest	könntest	müsstest	dürftest
er/sie/es	würde	wäre	hätte	könnte	müsste	dürfte
wir	würden	wären	hätten	könnten	müssten	dürften
ihr	würdet	wäret	hättet	könntet	müsstet	dürftet
sie/Sie	würden	wären	hätten	könnten	müssten	dürften

S. 40 **14.**
Konjugationsendung im Konjunktiv erkennen
Im Anschluss an die Konjugationstabelle sollen den Verben im Konjunktiv II die richtigen Personalpronomen zugeordnet werden. Natürlich ist auch der Kontext wichtig. An manchen Stellen gibt es mehrere Möglichkeiten.

LEKTION 4

Lösung:

a) *Du* müsstest endlich telefonieren.
b) *Ich* würde mir jetzt gerne den Film ansehen.
c) Wie wäre *es*, wenn *wir/Sie* eine Party organisieren würden?
d) *Ich/Er/Sie* würde gerne mitgehen, aber *ich/er/sie* muss noch arbeiten.
e) Wenn *er* nicht immer so viel trinken würde, würde *ich* ihn auch zur Party einladen.
f) *Sie* würden vielleicht auch kommen, wenn *sie* bei uns übernachten könnten.
g) Wenn *ich* Bekannte in Österreich hätte, könnte *ich* sie anrufen.
h) Wenn *es* noch nicht so dunkel wäre, dürften *wir* länger bleiben.
i) Wenn *du* uns beim Aufräumen helfen könntest, wären *wir* schneller fertig.
j) *Ich/Sie* müsste ihre Schwester jede Woche einmal besuchen.

S. 40 **15.**

Konditionalsätze ergänzen

Die Sätze beziehen sich auf das Thema Austausch. Vor dem Ergänzen soll – am besten auch an der Tafel – anhand der Beispiele der verkappte Nebensatz ohne die Konjunktion *wenn* verdeutlicht werden.

- Im ersten Teil (a) sind die Verben im Konjunktiv einzusetzen, es ist eine eher formorientierte Übung.
- Im zweiten Teil (b) müssen die Sätze mit inhaltlichen Elementen ergänzt werden.

Lösung:

a)
Könnte ich das Partnerland selbst wählen, würde ich am liebsten in die Schweiz fahren.
Wenn ich ein Jahr allein im Ausland leben *müsste*, *hätte* ich Angst davor.
Könnte ich wählen, *würde* ich lieber in einer großen Familie unterkommen.
Wenn ich in Deutschland lernen *könnte/würde*, *hätte* ich mit dem Verstehen keine Probleme.
Wäre ich als Austauschschülerin in Amerika, *hätte* ich sicher Schwierigkeiten im Unterricht alles zu verstehen.
Ich *würde* mich sehr freuen, wenn ich eine zweite Heimat *hätte*.

b)
Was würdest du tun?
Würde ich als *Austauschschüler/Fremde/Gast* im Mittelpunkt der Klasse stehen, das würde mich (nicht) stören.
Könnte ich mit *meiner Freundin/Schwester/meinem Freund/Bruder* zusammen fahren, hätte ich keine Angst.
Wenn die Gast(geber)familie einen *riesigen Hund* hätte, hätte ich Schwierigkeiten.
Wäre ich ein Jahr im Ausland, würde mir *meine Familie* fehlen.
Hätte ich eine Möglichkeit, würde ich *schon früher/an Weihnachten* nach Hause kommen.

S. 40 **16.**

Konditionalsätze bilden

Nach dem Muster in Übung 12 bilden S hier schon weitgehend frei Sätze nach ihrer Fantasie. Sie müssen nicht jedes angegebene Wort verwenden.

- Die Übung kann als Kettenübung mündlich gelöst werden.
- Eine andere Möglichkeit ist, dass S einige Wörter im Kasten wählen und dazu in EA Sätze formulieren.
- L schreibt jeweils einen Satzanfang auf einen Bogen Papier und reicht ihn durch die Klasse. Wer eine Idee dazu hat, beendet den Satz. So entstehen Listen.
- Die Blätter werden vorgelesen oder an die Tafel geheftet, so dass jeder sie lesen kann.

S. 41 **17.**
Konditionalsätze zu einer Situation bilden
- Bevor S die Sätze im Konjunktiv formulieren, soll die Situation durch die Einleitung geklärt werden. Auch die Zeichnung kann dazu herangezogen werden.
- Nachdem S mit den vorgegebenen Elementen Sätze formuliert haben, können sie diese auch mit eigenen Ideen ergänzen.
- Die Übung kann als Diskussion weitergeführt werden, indem auf die einzelnen Ideen reagiert wird.

S. 41 **18.**
Ratschläge formulieren
Hier erscheint eine andere Funktion des Konjunktivs II: Zu den abgebildeten Situationen werden nach dem Beispiel in EA oder PA Ratschläge formuliert. Die Übung lässt sich erweitern, indem jemand ein Problem nennt (*ich bin zu dünn, ich bin immer müde* usw.) und die anderen ihn beraten.

S. 42 **19.**
Mündlicher Ausdruck: auf irreale Situationen reagieren
- S sollen in dieser Übung schon relativ spontan reagieren und dabei den Konjunktiv verwenden.
- Die Übung kann weitergeführt werden, indem L oder S weitere komische Situationen erfinden und die anderen darauf reagieren.

S. 42 **20.**
Schriftlicher Ausdruck: einen informellen Brief ergänzen
In dem Brief wird der Inhalt des Textes im KB S. 36 aus der Perspektive des Ballmädchens wiedergegeben. Das Schreiben ist stark gesteuert: Anfang und Ende sind vorgegeben, der eigentliche Text wird durch Leitfragen gelenkt.

S. 42 **21.**
Mündlicher Ausdruck: diskutieren und überzeugen
Die Mittel der Argumentation wurden in den vorangehenden Lektionen schon erarbeitet. Hier können sie erneut Anwendung finden. Die Redemittel sind aber auch auf den Konjunktiv bezogen: Es sollen Vorschläge im Konjunktiv formuliert werden.
Es ist sinnvoll, vor der Diskussion Argumente sammeln zu lassen.

Wortschatz | Zeitvertreib

Zu diesem Thema gibt es einen umfassenden Wortschatz. Die Wortschatzseite bietet einige Gesichtspunkte zur Systematisierung. Die Listen sind offen und sollen aufgrund der Kenntnisse der S ergänzt werden. Bei der Beschreibung der eigenen Hobbys können auch zeitliche Bestimmungen eine wichtige Rolle spielen, deshalb sollten auch diese wiederholt werden.

LEKTION 5

Spielst du gern?
Dann mach doch mit!

Im Anschluss an die Lektion über Freizeitbeschäftigungen greift diese Lektion verschiedene Aspekte des Themas Spiel auf: von traditionellen Gesellschaftsspielen über Computerspiele bis hin zu Sprachspielen. L kann den Interessen der Gruppe entsprechend entscheiden, welchen Aspekt des Themas er besonders hervorheben möchte.
Der grammatische Stoff der Lektion ist der Relativsatz.

Kursbuch

A | Was spielst du gern?

In diesem Teil werden verschiedene Formen des Spielens und Spielgewohnheiten vorgestellt. Als Einstieg in das Thema eignet sich ein Spiel sehr gut, ein Beispiel ist in Übung 1 im AB zu finden, aber auch Aufgabe 1 im KB sowie die Seite *Mit der Sprache spielen* (S. 51) haben einen spielerischen Charakter.

→ AB 1

S. 44 1.

Hören: Einstieg und Aktivierung von Wortschatz

Bei dieser Höraufgabe können die Bezeichnungen für Spiele gesammelt werden. Dadurch wird das Textverstehen in Aufgabe 2 vorbereitet. Der Wortschatz im AB auf S. 51 kann als Hilfe dienen.
Die Durchführung der Aufgabe kann auch als Wettbewerb organisiert werden: S sammeln in PA oder in Kleingruppen die Wörter. Es wäre zu schwer, alle Geräusche zu isolieren; es ist also nicht erforderlich, alle Spiele zu erkennen.
Wenn L vermeiden möchte, dass S nur einzelne Wörter nennen, können an der Tafel bekannte sprachliche Mittel der Vermutung gesammelt werden, z. B.:

Das ist vielleicht ...
Das kann/könnte ... sein.
Ich glaube, ...

Lösung (auch andere Vorschläge können akzeptiert werden):

Schach: Chronometer, Figuren rücken; Pingpong; Gesellschaftsspiel: Würfeln, Figuren rücken; Basketball; Spielautomat; Tischfußball oder Billard; Hüpfkasten; Computerspiel; Darts; Eishockey; Kartenspiel: Mischen und Geben; Tennis; Würfeln

S. 44 2.

Globales Lesen: gleiche Inhalte finden
- S lesen die Texte und versuchen festzustellen, auf welche Fragen die Personen geantwortet haben.
- S vergleichen ihre Lösungen in PA.
- Die Lösungen werden im PL besprochen und auch begründet, indem S die entsprechenden Textstellen zitieren.

Lösung:

Wann, wie oft, warum spielst du?
Kannst du verlieren?
Welches ist dein Lieblingsspiel?

S. 45 **3.**
Selektives Lesen: Aussagen zuordnen
- S lesen die Texte noch einmal genauer und suchen in EA die in der Tabelle angegebenen Inhalte.
- Die Lösung wird im PL besprochen. L kann dazu eine Folie vorbereiten und die Antworten am OHP ankreuzen. S sollen ihre Entscheidung auch begründen.

Lösung:

	Erika	Stefan	Carla	niemand
1. Ich mag spielen.	■	■	■	☐
2. Ich will immer gewinnen.	☐	■	☐	☐
3. Ich spiele, weil ich meine Freizeit gerne mit anderen Leuten verbringe.	■	■	■	☐
4. Spiele sind langweilig.	☐	☐	☐	■
5. Viele Leute spielen nur alleine, zum Beispiel Computerspiele.	☐	☐	■	☐
6. Beim Spielen kann man viel Wichtiges lernen.	☐	☐	■	☐

S. 45 **4.**
Mündlicher Ausdruck: ein Interview führen
- Die Aufgabe ist interessanter, wenn L die Namen der Paare ziehen lässt, damit nicht immer die zusammenarbeiten, die sich schon sehr gut kennen.
- S führen in PA miteinander das Interview über die Spielgewohnheiten und notieren sich kurz die Antworten (zur Technik des Interviewens siehe S. 42, Aufgabe 4).
- S fassen die in Erfahrung gebrachten Informationen anhand ihrer Notizen zusammen. Die Ergebnisse sollten festgehalten werden, denn sie könnten als Ausgangspunkt für die nächste Aufgabe dienen.

S. 45 **5.**
Projektarbeit: eine Klassenstatistik erstellen
- S fertigen anhand der Daten aus Aufgabe 4 und der Leitfragen in GA eine Zusammenfassung an. Diese kann die Form eines zusammenhängenden Textes, eines Diagramms oder einer Tabelle haben. Sie entscheiden sich für die geeignete Variante und fertigen sie auf ein großes Blatt Papier oder auf Folie an.
- Sie präsentieren die Ergebnisse im PL.

B | Computerspiele

Vom Textverstehen sollen S in diesem Teil zur Formulierung der eigenen Meinung gelangen. Dabei helfen ihnen zahlreiche Äußerungen, die zu hören und zu lesen sind.

LEKTION 5

S. 45 **6.**

Globales Hören: Hauptaussage verstehen

S sollen in dieser Aufgabe lediglich die Hauptaussage der acht Meinungen über Computer verstehen.

Es empfiehlt sich, die Kassette zweimal abzuspielen.

- S füllen beim ersten Hören die Tabelle aus.
- Beim zweiten Hören bekommen sie Gelegenheit, sich selbst zu überprüfen und ggf. zu korrigieren. Sie sollen die Texte auf der nächsten Seite noch nicht lesen.

Lösung:

dafür	dagegen	nicht eindeutig
Roman	Carina	Melanie
Nikolaus	Michael	Johannes
Florian	Günther	

S. 46 **7.**

Verstehen vertiefen: Argumente sammeln

Die Hörtexte sind hier abgedruckt, so dass S ihre Lösungen nochmals kontrollieren und Missverständnisse beseitigen können.

- Beim Lesen unterstreichen S in EA die genannten Argumente und notieren sie in zwei Spalten.
- Die Kontrolle erfolgt im PL.
- L kann zu einem Klassengespräch übergehen und mit S darüber sprechen, wie oft sie am Computer spielen, welche Spiele am meisten verbreitet sind usw. Das bereitet die nächste Aufgabe vor.

Lösung:

dafür	dagegen
– den normalen Alltag verlassen und etwas Tolles erleben	– Computerspiele werden schnell langweilig
– man lernt, schnell zu reagieren	– es geht um Töten und Schießen
– fernsehen ist auch nicht besser	– zu brutal
	– Abhängigkeit
	– verbreitet Viren

S. 46 **8.**

Mündlicher Ausdruck: die eigene Meinung äußern

Zum Abschluss dieser Übungssequenz überdenken S noch einmal alle Argumente und bringen ihre eigene Meinung und Einstellung gegenüber dem Computer in einigen Sätzen zum Ausdruck.

S. 47 **9.**

Text verstehen und fortsetzen

Der Text stammt aus einer deutschen Schülerzeitung und stellt witzige Ideen vor, wozu ein Computer geeignet sein kann. Nach gemeinsamem Lesen können S in GA eigene Ideen sammeln und kurz formulieren. Die dabei verwendeten sprachlichen Strukturen bleiben ihnen überlassen.

→ AB 2–7 Der Text dient als Ausgangspunkt für die Behandlung des Relativsatzes im AB.

S. 47 **10.**
Globales Hören: Aussagen mit Textinhalt vergleichen
In dem inhaltlich schwierigeren Hörtext spricht die Interviewperson mit leicht schweizerischem Akzent. S sollen auch hier nur die wesentlichen Informationen im Text verstehen.
- Zur Vorbereitung kann der Titel der Aufgabe dienen: S stellen Hypothesen auf, was mit dem Wort *Computeridiot* gemeint ist und wie sie sich diese Person vorstellen.
- Sie hören den Text einmal in voller Länge, um sich an die Aussprache zu gewöhnen.
- Vor dem zweiten Hören lesen sie die Aussagen.
- Beim Hören entscheiden sie, ob die Aussagen richtig oder falsch sind.
- Die Kontrolle erfolgt im PL.
- S vergleichen die hier gehörten Argumente mit den in Aufgabe 7 gelesenen und nehmen zu den angesprochenen Fragen Stellung.

Lösung:

1. Computerspiele sind ein Erlebnis, weil man siegen kann.	*richtig*
2. In der digitalen Welt ist alles möglich.	*richtig*
3. René findet, Spiele machen aggressiv.	*falsch*
4. Er sitzt den ganzen Tag vor dem Monitor und hat deshalb keine Freunde.	*falsch*
5. Leute, die sich für Computerspiele nicht interessieren, findet er langweilig.	*richtig*

C | Stell dir vor!

Die Erzählung von Brigitte Peter führt das Thema Technik und Spiel im fiktionalen Rahmen weiter. Sie bietet zugleich die erste Möglichkeit zum Lesen eines längeren literarischen Textes.

S. 48–49 *Einen längeren literarischen Text lesen*
Das Ziel der Bearbeitung der Erzählung ist, dass S mit einem längeren Text selbstständig zurechtkommen. Es ist wichtig, S dazu die nötige Zeit zu sichern. Der Lesetipp möchte sie ermutigen, das Lesen nicht aufzugeben, wenn sie etwas nicht verstehen. Das sollte mit L gemeinsam vor dem Lesen thematisiert werden.
- Mithilfe der Zeichnung können einige wichtige Wörter semantisiert werden. Der Titel soll vor dem Lesen erklärt werden.
- Da der Text ziemlich lang ist, kann die Arbeit ggf. an der eingefügten Frage in der Mitte unterbrochen werden. S können über diese Frage auch als HA nachdenken und in der nächsten Stunde ihre Ideen vorbringen.
- Der Text ist auf der Kassette/CD zu hören. Der langsame, deutliche Vortrag kann auch viel zum Verstehen beitragen, es empfiehlt sich aber, den Text erst nach dem Lesen abzuspielen.

LEKTION 5

Übungen zur Bearbeitung des Textes, weiterführende Übungen und Übungen zum Wortschatz sind im KB und im AB zu finden.

Weitere Möglichkeit: Die Erzählung ist nicht vollständig abgedruckt. Wenn L auch den mittleren Teil bearbeiten möchte, kann er ihn von S. 150 im LHB kopieren.

→ AB 8–11

S. 50 **11.**

Selektives Lesen: nach bestimmten Informationen suchen

Die Übung strukturiert den Text durch die Vorgabe der drei Punkte, die den Text in drei Teile teilen.

- S suchen die Informationen zunächst in EA, dann können sie ihre Lösungen in PA oder in Kleingruppen vergleichen.
- Anhand der Punkte kann die Geschichte kurz nacherzählt werden.

S. 50 **12.**

Die Textsorte feststellen

- S bereiten ihre Antwort auf die Frage, ob es sich um ein Märchen handelt, vor, indem sie im Text Beispiele suchen, die ihre Meinung belegen.
- Die Argumente werden anschließend in zwei Spalten an der Tafel gesammelt und ausgewertet.

S. 50 **13.**

Mündlicher Ausdruck: ein Interview führen

- Die Situation wird im PL geklärt.
- S bilden Paare und wählen zwischen den zwei angegebenen Möglichkeiten.
- S bereiten ihr Interview vor. Es sollen spielerische Interviews entstehen, die durchaus in der Welt des Märchens und der Fiktion bleiben können.
- Die Paare tragen ihr Interview vor.
- Es ist wichtig, dass solche Aufgaben immer mit einer Auswertung abgeschlossen werden. Dazu sollten auch die anderen S herangezogen werden, die dadurch zum Zuhören aufgefordert sind. Es kann diskutiert werden, welches Interview am besten gelungen ist, wer es am besten vorgetragen hat, was den S besonders gut gefallen hat usw.

S. 50 **14.**

Wortschatz erweitern

In dieser Übung wird eine weitere spielerische Aktivität aus dem Text hervorgehoben: Basteln, das bei vielen S beliebt ist. S sollen hier einige Beispiele nennen. Z. B.:

ein Armband aus Leder mit einem scharfen Messer
eine Kette aus Perlen mit einer ganz dünnen Nadel
ein Kästchen aus Karton mit Sekundenkleber

In diesen Beispielen bezieht sich die Präposition *mit* auf das Mittel. Es ist aber auch möglich, dadurch die Eigenschaft des Gegenstandes hinzuzufügen:

ein Armband aus Leder mit einem Stein in der Mitte
eine Kette aus Perlen mit einem Muster aus Peru
ein Kästchen aus Karton mit Schubladen

S. 51 *Sprachspiele*

Das Ziel dieses Teils besteht darin, die sprachliche Kreativität zu fördern und Lust zum Spiel mit der Sprache zu wecken. Es kann auch als Einstieg für die gesamte Lektion dienen und auf das Thema einstimmen. Genauso gut eignet es sich aber auch dazu, die Lektion spielerisch ausklingen zu lassen.

Die drei Texte sind Beispiele für den spielerischen Sprachgebrauch, die Auswahl kann mit weiteren ähnlichen Texten erweitert werden. S sollen dabei Sprache erleben und zur Bildung ähnlicher Wörter oder Gedichte angeregt werden. Sie können bei den Rätselaufgaben oder in der kreativen Phase in EA oder PA arbeiten und sollten ihre Werke so anfertigen, dass man diese nachher an der Tafel präsentieren kann.

→ AB 12

Bild-Sprach-Spiel
Lösung:

Gartenterrasse, Baumaschine, Leselampe, Sommerabend, Naturmaterial, X-Beine, Wäscherei, Zebrastreifen, Yachthafen

Entwicklung

Eine Blume, süß duftend, steht auf der Wiese.
Eine Kuh, in Gedanken, verschluckt im Nu diese.
Die Blume blüht unermüdlich weiter im Bauch.
Die Kuh macht den Mund auf und duftet nun auch.

Lutz Rathenow geb. 1952 in Jena, lebt heute als freier Schriftsteller in Berlin. Veröffentlicht seit 1980 Prosastücke, Erzählungen, Theatertexte und Gedichte für Erwachsene sowie verschiedene Kinderbücher: „Der Tiger im Hochhaus", „Ein seltsamer Zoo" und „Floh Dickbauch". Für seine literarische Arbeit wurde er mit verschiedenen Preisen ausgezeichnet.

Das Gedicht ist auch auf der Kassette/CD zu hören. Mit Hilfe der Aufnahme können S ihre Lösung kontrollieren.

S. 52 **Lesetexte**

Lösung der Rätsel:

Mond/Stern/Glühbirne; Flügel; Klopapier; Bach

Arbeitsbuch

S. 44 **1.**

Spielregeln verstehen
Das hier beschriebene Spiel kann auch als Einstieg in das Lektionsthema dienen, indem S die Spielbeschreibung lesen, verstehen und das Spiel ausprobieren. Sie können auch selbst ein Spiel erfinden. Die Wortschatzseite leistet dazu Hilfestellung.

S. 45 **2.**

Relativsatz an Beispielen verdeutlichen
Aus dem Text im KB auf S. 47 wurden die Relativsätze hervorgehoben. Die zwei Teile werden zu einem Satz zusammengeführt, wobei deutlich wird, dass der Relativsatz das Substantiv näher bestimmt, auf das es sich bezieht.

LEKTION 5

S. 45 3.

Relativpronomen systematisieren

Die Beispiele in der Tabelle beziehen sich ebenfalls auf den Text im KB S.47. Ausnahme davon bilden die Genitivformen. Da diese nur selten vorkommen und auch nicht erschließbar sind, wurden sie angegeben.

- S suchen die Pronomen im Text.
- In muttersprachlich homogenen Gruppen können die Sätze zur Verstehenskontrolle übersetzt werden.
- Sie vervollständigen in PA die Tabelle.
- Die Lösung wird im PL – evtl. mithilfe einer Folie oder der Kopiervorlage im LHB überprüft.

→ KV S. 162

Lösung:

	Singular			Plural
	der Videoclip,	die Antwort,	das Programm,	die Wochen,
Nominativ	der	die	das	die
Akkusativ	den	die	das	die
Dativ	in dem	mit der	mit dem	mit denen
Genitiv	dessen	deren	dessen	deren

S. 46 4.

Relativsätze erkennen

S sollen die Sätze verstehen, d. h. erkennen, auf welches Substantiv sich der mit Relativpronomen eingeleitete Gliedsatz aus formalem und inhaltlichem Gesichtspunkt beziehen kann. Es gibt bei einigen Sätzen mehrere Lösungen.

Lösung:

Ich mag vor allem Spiele,	in denen man nicht nur Glück haben muss.
	deren Spielregeln einfach sind.
Ich habe ein neues Brettspiel bekommen,	das ich mir schon lange gewünscht habe.
Ich habe ein Programm,	mit dem man Tabellen machen und Texte schreiben kann.
Ich habe einen PC zu Hause,	mit dem ich hauptsächlich spiele.
Ich möchte einen Beruf,	in dem man viel am Computer arbeiten muss.
Es macht Freude mit Menschen zusammenzuspielen,	die du magst.
Mein Lieblingsspiel ist ein namenloses Strategiespiel aus Holz,	das ich auf einem Adventsbasar entdeckt habe.
Wir spielen gerne Gesellschaftsspiele,	deren Spielregeln einfach sind.
	in denen man nicht nur Glück haben muss.

55

S. 46 **5.**
Relativsätze zusammensetzen

Auch hier soll S erkennen, mit welchem der vorgegebenen Relativpronomen die zweiten Gliedsätze eingeführt werden können. Damit die Übung ein bisschen schwieriger ist, muss S unter mehreren Möglichkeiten wählen. Manche Pronomen können gar nicht verwendet werden.

Lösung:

Ich habe einen alten Computer,	*den*	ich jetzt verkaufen möchte.
	mit dem	ich meistens spiele.
	der	aber immer noch gut funktioniert.
	den	ich bei meiner Arbeit gut verwenden kann.

Das ist eine Frage,	*über die*	man lange reden könnte.
	auf die	man keine richtige Antwort findet.
	die	du auch gestellt hast.
	an die	man denken müsste.

Ich kenne ein Spiel,	*das*	sehr interessant ist.
	dessen	Regeln man schnell lernen kann.
	in dem	ich immer verliere.
	über das	du dich ärgern wirst.

Ich mag Computerspiele,	*in denen*	man schnell und geschickt sein muss.
	die	mehrere Leute spielen können.
	die	nicht sehr brutal sind.

S. 47 **6.**
Relativsätze ergänzen

Die Übung wird durch das Bild und die vorgegebenen Satzstrukturen gesteuert.
- In den ersten Sätzen sind nur die Relativpronomen zu ergänzen, später wird immer mehr weggelassen, so dass S auch inhaltliche Elemente einfügen können.
- Anschließend können sie auch ganz frei weitere Sätze zu der Situation formulieren.

S. 47 **7.**
Relativsätze ergänzen
- In dieser Übung werden die Regeln eines allgemein bekannten Spieles beschrieben, wobei der Text mit den passenden Relativpronomen zu ergänzen ist.
- Im Anschluss daran können S besprechen, ob sie andere Varianten des Spiels kennen.
- Der Text kann auch als Vorlage für andere Spielbeschreibungen dienen: S können die Regeln ihres Lieblingsspiels erklären. Dabei sollen sie Relativsätze frei verwenden.

Lösung:

> **Mensch ärgere dich nicht**
> **SPIELREGEL**
>
> Jeder Spieler erhält vier Spielfiguren, _die_ er dann auf das gleichfarbige Versteck setzt. Man würfelt mit einem Würfel reihum. Der Spieler, _der_ die höchste Augenzahl gewürfelt hat, beginnt. Wer eine 6 würfelt, darf in jedem Fall nochmals würfeln. Bei einer 6 darf der Spieler – er muss aber nicht – eine seiner Figuren, _die_ noch in dem Versteck stehen, auf das Startfeld stellen.
>
> Trifft eine Figur ein Feld, _das_ eine gegnerische Figur besetzt, so wird die gegnerische Figur geschlagen und muss in ihr Versteck zurück.
>
> Gewinner ist der Spieler, _dessen_ Figuren die Zielfelder zuerst erreicht haben. In die vier Zielfelder kann nur mit direktem Wurf eingerückt werden.
>
> Wenn nur zwei Personen spielen, kann jeder Spieler zwei Farben, also acht Figuren übernehmen. Dadurch wird das Spiel viel interessanter.

S. 48 8.

Eine Wortfamilie erstellen

Sicherlich sind S schon einige Wörter der Wortfamilie zum Verb *fliegen* bekannt, andere können sie im Text im KB S. 48–49 suchen. Sie können auch ein Wörterbuch zu Hilfe nehmen.

Lösungsmöglichkeiten:

> s Fliegen; r Flug; s Flugzeug; r Flughafen/r Flugplatz; e Fluggesellschaft; e Flughöhe; e Fliege; e fliegende Untertasse; r Flieger; r Flügel

S. 48 9.

Wortschatz sammeln

S lesen den Text im KB S. 48–49 und suchen darin alle Ausdrücke, die sich auf die Untertasse beziehen. Die Übung eignet sich auch als HA.

Lösung:

in die Untertasse steigen
die Untertasse starten
die Untertasse fliegt über die Dächer
die Untertasse fliegt ab
die Untertasse zieht einen Kreis um den Fernsehturm
die Untertasse kehrt zurück
die Untertasse steuern
die Untertasse umbauen
in die Untertasse klettern
die Einstiegsluke zuschlagen
den Starthebel herunterdrücken
den Drehknopf drücken
die Untertasse in Bewegung versetzen

S. 48–49 10.

Eine Zeitungsmeldung analysieren

Die Zeitungsmeldung ist ein Auszug aus der Erzählung im KB auf S. 48–49. Daran sollen die Merkmale einer Zeitungsmeldung erarbeitet und bewusst gemacht werden, damit S im Folgenden auch eine eigene Kurzmeldung verfassen können.

- Die Zeitungsmeldung enthält immer die Antwort auf die wichtigsten W-Fragen: Wer hat was wann wo und warum gemacht. Das wird an der Tabelle (a) verdeutlicht, in der die wesentlichen Informationen des Artikels in Form einer Antwort angeführt sind. S formulieren dazu die Fragen. Das soll als Ausgangspunkt für das eigene Schreiben dienen.

Lösung:

Reporter	Flughafenangestellter
1. Wo war denn das unbekannte Flugobjekt gelandet?	Hier, auf dem Flughafen unserer Stadt.
2. Wann passierte das?	Gestern Nachmittag.
3. Wie sah der Pilot aus?	Der Pilot war sehr klein.
4. Warum musste er notlanden?	Weil er keinen Treibstoff mehr hatte.
5. Woher kam er?	Er sagte, dass er aus unserer Stadt kommt.
6. Woher kommt er wirklich?	Ich glaube, dass er von einem fremden Stern kommt, auf dem es sehr kalt ist.
7. Warum glauben Sie das?	Weil er einen Raumanzug aus Pelz trug.
8. Wer überprüft den Fall?	Die Polizei. Sie überprüft das alles.

- S sollen auch auf die Kürze des Textes als Textsortenmerkmal hingewiesen werden (b). Diese wird dadurch erreicht, dass jedes Element ein wichtiger Informationsträger ist. Der Text wirkt durch den Nominalstil sehr komprimiert. Er enthält viele nachgestellte Attribute (z. B. *Raumanzug aus Pelz, Bewohner eines fremden Himmelskörpers mit niedrigen Temperaturen, Untertasse unbekannten Typs*).

S. 49–50 **11.**
Schriftlicher Ausdruck: eine Kurzmeldung schreiben
S schreiben zu den angegebenen Schlagzeilen eine passende Kurzmeldung.
- Zur Vorbereitung ordnen sie die Fragen und die Schlagzeilen in EA oder PA zu. Dabei werden Fragen geklärt.
- S wählen eine Schlagzeile, die sie besonders interessant finden, und formulieren dazu weitere Fragen, aus denen sich der Inhalt des Artikels ergibt.
- Neben die Fragen schreiben sie zunächst Schlüsselwörter. Diese werden zu Sätzen erweitert. Die Sätze sollen miteinander logisch verknüpft werden.
- L prüft die Texte und gibt Hinweise zur Überarbeitung. Am Ende sollen gut durchdachte, bewusst gestaltete Texte vorliegen.
- Die zu derselben Schlagzeile verfassten Artikel können im PL verglichen werden.

Lösung (a):

D Wurden Ihre Papiere nie von der Polizei überprüft?
A Ab wann stand dann die CIA vor deiner Tür?
C Wo genau haben Sie das berühmte Monster gesehen?
B Warum lief es ausgerechnet in diese Straße?
E Hattet ihr eure Informationen aus der „Nibelungensage"?
C Hatten Sie keine Angst davor?
D Wie haben Sie sich Ihre ausgezeichneten Fahrkenntnisse angeeignet?
E Habt ihr schon etwas gefunden?
B Wie konnte das Tier aus seinem Käfig entkommen?

S. 50 **12.**
Sprachspiel

Diese Übung knüpft an die Sprachspiele im KB im letzten Teil der Lektion an.

*Viele Ziele
haben meine Gesellschaftsspiele.*

*Eine Reise
mach ich ganz leise
auf dem Eise.*

*Die Puppe
schwimmt in der Suppe
der Reisegruppe.*

*An einem See
habe ich eine Idee
und trinke Kaffee.*

*Aus Papier
bastle ich ein Tier
so um vier.*

*Der Pilot
sieht rot
und steigt ins Boot.*

*Eine Untertasse
fliegt mit der Schulklasse
an die Kinokasse.*

*Wir warten
im Garten,
bevor wir starten.*

Wortschatz | Spiele und Spielzeuge

Die Wörter erscheinen in Form eines Spielfeldes. Dazu können S ein Lernspiel entwickeln, die Spielregeln erfinden, das Spielfeld entsprechend gestalten und das Spiel spielen. Hierzu einige Vorschläge:

Das Spiel kann in zwei Mannschaften gespielt werden. Man benötigt eine Spielfigur pro Mannschaft und einen Würfel.
Es wird ein Start- und ein Zielfeld festgelegt und gekennzeichnet.
Einige Felder werden mit verschiedenen Farben markiert und dazu auf Kärtchen Aufgaben definiert, die derjenige ausführen muss, der das Feld betritt. Z. B.:
- Auf dem Kärtchen steht ein neu zu lernendes Wort. S hat die Aufgabe, das Wort seiner Mannschaft zu umschreiben, pantomimisch nachzuspielen oder zu zeichnen.
- Auf dem Kärtchen steht ein Substantiv, das mit einem Relativsatz erklärt werden muss.
- Auf dem Kärtchen steht ein Satz mit einer Lücke, der ergänzt werden muss.
- Auf dem Kärtchen steht eine Frage: *Was würdest du machen, wenn ...*, die im Konjunktiv beantwortet werden muss.

Wenn die Mannschaft die Aufgabe lösen kann, darf sie auf dem Feld stehen bleiben, andernfalls muss sie zurückrücken.

LEKTION 6

Wie Schule sein soll

In dieser Lektion wird das allgemein oft behandelte Thema Schule auf motivierende Weise bearbeitet. Die Texte und Aufgaben bieten Anlässe zur Diskussion und zur Bildung der eigenen Meinung. Im Mittelpunkt der Grammatikarbeit steht die Wiederholung des Präteritums.

Kursbuch

A | Wie Schule ist

Ausgangspunkt ist das Gedicht von Irmela Wendt, das sich dazu eignet, sich darüber Gedanken zu machen, wie Schule eigentlich ist bzw. wie Schule sein sollte.
Das Gedicht ist auch auf der Kassette/CD zu hören.

S. 54 **1.**
Textarbeit: Schlüsselwörter erschließen
Die interessanten, zum Teil mehrfach zusammengesetzten Wörter im Gedicht bieten Gelegenheit zur Einführung des Themas. Da ein Teil der Wörter nicht unbedingt für alle zu verstehen ist, ist es nötig, die Bedeutung zu klären.
- S unterstreichen die Wörter, mit denen Schule charakterisiert wird.
- Sie versuchen die Wörter in Kleingruppen zu erklären, indem sie die Wörter in ihre Bestandteile zerlegen. Dabei kann auch die Verwendung des Relativsatzes geübt werden, aber das ist hier kein erstrangiges Ziel.
- Die Erklärungen werden im PL besprochen.

S. 54 **2.**
Kreative Wortschatzarbeit
Bei dieser Aufgabe können S ihre sprachliche Kreativität erproben, indem sie sich eine Meinung über Schule bilden und versuchen, dazu ein Wort zu bilden.
- S erfinden ihre Wörter in PA oder in Kleingruppen.
- Sie können das Gedicht aufgrund ihrer Ideen auch fortsetzen.
- Die Wörter können Anlass zu einem Gespräch über das Thema bieten.

S. 55 **3.**
Mündlicher Ausdruck: Diskussion
Die Zeichnungen auf S. 54–55 fordern S auf, ihre Kritik und ihre Vorstellungen zur Sprache zu bringen, woraus eine Diskussion über das Thema Schule entstehen soll.
Es empfiehlt sich, während einer Sammelphase in GA die Gedanken notieren zu lassen.
→ AB 1–4   Die Meinungen und Ideen werden im PL vorgetragen. L regt dabei eine Diskussion an.

B | Der Schulschwänzertag

Im Mittelpunkt dieses Teils steht ein Bericht aus einer Schülerzeitung, zu dem S am Ende ihre eigene Meinung äußern sollen. Mithilfe der Aufgaben zum Leseverstehen gelangen

LEKTION 6

S Schritt für Schritt zum detaillierten Verstehen. Darüber hinaus bietet der Text Gelegenheit zur Wiederholung und Vertiefung des Präteritums.

S. 55 **4.**

Vorbereitung des Leseverstehens

Der Text wird abschnittweise gelesen und durch die Bildung und Überprüfung von Hypothesen erarbeitet.
Als Erstes sollen nur Titel und Vorspann untersucht werden.
S stellen in PA oder GA durch die Interpretation des Titels und des Vorspanns Hypothesen über den Textinhalt auf, was ihnen später beim Verstehen des Textes hilft. Darauf weist der Lesetipp hin. Die Hypothesen sollten an der Tafel gesammelt werden.

S. 55 **5.**

Globales Lesen des ersten Textabschnittes

- S lesen den ersten Abschnitt des Textes und fassen den Inhalt in einem Satz zusammen.
- L überprüft die in Aufgabe 4 an der Tafel gesammelten Hypothesen, indem er S nach dem Textinhalt fragt.

S. 56 **6.**

Gesteuertes Lesen des zweiten Textabschnittes

Vor dem Weiterlesen bilden S erneut Hypothesen über die mögliche Fortsetzung des Textes (a).
Da der zweite Teil länger ist und viele Informationen beinhaltet, wird das Lesen durch die angegebenen Fragen gesteuert (b). Mit ihrer Hilfe können die Informationen systematisiert und der Text gegliedert werden.
- Beim Lesen sammeln S die Informationen zu den vier Fragen.
- Sie vergleichen ihre Hypothesen (a) mit dem Inhalt des Textes.
Der letzte Teil der Aufgabe (c) bezieht sich auf den letzten Abschnitt.
Anhand der Leitfragen fassen S den Inhalt des Textes zusammen.

→ AB 5–14   Ausgehend von diesem Text wird im AB das Präteritum bearbeitet.

S. 56–57 **7–8.**

Hörverstehen: Meinungen zum Text

Die Beiträge auf dem Tonträger beziehen sich auf den vorhergehenden Text.
- Im ersten Schritt soll lediglich die Hauptaussage verstanden werden (a).
- Durch das Notieren der Argumente wird beim zweiten Hören das Verstehen erweitert. Zugleich wird dadurch das Äußern der eigenen Meinung der S vorbereitet.

Lösung:

Hanna:	– die Hälfte macht sonst nicht mit
	– das Ministerium hat das dann auch genehmigt
	– Schüler und Lehrer machen etwas gemeinsam an einem Tag
Karin:	– man kann als armer, kleiner Schüler doch etwas bewirken

Renate Eckstein:	– die Schüler tun etwas gegen festgesetzte Regeln
	– sie engagieren sich
	– es wurde offiziell akzeptiert

S. 57 **9.**
Mündlicher Ausdruck: die eigene Meinung äußern
Anhand der gehörten Beispiele und der angegebenen Fragen formulieren S nach einer kurzen Stillarbeitsphase ihre Meinung im PL und stützen sie mit Argumenten.

S. 57 **10–11.**
Mündlicher Ausdruck: Schulaktivitäten beschreiben
S denken über die Fragen in Kleingruppen nach und formulieren gemeinsam ihre Antworten.
Die Begriffe *Schulfest* und *Schülerfest* werden bewusst unterschieden; unter Ersterem sind offizielle Schulveranstaltungen, unter Letzterem von den Schülern selbst organisierte Feste zu verstehen.
Die Aufgabe 11 leitet zu Teil C über, in dem es um die Schulordnung geht. Bei der Formulierung von Regeln genügt es zunächst, wenn S die ihnen bereits bekannten sprachlichen Mittel verwenden. Deren Erweiterung erfolgt in Teil C.

C | Schulordnung

Die Textsorte, die mit dem Thema der Lektion in Verbindung erscheint, ist die Schulordnung. Hier erscheint sie in ungewöhnlicher Form: Schüler schreiben eine Schulordnung für ihre Lehrer.

S. 58 **12.**
Textverstehen vorbereiten
Durch diese Aufgabe wird die Textsorte definiert und das Verstehen des folgenden Textes vorentlastet. S können auch einige Beispiele nennen, welche Regelungen eine typische Schulordnung enthält.

S. 58 **13.**
Textverstehen
Die dem Text vorangestellte Frage steuert das Lesen und lenkt die Aufmerksamkeit der S bewusst auf die Besonderheit des Textes: Diese Schulordnung wurde nicht von Lehrern für Schüler geschrieben, sondern umgekehrt.
S lesen den Text und beantworten die Frage, die das globale Verständnis des Textes erfordert.

S. 58 **14.**
Sprachmittel bewusst machen: Vorschriften, Verbote
In dieser Aufgabe wird das Verstehen vertieft, und die Aufmerksamkeit wird auf die sprachlichen Strukturen gelenkt.
Die Hausordnung als Textsorte beinhaltet Regeln des Zusammenlebens einer Gemeinschaft (z. B. in einem Haus, einer Schule, einem Ferienlager). Sie teilt Vorschriften mit, die sich auf jedes Mitglied der Gemeinschaft beziehen; sie fordert kategorisch auf und ist allgemein gültig. Dies wird auch sprachlich zum Ausdruck gebracht: Die Formulierung ist durch den Nominalstil oder durch Passivkonstruktionen unpersönlich, Aufforderungen werden mit *haben+zu*+Infinitiv ausgedrückt.
Es genügt an dieser Stelle, wenn S diese Funktionen anhand des Textzusammenhanges verstehen bzw. reproduktiv verwenden. Zur produktiven Anwendung dieser Strukturen kommt es erst im zweiten Band.

➔ AB 15 S unterstreichen die Strukturen im Text in EA und besprechen die Lösung im PL.

LEKTION 6

S. 58 15.

Schriftlicher Ausdruck: Regeln formulieren

Bei dieser Aufgabe geht es mehr um das Sammeln von Ideen als um produktives Beherrschen bestimmter sprachlicher Strukturen.
- S ergänzen die Schulordnung in PA oder GA.
- L lässt ein großes Blatt Papier in der Klasse herumgehen, auf dem S ihre Ideen notieren.
- Anschließend wird die so entstandene Liste im Klassenzimmer aufgehängt.

Weitere Möglichkeit: Es wurde nur ein Teil des Originaltextes ausgewählt, der vollständige Text befindet sich im LHB auf S. 151 und hat den Titel *Verhaltensregeln für Lehrer*. Dieser kann mit den Ideen der S verglichen werden.

S. 59–60 Lesetexte

Die witzigen Texte des Schülerlexikons stammen von Schülern einer deutschen Schule. Nach dem Lesen, Verstehen und Erkennen der sprachlichen Strukturen können S nach diesem Muster versuchen, zunächst weitere Begriffe zu sammeln und dazu eigene Definitionen zu formulieren.

→ AB 16 Die kurzen Texte der Schulordnung können in Teil C als Ergänzung eingesetzt werden und als Schreibanlass dienen. Im AB gibt es eine Übung zur Bearbeitung dieser Texte.

Arbeitsbuch

S. 52 1.

Wortschatz wiederholen

Hier handelt es sich um einen Teil des Grundwortschatzes zum Thema, der mithilfe eines Lückentextes wiederholt wird. S sollen zunächst versuchen, die Sätze in EA zu ergänzen, bei Schwierigkeiten können sie ihren Partner fragen.

Lösung:

a) Wenn er sich weiterhin so oft verspätet, bekommt er bald _einen Verweis._
b) In _den Ferien_ habe ich immer lange geschlafen und ich habe nie an die Schule gedacht.
c) Ich muss heute noch sehr viel lernen, wir schreiben morgen _eine Kontrollarbeit_ in Geschichte.
d) Unsere _Klasse_ besteht aus 15 Jungen und 13 Mädchen.
e) Wenn man das Gymnasium beendet, kann man _Abitur_ machen.
f) Hast du meinen Stift gesehen? – Sieh mal in deiner _Schultasche_ nach.
g) Montags gibt es _eine Nachhilfestunde_ für diejenigen, die eine schlechte Note in Mathematik haben.
h) Wir können darüber in der großen _Pause_ noch einmal reden.
i) Unser _Klassenraum_ ist relativ klein, da gibt es wenig Platz für uns.

S. 52 2.

Wörter umschreiben

Durch die Wiederholung und Umschreibung der Wörter kann gleichzeitig auch der Relativsatz geübt werden. Es sollten aber auch andere sprachliche Formulierungen akzeptiert werden.

Lösungsmöglichkeit:

a) *Das Zeugnis ist eine Urkunde, die die Noten eines Schülers enthält.*
b) Der Klassenraum ist ein Zimmer, in dem _die Klasse Unterricht hat._

c) Das Abitur ist eine Prüfung, *die man am Ende des Gymnasiums ablegen muss.*
d) Die Klasse ist eine Gemeinschaft, *die aus etwa 30 Schülern besteht.*
e) Die Note *ist eine Bewertung, die der Schüler vom Lehrer bekommt.*
f) Die Kontrollarbeit *ist eine schriftliche Arbeit, auf die die Schüler meistens eine Note bekommen.*
g) Der Spickzettel *ist ein Stück Papier, auf das sich die Schüler vor einer Kontrollarbeit die Lösungen notieren.*

S. 52 3.

Wortschatz wiederholen

Hier soll die Bezeichnung der Schulfächer in Erinnerung gerufen werden. Den Stundenplan kann L auch im Großformat auf Packpapier vorbereiten und S die Fächer eintragen lassen. Das Plakat kann im Klassenzimmer aufgehängt werden.

S. 53 4.

Schülermeinungen ergänzen

Parallel zu dem Gedicht im KB S. 54 werden in diesen Sprüchen die Meinungen von Schülern über Schule widergespiegelt.
- S versuchen, den zweiten Teil in GA zu erraten und zu formulieren.
- Die Lösungen werden verglichen.
- Auf S. 59 sind die eigentlichen Sprüche zu lesen.

Lösung:

a) Nicht nur für die Schule lernen wir, sondern fürs Leben.
b) Wenn alles schläft und einer spricht, dann nennt man das den Unterricht.
c) In der Schule darf jeder seine Meinung sagen, nur nicht zu jedem Thema.
d) Sag mir, welche Noten du hast, und ich sage dir, wer neben dir sitzt.

S. 53 5.

Präteritumformen erkennen

Die Bearbeitung des Präteritums erfolgt mithilfe des Textes im KB, in dem S die Verbformen suchen und neben die bereits wiederholten Perfektformen schreiben (a).

Lösung:

Perfekt	Präteritum
ist gekommen	*kam*
hat getroffen	*traf*
ist gegangen	*ging*
hat es gegeben	*es gab*
hat aufgenommen	*nahm auf*
hat gesungen	*sang*
hat sich verkleidet	*verkleidete sich*
ist gelangt	*gelangte*
hat getanzt	*tanzte*
hat demonstriert	*demonstrierte*
hat gewusst	*wusste*

LEKTION 6

Im zweiten Schritt (b) wird die Funktion im Vergleich zum Perfekt geklärt. Das Präteritum wird bis auf einige Verben (z. B. *haben, sein, es gibt,* Modalverben) im mündlichen Sprachgebrauch selten verwendet. Geschichten, Ereignisreihen, Berichte werden im Präteritum wiedergegeben. Es ist daher charakteristisch für Textsorten wie Märchen, Erzählung, Zeitungsbericht usw.

S. 54 **6.**

Konjugation im Präteritum

- Die Tabelle wird von S anhand der vorgegebenen Wörter in PA ausgefüllt.
- Die Kontrolle und die Korrektur erfolgt im PL. L kann die Tabellen auf Folie kopieren und die fehlenden Formen auf dem OHP eintragen oder die Kopiervorlage im LHB verwenden.

KV S. 163

Lösung:

a)

	kommen	fragen	sein	werden	haben
ich	kam	fragte	war	wurde	hatte
du	kamst	fragtest	warst	wurdest	hattest
er/sie/es	kam	fragte	war	wurde	hatte
wir	kamen	fragten	waren	wurden	hatten
ihr	kamt	fragtet	wart	wurdet	hattet
sie/Sie	kamen	fragten	waren	wurden	hatten

b)

	dürfen	können	müssen	sollen	wollen
ich	durfte	konnte	musste	sollte	wollte
du	durftest	konntest	musstest	solltest	wolltest
er/sie/es	durfte	konnte	musste	sollte	wollte
wir	durften	konnten	mussten	sollten	wollten
ihr	durftet	konntet	musstet	solltet	wolltet
sie/Sie	durften	konnten	mussten	sollten	wollten

S. 54 **7.**

Sätze bilden im Präteritum

Hier müssen aus dem Infinitiv die richtigen Präteritumformen gebildet und die Wörter zu einem Satz geordnet werden. L kann darauf hinweisen, dass die Satzstellung im Präsens und im Präteritum übereinstimmt.

Auf die Satzklammer bei trennbaren Verben ist besonders zu achten.

Lösung:

a) *Die Jugendlichen tanzten auf der Straße.*
b) *Die Schüler gingen zusammen an den Fluss.*
c) *Ein Schüler brachte eine Puppe mit.*
d) *Die Puppe sah wie eine Winterhexe aus.*

e) *Die Direktion bestrafte am nächsten Tag alle Schüler.*
f) *Die Eltern wussten nicht, dass ihre Kinder auf den Straßen demonstrierten.*
g) *Ich konnte nicht zum Schulfest gehen, weil ich krank war.*
h) *Meine Mitschüler erzählten mir, wie der Tag verlief.*
i) *Ein Jahr später machten alle Schulen bei dem Fest mit.*

S. 55 **8.**

Präteritumformen bilden

In der Tabelle sind häufig vorkommende Verben im Infinitiv angegeben. S bilden nicht nur die Präteritumformen, sondern ergänzen auch die Perfekt- und Präsensformen. Damit werden die Stammformen des Verbs komplett dargestellt und können mit der Tabelle immer wieder geübt werden.

Die drei Tabellen unterscheiden sich durch die Bildung der Formen. Die erste Gruppe ist die der starken Verben mit Vokalwechsel, die zweite Gruppe die der gemischten Verben, die Merkmale der schwachen und starken Verben vereinen, die dritte ist die der schwachen Verben, die das Präteritum mit *-te* bilden.

Lösung:

Infinitiv	Präteritum	Perfekt	Präsens (Sg. 3.)
essen	aß	h. gegessen	isst
finden	fand	h. gefunden	findet
gehen	ging	i. gegangen	geht
lesen	las	h. gelesen	liest
nehmen	nahm	h. genommen	nimmt
schlafen	schlief	h. geschlafen	schläft
schreiben	schrieb	h. geschrieben	schreibt
sprechen	sprach	h. gesprochen	spricht
stehen	stand	h. gestanden	steht

bringen	brachte	h. gebracht	bringt
kennen	kannte	h. gekannt	kennt
wissen	wusste	h. gewusst	weiß
denken	dachte	h. gedacht	denkt
rennen	rannte	i. gerannt	rennt

antworten	antwortete	h. geantwortet	antwortet
besuchen	besuchte	h. besucht	besucht
stellen	stellte	h. gestellt	stellt
berichten	berichtete	h. berichtet	berichtet
überlegen	überlegte	h. überlegt	überlegt
reisen	reiste	i. gereist	reist

LEKTION 6

S. 55 **9.**

Verbformen im Wörterbuch nachschlagen

Es ist empfehlenswert, in einem gebräuchlichen Wörterbuch nachzuschlagen, wo und wie die Stammformen des Verbs angegeben sind, da die Angaben in verschiedenen Wörterbüchern unterschiedlich sein können. Diese Unterschiede können bewusst gemacht werden, indem L verschiedene Wörterbücher austeilt und aufgrund eines Wortes die Unterschiede nachschlagen lässt.

Eine spannende Aufgabe ist es, ungewöhnliche oder für S unbekannte Verbformen anzugeben, die S so schnell wie möglich finden müssen.

S. 56 **10.**

Präteritumformen im Text erkennen

Das Gedicht ist nicht leicht zu verstehen, passt aber inhaltlich gut zum Thema und bietet gute Gelegenheit zur Vertiefung des Präteritums. S sollen die Verben finden und aufgrund der Präteritumform auf die Infinitivform schließen. Diese Technik ist vor allem bei unbekannten Wörtern wichtig, wenn man diese im Wörterbuch nachschlagen möchte.

Lösung:

besuchen können	*schreiben*	*mogeln*
sich drücken	*drohen*	*entlassen werden*
sich fortbilden	*gelingen*	*sich abquälen*
gedenken	*fördern*	*verzweifeln*
halten	*lernen können*	*schätzen*
sitzen bleiben	*interessieren*	
verweisen	*unterbrochen werden*	

S. 57 **11.**

Text mit Präteritumformen ergänzen

Der Text, der sich inhaltlich wieder mit dem Thema Schule befasst, ist ein Beispiel für die Anwendung des Präteritums beim Berichten über ein Ereignis in der Vergangenheit. Aufgrund des Kontextes müssen S das passende Verb finden und die Präteritumform bilden. Darüber hinaus bietet der Text auch Gesprächsanlass.

Lösung:

75 STUNDEN UNTERRICHT
Weltrekord für einen guten Zweck

Eine Schulklasse aus Niederösterreich im Guiness Buch der Rekorde! Die 2b der Höheren Lehranstalt für Umwelt und Wirtschaft in Ypsertal _drückte_ 75 Stunden lang Tag und Nacht die Schulbank.

Die 28 Schüler _starteten_ am Mittwoch, dem 17. April, vor Zeugen in der Aula der Schule. Das Ziel _lautete_, 75% der Schüler ohne Schlafen über die Distanz zu bringen. Auf 60 Minuten Unterricht _kam_ fünf Minuten Pause. Alle Fächer _wurden_ unterrichtet, ein Arzt _passte auf_. Nur zwei Schüler _mussten_ früher aufhören, alle anderen _hielten_ bis zum Samstag _durch_.

Damit hatten die Ypstaler den alten Rekordhalter, ein deutsches Gymnasium, um 45 Minuten übertroffen.

Die „Niederösterreichischen Nachrichten", die Niederösterreichische Versicherung und die Landesregierung sponserten das Projekt mit insgesamt 90.000 Schilling. Anfang dieses Monats fährt die 2b ins tschechische Veseli, um den Betrag dort ihrer Partnerschule für Laboreinrichtungen zu überreichen.

Christina Weichselbaumer
(TOPIC)

S. 57 **12.**

Text mit Präteritumformen ergänzen

Auch hier wird eine kurze Geschichte im Präteritum erzählt, die S mit den richtigen Verben ergänzen müssen. Die Aufgabe wird aber dadurch schwieriger, dass die Verben nicht mehr vorgegeben, sondern ganz aus dem Kontext zu erschließen sind.
Der Text kann als Ausgangspunkt für ein Gespräch über Lernerfahrungen dienen.

Lösung:

> Dass 3×7 21 ist, wollte nicht in meinen Kopf hinein, jedenfalls nicht zu der Zeit, in der wir das 1×1 pauken _mussten_. Wir _lernten_ es rein mechanisch auswendig, und nach dreimal Sieben _musste_ ich immer dreiundzwanzig sagen. Erst nachdem ich nachgedacht hatte, _wurde_ die Aufgabe für mich leicht, und ich habe sie nie wieder falsch gemacht.

S. 58 **13.**

Schriftlicher Ausdruck: zu einem Bild eine Geschichte erzählen

Hier findet das Präteritum beim Erzählen einer Geschichte Anwendung.
- S wählen ein Bild aus und sammeln in PA Wörter und Ausdrücke, die dazu passen.
- Zu den Wörtern werden weitere gesammelt, so dass ein weitverzweigtes Assoziogramm entsteht, das eine Geschichte anregt und das Schreiben steuert.
- S ordnen die Wörter und schreiben einen Text.

S. 58 **14.**

Mündlicher Ausdruck: eine Geschichte erzählen

Im Gegensatz zur vorhergehenden Aufgabe wird hier ein eigenes Erlebnis erzählt.
- S bereiten sich darauf vor, indem sie Schlüsselwörter notieren und sich zum Ablauf Notizen machen.
- Anhand der Notizen tragen S ihre Geschichten mündlich vor. Um Hemmungen abzubauen und das längere freie Sprechen zu trainieren, können sie die Geschichte zunächst in Kleingruppen oder PA erzählen, bevor sie sie im PL vortragen.
- Die Auswertung erfolgt im PL.

S. 59 **15.**

Verbote und Vorschriften ausdrücken

Die Übung knüpft an die Schulordnung in Teil C an. Auf reproduktive Weise werden einfache Verbote und Vorschriften formuliert. Das bereitet die Fortsetzung der Schulordnung im KB vor.

Lösung:

Du darfst nicht. →	**Es ist verboten.**
Du darfst nicht sprechen.	*Es ist verboten zu sprechen.*
Du darfst nicht rauchen.	*Es ist verboten zu rauchen.*
Du darfst nicht abschreiben.	*Es ist verboten abzuschreiben.*
Du darfst nicht hupen.	*Es ist verboten zu hupen.*
Du darfst nicht Kaugummi kauen.	*Es ist verboten Kaugummi zu kauen.*

LEKTION 6

Du musst pünktlich kommen. →	**Du hast pünktlich zu kommen.**
Du musst deine Hausaufgaben machen.	*Du hast deine Hausaufgaben zu machen.*
Du musst im Unterricht aufpassen.	*Du hast im Unterricht aufzupassen.*
Du musst dein Heft mitbringen.	*Du hast dein Heft mitzubringen.*
Du musst auf deinen Lehrer hören.	*Du hast auf deinen Lehrer zu hören.*

S. 59 **16.**
Selektives Lesen: Informationen im Text suchen
Die Tabelle steuert das Lesen: S suchen die Informationen im Text.

Lösung:

Was?	Wer?
1. Möchte nie Hausaufgaben bekommen.	Kai
2. Möchte weniger Unterricht haben.	Andreas
3. Möchte einen Stundenplan nach Wunsch.	Jürgen
4. Möchte die Klassenarbeiten schreiben, wann es ihm passt.	Uwe
5. Möchte keine schriftlichen Benachrichtigungen vom Lehrer.	Kai
6. Möchte längere Pausen.	Heike
7. Möchte Lehrer, die geduldig erklären können.	Uwe
8. Möchte samstags keine Schule haben.	Kai
9. Möchte etwas später Unterricht haben.	Jürgen
10. Möchte nicht unfreiwillig aufgerufen werden.	Uwe
11. Möchte bestimmte Fächer ganz abschaffen.	Heike
12. Möchte Platz zum Fußballspielen.	Andreas

Wortschatz | Schulsachen

Mithilfe der angegebenen Wörter können S ihre eigene Schule und das Schulleben beschreiben, um es z. B. einer deutschen Partnerschule vorzustellen. Zu einer detaillierten Beschreibung des Schulgebäudes kommt es im zweiten Band.

LEKTION 7

Bücher sind wie große Ferien

Freizeit und Freizeitgestaltung war in Lektion 4 bereits Thema. Lektion 7 stellt das Lesen und das Fernsehen als Freizeitaktivitäten in den Mittelpunkt. S soll sich über seine Lese- und Fernsehgewohnheiten äußern und ein Buch kurz vorstellen können.
Den grammatischen Schwerpunkt der Lektion bilden die reflexiven Verben.

Kursbuch

A | Bücher

Der Lektionstitel selbst kann als Ausgangspunkt und Einstieg ins Thema dienen. Erlebnisse im Zusammenhang mit dem Lesen kann man auch anhand der Fotos der Startseite in einem Einführungsgespräch thematisieren.

S. 62 **1.**
Globales Lesen
- Auf die dem Text vorangestellten Fragen liefert der Text die Antworten, die aber im ersten Schritt von S aufgrund ihrer Kenntnisse, ggf. in der Muttersprache, beantwortet werden sollen, ohne dass der Text vorher gelesen wird.
- S lesen den Text, suchen darin die Informationen und vergleichen sie mit ihren eigenen Antworten. Es handelt sich erstmals um einen Sachtext, der zwar kurz ist, aber einen speziellen Wortschatz enthält. Daher ist es empfehlenswert, bei der Beantwortung der Fragen das Leseverstehen vorzubereiten, indem L vor dem Lesen Schlüsselwörter an der Tafel notiert und deren Bedeutung klärt (z. B. *Entdeckung, Erfindung, Epoche, schaffen, erfinden, entwickeln, Schilf, Tierhaut*).

→ AB 1–2

S. 62 **2.**
Selektives Lesen
- S lesen den Text noch einmal und suchen darin in EA Beispiele, um die Tabelle zu vervollständigen.
- Sie suchen aufgrund ihrer Vorkenntnisse weitere Beispiele und vergleichen ihre Lösungen zunächst in PA, dann im PL.

Lösung:

erzählende Literatur	Sachbücher
– Märchenbuch	– Gartenbücher
– Roman (Abenteuerroman, Krimi, …)	– Heimwerkerbuch
– Erzählungen / Novellen	– Kochbuch
– Gedichtband	– Wörterbuch
…	– Lexikon
	…

LEKTION 7

S. 63 **3.**

Mündlicher Ausdruck: zuordnen und begründen

- S ordnen die Bücher in GA den in Aufgabe 2 festgestellten Gattungen zu und versuchen ihre Entscheidung zu begründen (a). Auch die Wortschatzseite im AB (S. 69) kann dabei helfen.
- Im PL werden die Vorschläge vorgetragen und besprochen.
- Im Anschluss daran äußern sich S über ihre Interessen und ihre Lesegewohnheiten.

→ AB 3–15   Der grammatische Stoff der sich-Verben kann hier erstmals thematisiert werden.

Lösung:

101 spannende Experimente aus der Natur – Sachbuch/Naturwissenschaften
Klassenarbeiten erfolgreich bestehen – Sachbuch/Ratgeber
Der schwarze Mönch – Roman
… take care! Tips und Tricks für unterwegs – Sachbuch/Ratgeber
Celine oder Welche Farbe hat das Leben – Jugendroman
Odysseus – Roman
Duden. Mein erstes Lexikon A-Z – Sachbuch/Lexikon

B | Bücherei

In diesem Teil erfolgt die Bearbeitung eines längeren Textes. Die daran anschließenden Aufgaben vermitteln den benötigten Wortschatz, mit dessen Hilfe S über Bücher sprechen können. An dieser Stelle kann man über das Klassenzimmer hinausgehend Informationen darüber sammeln, welche Möglichkeiten man hat, fremdsprachliche Bücher, Zeitschriften oder Zeitungen zu finden.

S. 64 **4.**

Selektives Lesen: Bild und Text vergleichen

Der Text und die Zeichnung stammen aus dem Prospekt der Jugendbibliothek des Schlosses Blutenburg in München (Schloss Blutenburg, D-81247 München, www.ijb.de).
Der Lesetipp weist darauf hin, dass auch Abbildungen viel zum Verständnis eines Textes beitragen können.
Es soll also die selektive Lesetechnik angewendet werden:

- S betrachten zunächst das Bild genau. Unbekannte Wörter werden geklärt.
- Beim ersten Lesen identifizieren S die im Text und auf der Zeichnung benannten Teile und vergleichen die Informationen.

→ AB 15–18   • Sie tragen die dem Text entnommenen Informationen in die Tabelle ein.

Lösung:

Teile des Schlosses	frühere Funktion	heutige Funktion
1, 2, 3, 4	Türme und Herrenhaus (Wohnort der Adeligen)	Anmeldung, Verwaltung, Arbeitsräume
5	Wehrgang	Ausstellungsraum für Bilderbuchkunst
6	Prinzenstall	Auspacken und Sortieren der neuen Bücher (EG) Studiensaal (1. Stock)
7	Kirche	Hochzeitskapelle

Teile des Schlosses	frühere Funktion	heutige Funktion
8	Wirtschaftsgebäude	Kinderbuchausleihe (EG) Jella-Lepmann-Saal Kleiner Saal, Malstudio Schlossschänke
9	Torbau (Eingang zum Schlosshof)	Erich-Kästner-Zimmer

S. 66 **5.**

Selektives Lesen: im Text nach Informationen suchen
Die Frage bezieht sich auf die letzten drei Abschnitte des Textes.
- S suchen die Informationen im Text in EA oder in PA und machen sich Notizen.
- Die Informationen werden im PL an der Tafel zusammengefasst.
- Die Bearbeitung des Textes bietet Stoff für ein Gespräch: *Was würdet ihr am liebsten ausprobieren? Wofür interessiert ihr euch?* usw.

Lösung:

Veranstaltungen besuchen, das Erich-Kästner-Zimmer besichtigen, Bücher ausleihen, Vorlesestunden, Kinoprogramme besuchen;
bei Schulklassenbesuchen Bilder anschauen, lesen, vorlesen, diskutieren, selber „dichten", Bilder malen, drucken, Schattentheater oder Puppentheater spielen, Figuren basteln

S. 66 **6.**

Mündlicher Ausdruck: über eigene Erfahrungen berichten
Der im Text enthaltene Wortschatz findet hier erste Anwendung. Ausgehend vom Gelesenen berichten S im PL über ihre eigenen Erfahrungen.

S. 66 **7.**

Projektarbeit: Informationen sammeln
Für diese Aufgabe ist eine Recherchearbeit am Wohnort der S nötig, die S außerhalb der Schule in EA oder GA leisten.
Wenn die Möglichkeit besteht, kann L mit seiner Gruppe einen Ausflug in eine Bibliothek unternehmen, in der es auch deutschsprachige Bücher und Zeitschriften gibt, oder man kann im Internet recherchieren und z. B. die Homepage des Goethe-Institutes (www.goethe.de) gemeinsam betrachten, und besprechen, welche Informationen hier zu finden sind.

S. 66 **8.**

Leseverstehen: Oberbegriffe zuordnen
Hier erscheint eine neue Textsorte: die Inhaltsangabe eines Buches in Form einer Karteikarte, wie sie in den Bibliotheken zu finden sind.
- S lesen den Text.
- Beim zweiten Lesen ordnen sie zunächst in EA die angegebenen Oberbegriffe zu. Sie sollten versuchen, die Bedeutungen selbstständig zu erschließen.
- Die Lösung wird im PL besprochen.

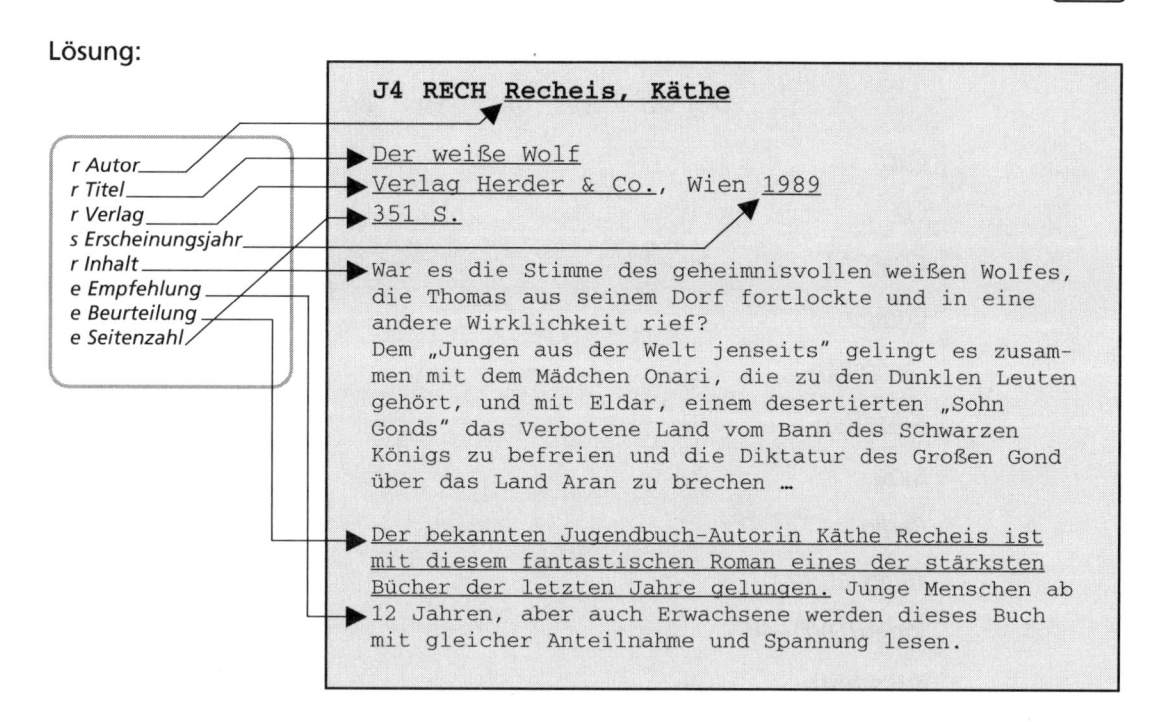

Lösung:

- r Autor
- r Titel
- r Verlag
- s Erscheinungsjahr
- r Inhalt
- e Empfehlung
- e Beurteilung
- e Seitenzahl

```
J4 RECH Recheis, Käthe

Der weiße Wolf
Verlag Herder & Co., Wien 1989
351 S.

War es die Stimme des geheimnisvollen weißen Wolfes,
die Thomas aus seinem Dorf fortlockte und in eine
andere Wirklichkeit rief?
Dem „Jungen aus der Welt jenseits" gelingt es zusam-
men mit dem Mädchen Onari, die zu den Dunklen Leuten
gehört, und mit Eldar, einem desertierten „Sohn
Gonds" das Verbotene Land vom Bann des Schwarzen
Königs zu befreien und die Diktatur des Großen Gond
über das Land Aran zu brechen …

Der bekannten Jugendbuch-Autorin Käthe Recheis ist
mit diesem fantastischen Roman eines der stärksten
Bücher der letzten Jahre gelungen. Junge Menschen ab
12 Jahren, aber auch Erwachsene werden dieses Buch
mit gleicher Anteilnahme und Spannung lesen.
```

S. 66 **9.**
Schriftlicher Ausdruck: ein Buch vorstellen
Die Inhaltsangabe eines Buches ist eine schwierige Aufgabe, denn die wichtigsten Infor-
mationen müssen kurz und bündig zusammengefasst werden. Vor der Lösung der Aufga-
be ist es empfehlenswert, mithilfe der Übungen im AB die Technik des Kürzens zu üben.
Dazu kann auch der Wortschatz am Ende der Lektion im AB (S. 69) verwendet werden.
- Die Aufgabe können S als HA lösen.
- L korrigiert die Arbeiten der Schüler, erst dann können sich S darauf vorbereiten, ihre Vorstellung auch mündlich vorzutragen.
- Bei der Präsentation machen sich die Zuhörer Notizen und kommen dann zur Auswer- tung. L kann dabei helfende Fragen stellen, z. B.: *Welches Buch würdest du dir gern aus- leihen?*

Es bietet sich an, dass S ihre vorgestellten Bücher auch mitbringen und für eine kurze Zeit eine kleine Klassenbibliothek einrichten. Das kann auch zu einem Austauschprojekt mit einer anderen Klasse werden.

AB 19–20

C | Die Glotze

In diesem Teil wird das Thema Fernsehen einer kritischen Betrachtung unterzogen, es wird aber an dieser Stelle nicht erschöpfend behandelt. Der Text *Fernsehfreie Tage in Waldau* bietet die Möglichkeit zum Aufgreifen des Themas. Über die Unterschiede von gedruck- ten und elektronischen Medien kann diskutiert und eine Umfrage über ihre Popularität gemacht werden. Dazu gibt die folgende Tabelle Hilfestellung, mit der S ihre eigenen Be- obachtungen eine Woche lang protokollieren können:

	Minuten											
	10	20	30	40	50	60	70	80	90	100	110	...
Buch												
CD												
CD-ROM												
Computer												
Fernsehen												
Kassetten												
Kino												
Radio												
Tageszeitung												
Video/DVD												
Zeitschrift												
...												

S. 67 **10.**

Hörverstehen vorbereiten: Argumente sammeln

- S machen sich in GA Notizen zu den Vor- und Nachteilen des Fernsehens.
- Die Gruppen tragen ihre Meinungen vor. L fasst die Ergebnisse an der Tafel zusammen. So wird das Verstehen des Hörtextes in der nächsten Aufgabe vorbereitet.

Als zusätzliche Vorbereitung kann auch die Wortschatzseite im AB (S. 69) dienen.

S. 67 **11.**

Globales Hören: Argumente notieren

S müssen jeweils nur das Wesentliche der Beiträge verstehen und beim zweiten Hören die genannten Vor- und Nachteile stichwortartig notieren.

Diese können mit den in Aufgabe 10 gesammelten Argumenten verglichen werden.

Lösung:

	Vorteile	Nachteile
Wiebke	– Fernsehen informiert	– macht unkreativ
		– Eltern setzen ihre Kinder vor die Glotze, um sie ruhig zu stellen
Mussar	– Nachrichten	– vom Fernsehen hat man nichts
	– Musik	– die Programme sind anspruchslos
Marion	– Kinofilme	– der Zuschauer kann sich nicht beteiligen
	– Dokumentationen	
	– Modesendungen	
	– MTV im Hintergrund	
Alexandra	– bei Langeweile	– nimmt jm. viel Zeit

LEKTION 7

Weitere Möglichkeiten:
Wenn L den Eindruck hat, dass es sinnvoll ist, auf das Thema Fernsehen näher einzugehen, kann man folgende Aufgaben stellen:

- S wählen mehrere Fernsehkanäle aus und vergleichen deren Programmangebot. Dazu sollten zunächst Gesichtspunkte zur Beobachtung gesammelt werden. Die Ergebnisse können in einer Tabelle zusammengefasst werden, z. B.:

	RTL	_Sat1_	_Pro7_	...	...
Nachrichtensendungen					
Sportsendungen					
Quizsendungen					

- S können sich auch selbst beobachten und ihre Fernsehgewohnheiten in einer Tabelle dokumentieren. Natürlich können sie auch eine Umfrage machen, die Ergebnisse zusammentragen und auswerten. Dies ist ein guter Ausgangspunkt zur Bearbeitung des folgenden Textes.

	Wie oft siehst du diese Programme?			
	oft	gelegentlich	selten	nie
Nachrichtensendungen				
Sportsendungen				
Spielfilme				
Serien				
Unterhaltungs-/Quizsendungen				
kulturelle Sendungen				
Magazine				
Werbespots				
Videoclips				
Naturfilme				
Regionalsendungen				
...				

S. 68 **12.**

Textarbeit

- Beim ersten Lesen des Textes müssen S nur die wichtigsten Informationen verstehen. Dabei ist es hilfreich, wenn sie die Fragen *wer? wann? was? wozu?* usw. beantworten.
- Beim zweiten Lesen werden die Freizeitaktivitäten im Text gesammelt, die unter Aufgabe 15 eingetragen werden.

Weitere Möglichkeiten zur Textbearbeitung:
- Anhand des Textes können S eine Umfrage über die Fernsehgewohnheiten machen.
- Das Plakat *Lese-Nacht an der W-L-S* auf der S. 152 im LHB regt an, über das Projekt einer deutschen Schule zu sprechen. (W-L-S: Wilhelm-Löhe-Schule)

S. 69 **13.**

Selektives Hören: Aussagen Personen zuordnen

Die Erfahrungsberichte beziehen sich auf den in Aufgabe 12 gelesenen Text.
- S hören zunächst alle Berichte.
- Sie lesen die sechs Aussagen.
- In EA ordnen sie beim zweiten Hören die Aussagen den drei Personen zu.
- Zur Kontrolle kann der Hörtext noch einmal abgespielt werden.

Lösung:

A	B	C
2; 3; 5	4; 6	1

S. 69 **14.**

Wortschatzarbeit: Synonyme sammeln

S sammeln die Ausdrücke zum Wortfeld Fernsehen, die bisher vorgekommen sind. Sie können zusätzlich mit Wörterbüchern arbeiten und weitere Ausdrücke suchen.

Lösungsmöglichkeiten:

*vor dem Bildschirm hocken, in die Röhre gucken,
die Glotze, das Pantoffelkino, die Flimmerkiste*

S. 69 **15.**

Wortschatz systematisieren und erweitern

S können in GA zu jedem Buchstaben eine Aktivität suchen, das ist aber nicht obligatorisch. Natürlich können sie mithilfe ihrer Vorkenntnisse und des Wörterbuchs auch Wörter eintragen, die im Lehrwerk nicht vorgekommen sind. Die Aufgabe lässt sich in Form eines Wettbewerbs organisieren.

S. 70 **Lesetexte**

Der Artikel *Bildschirm-News auf Fingerdruck* bietet eine gute Gelegenheit, über die Verbreitung und die Möglichkeiten der neuen Medien zu sprechen. S können darüber berichten oder recherchieren, welche Zeitungen im Internet zu lesen sind usw.

Im Zusammenhang mit dem Artikel *Wilder Westen aus dem Osten* können S über Lesererlebnisse erzählen oder weitere Angaben über Karl May und seine Bücher im Internet suchen: z. B. www.radebeul.de, www.karlmay.de.

LEKTION 7

S. 61 **Arbeitsbuch**

1.
Wortschatz einüben
Die Verben sind dem Lexikontext im KB S. 62 entnommen. Ihre Bedeutung soll in dieser Übung gefestigt werden, indem sie mit Substantiven kombiniert werden.

Lösung:

a) einen neuen Erdteil *entdecken*
b) eine Geschichte *erzählen, erfinden*
c) eine Maschine *erfinden*
d) eine Nachricht *verbreiten, erzählen*
e) ein Wörterbuch *verwenden, drucken, verbreiten*
f) ein Auto *herstellen*
g) eine Schülerzeitung *drucken, verbreiten*
h) einen Fehler *entdecken*

S. 61 ### 2.
Wortbedeutungen erkennen
Auch diese Wörter beziehen sich auf den Lexikontext im KB S. 62. In der Übung müssen S die Bedeutung und die inhaltliche Beziehung zwischen den Wörtern erkennen.

Lösung:

a) *Epoche*
b) *meinen*
c) *Reiseführer*
d) *Metall*
e) *kaufen*
f) *sich verbreiten*

S. 61 ### 3.
Mündlicher Ausdruck: über Freizeitaktivitäten berichten
Mit den angegebenen Redemitteln formulieren S einige Sätze über ihre Interessen und ihre Freizeitaktivitäten. Dabei geht es in erster Linie nicht darum, differenziert über dieses Thema zu sprechen, sondern sich-Verben zu gebrauchen. Die Übung leitet den grammatischen Stoff ein.

S. 62 ### 4.
Systematisierung der sich-Verben
Die Erarbeitung der Grammatik knüpft im Lehrwerk in den meisten Fällen an einen konkreten Text an. Die sich-Verben lassen sich jedoch nicht an eine bestimmte Textsorte binden, daher wird ihre Einführung diesmal inhaltlich mit dem Lektionsthema verknüpft. Da die sich-Verben früher sicherlich schon einmal behandelt wurden, erfolgt hier eine Systematisierung. Die Verben werden in drei Gruppen geteilt: Die Unterschiede zwischen reflexiven und reziproken Verben sowie Verben in reflexivem Gebrauch werden anhand von Beispielsätzen, Zeichnungen und knappen Erklärungen verdeutlicht.
Zur Überprüfung des Verständnisses kann L einige bekannte sich-Verben auf Kärtchen notieren, diese austeilen und zu der entsprechenden Gruppe zuordnen lassen.

KV S. 164   Im Anschluss daran ergänzen S die Konjugationstabelle.

S. 63 ### 5.
Die Konjugation der sich-Verben einüben
S sollen anhand der konjugierten Form des Verbs und des Satzzusammenhangs das Subjekt ergänzen und die entsprechende Form des Pronomens *sich* einsetzen.

Lösung:

a) *Ich* wundere *mich* immer wieder darüber, wie schön du schon Klavier spielen kannst.
b) Hast *du* *dich* schon für den nächsten Sprachkurs angemeldet?
c) Wenn *du* *dich* schon verspätest, solltest *du* *dich* wenigstens dafür entschuldigen.
d) Geht es Ines schon besser? Wie fühlt *sie* *sich* heute?
e) Jörg kommt heute nicht, weil *er* *sich* gestern im Regen erkältet hat.
f) Beeilen *wir* *uns*! Sonst kommen wir wieder zu spät.
g) *Ihr* müsst *euch* verbessern, wenn ihr die Prüfung bestehen wollt.
h) Seine Eltern haben viel Streit, deshalb lassen *sie* *sich* scheiden.

S. 63 **6.**

Sich-Verben mit Präpositionen einüben

In dieser Übung kommen nur sich-Verben mit einer Präpositionalergänzung vor. Die Verben sind den S sicherlich bekannt, können aber bei Bedarf im Vorfeld geklärt werden. Auch die Besprechung der Lösung bietet eine Gelegenheit, Unsicherheiten zu klären.
Im Anschluss an die Übung empfiehlt es sich, die Verben noch einmal an der Tafel festzuhalten und in zwei Gruppen zu ordnen, je nachdem, welchen Fall sie regieren. Die folgenden Übungen greifen diese Verben teilweise erneut auf.
Die Sätze können sinngemäß frei ergänzt werden, die Lösung ist individuell.

S. 63 **7.**

Die Rektion des Verbs erkennen

Auch in dieser Übung geht es um Verben mit Rektion, wobei S die Verben den Präpositionalergänzungen bereits selbstständig zuordnen müssen.

Lösung:

Er interessiert sich besonders für alte Autos.
Sie verliebte sich schon wieder in einen Schauspieler.
Wir beschäftigen uns schon lange mit diesem Problem.
Ich erinnere mich an seinen Namen nicht.
Sie kümmert sich um ihre kranke Großmutter.
Wir freuen uns schon auf die schönen Tage am Meer.
Dieses Buch handelt von Schliemanns Entdeckungen.
Ich treffe mich heute mit Lena.

S. 64 **8.**

Sätze mit Präpositionalergänzung bilden

Die Spalten können mit weiteren bekannten Wörtern ergänzt werden. Das Ziel ist, möglichst viele korrekte Sätze zu bilden. Die angegebenen Wörter sollen S auf Ideen bringen. Die Übung kann auch in Form eines Wettbewerbs in EA oder PA durchgeführt werden: Wer innerhalb einer bestimmten Zeit die meisten korrekten Sätze bildet, gewinnt.

S. 64 **9.**

Reflexivität erkennen

Ziel dieser Übung ist, dass S erkennen, wo das Verb reflexiv verwendet wird und wo nicht. Es sollen korrekte Sätze gebildet werden, die Zeitform spielt dabei keine Rolle.

Lösungsmöglichkeiten:

a) *Ich habe mich für eine Stunde hingelegt.*
b) *Peter wäscht das Auto.*

LEKTION 7

c) *Er beschäftigt sich schon lange mit diesem Problem.*
d) *Entschuldige dich beim Lehrer für die Verspätung.*
e) *Wir ändern unsere Meinung nicht.*
f) *Er hat sich am Knie verletzt.*
g) *Warum ärgerst du das Nachbarkind?/Warum ärgert dich das Nachbarkind?*

S. 64 **10.**

Reflexivpronomen im Dativ bewusst machen

In der Übung wird durch Beispielsätze folgendes Phänomen verdeutlicht: Wenn bei dem reflexiven Verb ein Akkusativobjekt steht, wird das Reflexivpronomen im Dativ dekliniert. S sollen den Unterschied erkennen und mit den angegebenen Verben eigene Beispiele bilden. Diese können an der Tafel gesammelt werden.
Z. B.:

Ich ziehe mich an. – Ich ziehe mir heute den grünen Pullover an.
Kämm dich! – Kämm dir die Haare!

Die Deklination des Reflexivpronomens im Dativ ist noch vorgegeben, die Akkusativformen tragen S selbst ein und vergleichen anschließend die Paradigmen. Die Formen weichen nur in den ersten beiden Personen im Singular ab.
Zur Zusammenfassung des grammatischen Stoffes kann L die Kopiervorlage im LHB einsetzen.

KV S. 164

S. 65 **11.**

Den Gebrauch des Reflexivpronomens einüben

Im Anschluss an die vorhergehende Bewusstmachung müssen S in den Sätzen dieser Übung entscheiden, ob das Reflexivpronomen im Akkusativ oder im Dativ einzusetzen ist.

Lösung:

a) Zieh *dir* heute deinen warmen Pullover an! Es ist kalt draußen.
b) Warum kämmst du *dich* so verrückt?
c) Kannst du *dir* das Haar nicht richtig abtrocknen? Du wirst dich erkälten.
d) Wasch *dir* auch den Hals!
e) Schmink *dich* nicht so sehr!
f) Zieh *dich* jetzt aus und geh schlafen!
g) Kämm *dir* doch die Haare!
h) Wasch *dich* schnell und komm dann frühstücken!
i) Putz *dir* doch endlich die Nase!
j) Hier ist das Handtuch. Trockne *dich* ab!

S. 65 **12.**

Wortschatz sammeln

● S betrachten das Bild und notieren in PA so viele sich-Verben wie möglich, z. B.:

sich das Gesicht waschen, sich duschen, sich kämmen, sich die Haare bürsten, sich die Haare waschen/föhnen, sich die Zähne putzen, sich rasieren, sich die Hände abtrocknen, sich schminken

● S führen mit ihrem Partner ein Interview durch, bei dem sie die Verben verwenden. Die Ergebnisse können sie in der Tabelle festhalten.

S. 65 **13.**

Reziproke Verben verstehen

Zur Verstehenskontrolle übersetzen S die Sätze. L kann dabei auch auf das Pronomen *einander* hinweisen, mit dem das Reflexivpronomen in diesem Fall ersetzbar ist. Bei muttersprachlich heterogenen Gruppen besteht die Möglichkeit, die Sätze mit *einander* zu formulieren.

S. 66 **14.**

Sich-Verben frei anwenden

In der Übung kommen alle bisher behandelten Typen der sich-Verben vor. S bilden aufgrund der Spielregeln korrekte Sätze. Die Zeitform spielt dabei keine Rolle.

S. 66 **15.**

Die korrekte Verwendung der sich-Verben erkennen

Als Abschluss dieses grammatischen Stoffes nehmen S einen roten Stift in die Hand und streichen die Fehler an. Den korrigierten Satz schreiben sie daneben.

Lösung:

a) *Wir ärgern uns nur über sie.*
b) *Wofür interessierst du dich?*
c) *Hast du dir die Zähne geputzt?*
d) *Wo treffen wir uns?*
e) *Mit wem hast du dich getroffen?*
f) *Reg dich bitte nicht auf!*

S. 66 **16.**

Wörter ordnen

Der Wortschatz des Textes im KB S. 65 wird in den folgenden Übungen gründlich bearbeitet. S lesen noch einmal den Text im KB, unterstreichen dabei alle passenden Wörter und tragen sie beim entsprechenden Oberbegriff ein. Sie können ihre Lösungen mit denen ihrer Partner vergleichen und ergänzen.

Lösung:

s GEBÄUDE:	*s SCHLOSS / e BURG:*	*e KIRCHE:*
e Mauer	r Wehrgang	s Satteldach
s Dach	s Jagdschloss	r Dachreiter
r Raum	r Turm	e Zwiebelhaube
r Saal	e Schießscharte	s Gewölbe
r Keller	r Stall	r Flügelaltar
s Wohngebäude	e Wohnburg	e Holzfigur
r Eingang	r Torbau	

S. 67 **17.**

Wortbedeutung unterscheiden

S sollen zunehmend mit dem Umgang mit Wörterbüchern vertraut werden. An dieser Stelle bietet sich die Gelegenheit, mithilfe einsprachiger Wörterbücher bedeutungsähnliche Wörter nachzuschlagen. Nachdem der Bedeutungsunterschied so geklärt wurde, ergänzen S die Sätze.

Lösung:

a)
r Raum, ¨e: *Zimmer; Wohn-, Geschäfts-, Arbeitszimmer*
r Saal, ¨e: *sehr großer Innenraum*

(Wahrig, S. 1027, 1071)

LEKTION 7

- Die Gäste versammelten sich im größten _Saal_ des Schlosses.
- In diesem _Raum_ können sich die Kinder nachmittags aufhalten.
- Unsere Wohnung hat drei _Räume_.
- Das Konzert fand in einem feierlich geschmückten _Saal_ statt.

b)
e Burg, -en: _befestigte Gebäudeanlage, Ritterwohnung, Festung, befestigte Siedlung_

s Schloss, ¨-er: _großes, repräsentatives, künstlerisch ausgestaltetes Wohngebäude, besonders von Fürsten_

(Wahrig, S. 308, 1107)

- Die Kinder am Strand bauten viele _Burgen_ aus Sand.
- Ich würde gern einmal die berühmten _Schlösser_ an der Loire besichtigen.
- Am Rhein findet man viele _Burgen_ aus dem Mittelalter.
- Bei schönem Wetter gehen viele Menschen im _Schloss_park spazieren.

S. 67 18.

Wörter zusammensetzen

Im Text im KB S. 65 kommen viele zusammengesetzte Wörter vor.
- S sollten zunächst versuchen, die Sätze der Übung zu ergänzen, ohne den Text zu Hilfe zu nehmen. Bei Zweifeln oder Schwierigkeiten können sie im Text nachschlagen (a).
- Anschließend bilden sie weitere Komposita mit den angegebenen Wörtern. Das kann auch in Form eines kleinen Wettbewerbs gestaltet werden (b). S können mithilfe eines Wörterbuchs selbst kontrollieren, ob das zusammengesetzte Wort existiert.

Lösung:

a)
Schloss Blutenburg wurde einst von Herzog Albrecht III. als _Jagd_**schloss** errichtet.
Einige _Mauer_**reste** sind älter als 500 Jahre.
Einer der vier Türme um das Herrenhaus ist der _Pulver / Kapellen_**turm**.
Neben dem Wehrgang befindet sich der ehemalige _Prinzen_**stall**.
In der Kirche mit dem _Sattel_**dach** steht ein sehr schöner _Flügel_**altar**.
Diese Kirche ist heute eine beliebte _Hochzeits_**kapelle** in München.
Das ehemalige _Wirtschafts_**gebäude** beherbergt heute die Kinderbuchausleihe.
Im ersten Stock ist ein großer _Studien_**saal** für Erwachsene.
Der Wehrgang wurde zu einem _Ausstellungs_**raum** für Bilderbuchkunst ausgebaut.

b)
Schweinestall, Glockenturm, Essensreste, Schulgebäude, Speisesaal, Speisereste, Speiseraum, Klassenraum, Marienkapelle, Marienaltar, Barocksaal, Barockaltar, Barockkapelle, Barockschloss, Barockgebäude, Märchenschloss, Kirchensaal, Kirchenaltar, Kirchendach, Kirchenturm, Kirchengebäude ...

S. 68 19.

Sortierendes Lesen: Text kürzen

Die Übung soll S dabei unterstützen, bei der Vorstellung eines Buches den Inhalt knapp zusammenzufassen. Sie kann Aufgabe 9 im KB vorbereiten.
- S lesen den Text und kürzen ihn in EA.
- Die Lösungen werden verglichen. Bei der Auswertung soll thematisiert werden, welche Textelemente weggelassen werden können und warum (a).

81

Mögliche Lösung:

Gabriele Heiser schrieb das Buch Jakob ist kein armer Vogel für ihren Sohn Paul, der behindert ist. Das Buch handelt von Jakob, einem jungen Albatros, der nicht fliegen kann. Die stärksten Albatrosse der Insel wollen Jakob vom höchsten Felsen der Insel werfen, wenn er nicht innerhalb eines Jahres tauchen, schwimmen und fliegen lernt. Jakobs Eltern holen sich Rat bei weisen Tieren in der ganzen Welt, aber niemand weiß, wie Jakobs Problem gelöst werden kann. Am Prüfungstag versammeln sich alle Albatrosse an der Klippe. Jakobs Freunde nehmen ihn in Schutz vor den Ältesten. Die ungerechten und starrsinnigen Ältesten erleiden eine Niederlage: Jakob ist gerettet.

- Nach dem Muster der Karteikarte im KB S. 66 fertigen S zu diesem Buch eine ähnliche an, indem sie die notwendigen Informationen herausschreiben und den Inhalt gekürzt wiedergeben.

S. 68 **20.**

Text spielerisch kürzen

Es handelt sich um eine humorvolle Version des Kürzens, bei dem Märchen in einem einzigen Satz in der Form eines Rätsels wiedergegeben werden.

Nachdem S die drei Märchen erraten haben, können sie in PA oder GA versuchen, ähnliche Texte zu erstellen und die anderen raten zu lassen.

L kann die folgenden Märchentelegramme zusätzlich verwenden:

1. *Kleiner schwächlicher Handwerker wird durch falsche Darstellung einer belanglosen Tat zum Helden.*
2. *Geistig nicht sehr aufgeweckter Dorfbewohner tauscht Agrarprodukte zum eigenen Nachteil, um am Ende doch den Hauptgewinn zu machen.*
3. *Junge Handballspielerin engagiert Vertreter der Tierwelt als Ballholer zur Wiederbeschaffung des Edelmetallspielzeuges.*
4. *Ungleiches Geschwisterpaar arbeitet saisonweise beim meteorologischen Dienst.*
5. *Friedliche Vögel verhelfen einem fleißigen Mädchen durch eifriges Sortieren zu seinem Glück.*
6. *Vier nicht mehr arbeitsfähige Veteranen verjagen durch eine Überdosis an Phon Außenseiter der Gesellschaft und setzen sich selbst ins gemachte Nest.*

Lösung:

1. Das tapfere Schneiderlein
2. Hans im Glück
3. Der Froschkönig
4. Frau Holle
5. Aschenputtel
6. Die Bremer Stadtmusikanten

Wortschatz | Lesen oder fernsehen?

Die offenen Listen enthalten wichtige Ausdrücke, auf die man bei der Lösung bestimmter Aufgaben zurückgreifen kann.

LEKTION 8

Halb Ware, halb Müll

Die Bearbeitung des Themas Umweltschutz setzt einerseits einen speziellen Wortschatz voraus, andererseits wird das Verstehen bestimmter Textsorten benötigt. Dazu gehören informative, erörternde, für die Öffentlichkeit verfasste Texte wie z. B. Informationsbroschüren, Aufrufe, Reden, schriftliche Berichte, Zeitungsartikel. Die Spracharbeit konzentriert sich daher auf die rezeptive Einführung des allgemeingültigen, unpersönlichen Stils (Passiv) sowie auf das Sammeln des zum Thema gehörenden Wortschatzes.

Kursbuch

A | Öko-Experiment

Als Einstieg ins Thema wird ein Projekt angeregt, das auf die Konsumgewohnheiten der S eingeht und Diskussionsanlässe bietet.

S. 73 **1.**
Textverstehen vorbereiten
Vor dem Lesen der Projektbeschreibung auf S. 72 empfiehlt es sich, die hier angegebenen und im Text vorkommenden Wörter zu klären, indem S Wort und Bild verknüpfen. Dadurch wird das Textverstehen entlastet.
Dann wird der Text gelesen und die Aufgabe 2 gelöst.

S. 73 **2.**
Mündlicher Ausdruck: Meinung formulieren
- Nach dem Lesen wird zunächst diskutiert, wie S das Experiment finden. L kann dabei anregen, das Projekt durchzuführen: S teilen sich in Gruppen auf und führen das Projekt außerhalb der Schule durch. Die Ergebnisse halten sie fest und berichten darüber. In diesem Fall muss die Ausführung des Experiments und die Dokumentierung der Ergebnisse genau geplant werden (z. B. Fotos machen, Gegenstände vorstellen usw.).
- Wenn es zur Durchführung des Projekts keine Möglichkeit gibt, können S darüber nachdenken, zu welchem Ergebnis das Experiment führen würde und darüber ihre Meinung äußern. Die Vorbereitung kann in GA erfolgen. Die Gruppenergebnisse werden vorgetragen und verglichen.

S. 73 **3.**
Mündlicher Ausdruck: eine Rede halten
Die Situation wird kritischer Betrachtung unterzogen.
- S sammeln im PL Argumente für und gegen Schnellrestaurants, die an der Tafel festgehalten werden.
- S bilden Gruppen und wählen einen Redner. Die Rede als Textsorte kommt zum ersten Mal vor, deshalb sollten die Merkmale dieser Textsorte im Vorfeld thematisiert werden. Darauf weist auch der Tipp hin. L kann das mit folgenden Fragen – auch in der Muttersprache – steuern:
  – *Wer ist der Sprecher?*
  – *Wer ist der Zuhörer?*

- *Was ist die Absicht des Sprechers?*
- *Mit welchen Mitteln kann der Sprecher den Zuhörer überzeugen? usw.*
- S bereiten in GA eine kurze, überzeugende Rede für oder gegen Schnellrestaurants vor.
- Nachdem alle Reden vorgetragen worden sind, werden sie im PL ausgewertet.

B | Was werfen wir weg?

In diesem Teil bietet sich die Möglichkeit, während der Textarbeit einen umfangreichen Wortschatz zum Thema zu erarbeiten.

S. 74 **4.**

Textverstehen vorbereiten: Wortschatz aktivieren
- Die Aufgabe lässt sich leichter lösen, wenn die Vorbereitungsarbeit zu Hause stattfindet: S protokollieren einen Tag lang, was sie wegwerfen.
- S fertigen zu Hause oder in der Stunde ihre Listen an. Die Zeichnungen helfen, den nötigen Wortschatz zu aktivieren.
- Sie vergleichen ihre Listen in GA und erstellen eine gemeinsame Liste auf einem großen Bogen Papier, der im Klassenzimmer aufgehängt wird.
- Die Ergebnisse werden besprochen. Dabei können weitere Wörter eingeführt werden, die für die weitere Arbeit wichtig sind, wie z. B. *den Müll trennen, vermeiden, in den Papierkorb werfen, den Abfall reduzieren* usw.

S. 74 **5.**

Textverstehen vorbereiten: Hypothesen zu einem Schlüsselwort bilden

→ AB 5   Dieses Wort ist den S wahrscheinlich nicht bekannt, die Bedeutung lässt sich aber erschließen. Auch die Zeichnung kann dabei helfen.

r Verpackungsmüll: Müll, der durch die Entfernung der Verpackung eines Produktes entsteht

S. 74 **6.**

Textverstehen inhaltlich vorbereiten

Die Fragen nehmen den Inhalt des Textes auf S. 75 vorweg. Im Gegensatz zu Aufgabe 4 geht es jetzt speziell darum, wie viel Müll in der Schule entsteht und wie man ihn reduzieren könnte.
Nach Besprechung dieser Fragen lesen S den ersten Teil des Berichtes.

S. 75 **7.**

Leseverstehen: Hypothesen über die Fortsetzung bilden
- Die Technik der Hypothesenbildung wurde in Lektion 6 eingeführt und soll hier erneut Anwendung finden. Die Aufgabe kann in GA gelöst werden. Die Ideen werden an der Tafel gesammelt.
- S lesen den zweiten Teil des Artikels und vergleichen die Informationen des Textes mit den eigenen Vorschlägen in einer Tabelle an der Tafel: Neben die eigenen Ideen notieren sie die im Text vorkommenden Ausdrücke in einer zweiten Spalte. Auf diese Tabelle wird später immer wieder zurückgegriffen.
- Hier bietet sich auch eine gute Gelegenheit, darüber nachzudenken, wie sich Umweltschutz in der eigenen Umgebung verwirklichen lässt.

LEKTION 8

S. 76 8.

Mündlicher Ausdruck: die eigene Meinung äußern

Die Aufgabe schließt diese Einheit einerseits thematisch ab, andererseits bereitet sie die folgende schriftliche Aufgabe vor. S tauschen ihre Meinung in Gruppen oder im PL aus. Nach der Textbearbeitung kann man zur Grammatikarbeit im AB übergehen.
Als Weiterführung kann das Plakat *Das Müllkonzept der Wilhelm-Löhe-Schule* im LHB auf S. 153 bearbeitet werden.

→ AB 1–8

S. 76 9.

Schriftlicher Ausdruck: Gedanken zu einem Bild formulieren

- Die vier angegebenen Arbeitsschritte sind eine mögliche Art der Vorbereitung auf das Schreiben eines längeren Textes. Die Schritte sollten zusammen gelesen und besprochen werden.
- S schreiben den Text in EA. L leistet Hilfestellung bei der Durchführung der einzelnen Schritte.
- Die fertigen Texte können nach der Korrektur durch L im PL vorgestellt oder im WIR-Buch gesammelt werden.

Weitere Möglichkeit:
Die Aufgabe kann auch zu einem Projekt ausgebaut werden, um das Thema zu vertiefen. S beschreiben und analysieren die Situation an ihrem Wohnort und suchen nach Alternativen:
– *Wie sieht es in eurer Umgebung (Straße, Bezirk, Dorf) aus?*
– *Macht einige Fotos oder eine eigene Collage zu der Müll-Situation in eurer Umgebung / an eurem Wohnort und schreibt dazu Erklärungen.*
– *Denkt darüber nach, was man ändern sollte / könnte.*

Projektaufgaben dieser Art benötigen eine genaue Planung, bei der man vorher Folgendes festlegen muss:
– Wie viel Zeit steht S zur Verfügung?
– In welcher Arbeitsform wird gearbeitet? Wie ist die Arbeitsverteilung?
– Welche Mittel werden benötigt?
– In welcher Form werden die Ergebnisse präsentiert und ausgewertet?

C | Verpackung ist auch eine Kunst

Zum Abschluss der Lektion erscheint das Thema Verpackung aus einer neuen Sicht. Die Lese- und Hörtexte bieten weitere Diskussionsanlässe.

S. 77 10.

Selektives Lesen: im Text nach Informationen suchen

- Zur Vorbereitung können S Informationen über den Künstler und seine Aktionen sammeln und in der Stunde besprechen (a). Dazu bieten sich deutschsprachige Lexika, ein Besuch in der Bücherei o. Ä., evtl. auch als HA an.
- S lesen den Text und suchen darin die notwendigen Informationen, um die Fragen zu beantworten (b). Sie können den Inhalt außerdem kurz zusammenfassen.

Der Text dient vor allem der Vorbereitung der darauffolgenden Interviews in Aufgabe 11. Darüber hinaus bietet er die Möglichkeit, über das Gelesene zu diskutieren und dazu Stellung zu nehmen.

Christo (urspr. Hristo Dschawascheff, geb. 1935 in Gabrovo,) amerikanischer Künstler bulgarischer Abstammung; Studium in Sofia, Prag, Wien; lebt von 1958 in Paris, von 1964 in New York.
Seine Verpackungskunst steht der amerikanischen Pop-art-Strömung der 60-er Jahre nahe. Er verpackt zunächst Gegenstände, später Denkmäler, sowie ganze Gebäude in Segeltücher, wie z. B. die Kunsthalle in Bern (1968), das Gebäude der Philadelphia Museum of Art (1970). Später zieht er sich in die Natur zurück und verpackt immer Gigantischeres, wie z. B. Little Bay in Australien (1969), Valley Curtain in Colorado (1971), Pont Neuf in Paris (1976-85), den Reichstag in Berlin (1995).

S. 77 **11.**
Globales Hören: die wichtigsten Informationen notieren
Die Meinungen knüpfen an den vorangegangenen Text an.
- S hören sich die fünf Meinungen zweimal an und machen dabei Notizen zu den in der Tabelle angegebenen Fragen.
- Die Lösungen werden besprochen, ggf. wird der Hörtext noch einmal abgespielt.
- S fügen ihre eigene Meinung hinzu, indem sie sich dazu Notizen machen. Dann tragen sie ihre Meinung im PL vor.

Lösung:

	Was würde er/sie verpacken?	Warum?
1.	Geschenke	Einpacken ist keine Kunst, ist nicht schwer, das kann jeder, das Geld lieber für etwas anderes ausgeben
2.	andere interessante Gebäude, Pyramiden, Freiheitsstatue in New York	toller Anblick, wunderschön
3.	Menschen	macht Spaß
4.	ihren Stadtteil	um die Menschen darauf aufmerksam zu machen, wie öde es da ist
5.	nichts	um die Umwelt zu schonen

S. 78 **Lesetext**

Beim Lesen des Artikels können S dem Text im ersten Schritt folgende Informationen entnehmen:
- *Wo befindet sich die Jugendherberge?*
- *Seit wann gibt es sie?*
- *Wer übernachtet hier?*
- *Zu welchem Preis?*
- *Was ist das Besondere daran?*

Zur Vertiefung des Verstehens können S sammeln und auflisten, was an der Jugendherberge „4 You" besonders umweltfreundlich ist.

LEKTION 8

Arbeitsbuch

S. 70–71 **1–2.**

Verschiedene Textsorten bearbeiten

Die zwei Texte bilden den Ausgangspunkt für die Grammatikarbeit. Bevor sie einem sprachlichen Vergleich unterzogen werden, sollen S sie mithilfe der vorangestellten Fragen global verstehen. Die einsprachigen Worterklärungen erleichtern das Verstehen.

- S lesen die Texte und beantworten die Fragen.
- Die Antworten werden im PL besprochen, unbekannte Wörter werden dabei geklärt. Bei dem Zeitungsartikel in Aufgabe 2 sind einige Fragen nicht eindeutig zu beantworten; genau das soll im Folgenden problematisiert werden und zur Funktion des Passivs hinführen.

S. 71 **3.**

Textsorten und sprachliche Mittel vergleichen

Einige Textteile aus den zwei vorhergehenden Texten sind in den Kästen erneut aufgeführt, um das Verhältnis von Subjekt und Prädikat zu verdeutlichen.

Der Aufruf (Text 1) richtet sich an die Gäste und spricht sie direkt an, die Subjekte sind ganz konkret *die Gäste, die Mitarbeiter, wir* oder *Sie.* Daher sind die Prädikate in der Aktivform und rufen zu Tätigkeiten auf.

In dem Zeitungsartikel (Text 2) spielt die Linde die Hauptrolle. Es geht aus dem Text nicht eindeutig hervor, wer sie gefällt hat, wer sie unter Schutz gestellt hat, wer sie beschädigt hat. Manche Strukturen beziehen sich auf alle, z. B. *der Natur wird mehr Achtung entgegengebracht.* In diesen Fällen ist der Gebrauch des Passivs charakteristisch: Das Subjekt ist unbekannt, nicht wichtig, soll absichtlich verschwiegen werden oder bezieht sich auf alle. Das Passiv wird hier also funktional eingeführt und es wird auch im Folgenden vermieden, Aktivkonstruktionen in Passivkonstruktionen zu transformieren, weil das bei den S zu Missverständnissen führen kann. Sie könnten den Eindruck gewinnen, dass es sich hier um einen rein formalen Unterschied handelt, die zwei Formen beliebig austauschbar sind und lediglich die Bildung beherrscht werden muss. In der realen Sprachverwendung werden sie später feststellen müssen, dass die Funktionen sich deutlich unterscheiden.

Es genügt, wenn S das Passiv zunächst erkennen und reproduktiv bilden können. Die produktive Beherrschung in verschiedenen Tempora wird erst im zweiten Band geübt und erwartet. Es wird bewusst zwischen rezeptiver und produktiver Ebene unterschieden. Daher gibt es an dieser Stelle nur einzelne einfachere Übungen zum Passiv.

S. 72 **4.**

In Passivkonstruktionen das Verb erkennen

Hier wird den S die Bildung des Passivs bewusst gemacht: Sie suchen die Prädikatteile in den Texten und schließen daraus auf den Infinitiv. In muttersprachlich homogenen Gruppen kann es auch hilfreich sein, die Sätze zu übersetzen.

Lösung:

a) zerstören
b) gießen
c) verbrennen
d) wieder verwerten
e) wieder verwerten
f) zurücknehmen müssen
g) reinigen
h) drucken
i) verbieten
j) wieder verwerten

S. 72 **5.**

Wortschatz erweitern

Als Vorbereitung auf die nächste grammatische Übung füllen S die Tabelle aus und festigen oder erweitern dadurch ihren Wortschatz.
- Das Ausfüllen erfolgt zunächst in EA, sodass S selbst kontrollieren können, was sie bereits verstehen.
- In PA vergleichen sie ihre Lösungen und klären Probleme.

Lösung:

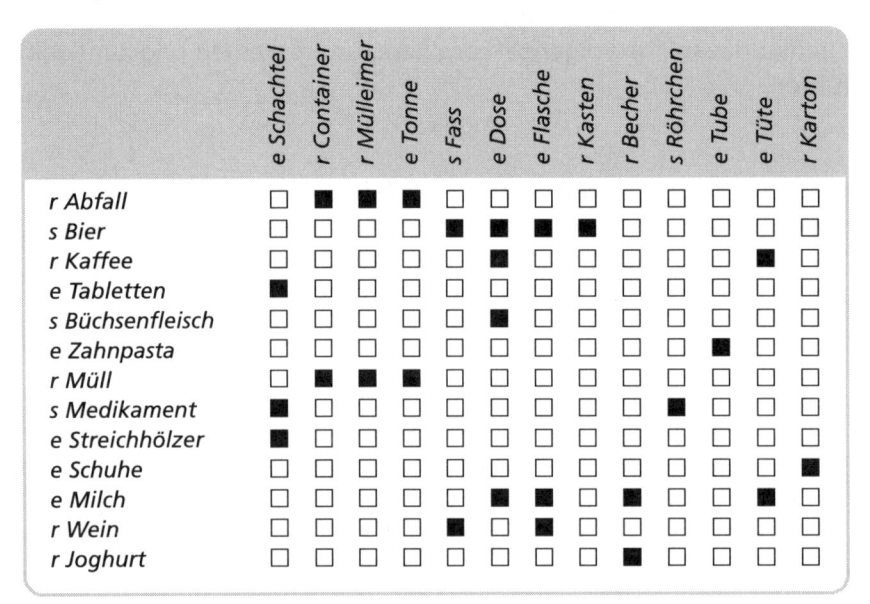

	e Schachtel	r Container	r Mülleimer	e Tonne	s Fass	e Dose	e Flasche	r Kasten	r Becher	s Röhrchen	e Tube	e Tüte	r Karton
r Abfall	☐	■	■	■	☐	☐	☐	☐	☐	☐	☐	☐	☐
s Bier	☐	☐	☐	☐	■	■	■	■	☐	☐	☐	☐	☐
r Kaffee	☐	☐	☐	☐	☐	■	☐	☐	☐	☐	☐	■	☐
e Tabletten	■	☐	☐	☐	☐	☐	☐	☐	☐	☐	☐	☐	☐
s Büchsenfleisch	☐	☐	☐	☐	☐	■	☐	☐	☐	☐	☐	☐	☐
e Zahnpasta	☐	☐	☐	☐	☐	☐	☐	☐	☐	☐	■	☐	☐
r Müll	☐	■	■	■	☐	☐	☐	☐	☐	☐	☐	☐	☐
s Medikament	■	☐	☐	☐	☐	☐	☐	☐	☐	■	☐	☐	☐
e Streichhölzer	■	☐	☐	☐	☐	☐	☐	☐	☐	☐	☐	☐	☐
e Schuhe	☐	☐	☐	☐	☐	☐	☐	☐	☐	☐	☐	☐	■
e Milch	☐	☐	☐	☐	☐	☐	■	☐	■	☐	☐	■	☐
r Wein	☐	☐	☐	☐	■	☐	■	☐	☐	☐	☐	☐	☐
r Joghurt	☐	☐	☐	☐	☐	☐	☐	☐	■	☐	☐	☐	☐

S. 73 **6.**

Passiv reproduktiv verwenden

Mit den Wörtern der vorhergehenden Übung bilden S aufgrund der Beispiele ganz einfache Sätze im Passiv.

S. 73 **7.**

Passivsätze aus vorgegebenen Elementen bilden

S müssen die richtige Form des Hilfsverbs wählen und Subjekt mit Prädikat verbinden. Ähnliche Sätze können auch mithilfe der Wortschatzseite (S. 77) frei gebildet werden.

Lösung:

Der Müll wird auf der Straße weggeworfen.
Das Altpapier wird nicht zur Sammelstelle gebracht.
Der Küchenabfall wird oft nicht getrennt.
Kaputte Apparate werden nicht mehr repariert.
Viele Waren werden in Plastik oder Alufolie verpackt.

S. 73 **8.**

Einen Aufruf formulieren

- Anknüpfend an den Text über das Müllprojekt im KB S. 72 können S in GA einen eigenen Aufruf in Form eines Plakates gestalten. Dabei verwenden S den bisher erarbeiteten Wortschatz. Auch die angegebenen Beispiele helfen dabei.

LEKTION 8

- Die fertigen Aufrufe werden im Klassenzimmer aufgehängt und ausgewertet. Auch das Plakat der W-L-S auf S. 153 im LHB kann hinzugezogen werden.

Beispiele:

Kaufe/Kauft statt Ordnern aus Plastik Ordner aus Karton!
Kaufe statt Schultaschen aus Plastik dauerhafte Taschen aus Leder!
Kaufe statt Getränkedosen Pfandflaschen!
Benutze/Benutzt statt Plastiktüten wieder verwendbare Papiertüten!
Verwende/Verwendet statt Filzstiften umweltfreundliche Buntstifte aus Holz!
Benutze statt Heftumschlägen aus Kunststoff Heftumschläge aus Packpapier!

Statt ist eine Präposition mit dem Genitiv, in der gesprochenen Sprache wird sie aber oft mit dem Dativ verwendet.

S. 74 9.
Tipps formulieren
Tipps und Ratschläge zum umweltbewussten Verhalten beim Einkauf gehören auch zum Thema Müll.
- Zunächst werden die drei vorgegebenen Tipps sprachlich und inhaltlich besprochen (a).
- Aufgrund dieser Muster formulieren S in PA oder in Kleingruppen einige weitere Tipps (b).

S. 74 10.
Wortschatz festigen
Nachdem S die Meinungen gelesen haben und Unbekanntes geklärt wurde, fügen sie ihre eigenen Ideen hinzu. Dabei kann auch die Wortschatzseite auf S. 77 helfen.

S. 75 11.
Fachwortschatz erschließen
Zu diesem Thema gehört ein Fachwortschatz, den S zwar nicht aktiv beherrschen müssen, dessen Bedeutung sie aber erschließen können. Durch die Zuordnung von Definitionen wird der Wortschatz geübt und gefestigt.

Lösung:

Mehrwegverpackung	eine Verpackung, die man mehrmals benutzen kann
Lärmschutz	Man schützt sich durch spezielle Isolierungen oder dem Bau von Mauern vor Autolärm.
Recycling	Wiederverwertung von alten, gebrauchten Materialien
Ozonloch	ein Loch in der Atmosphäre unseres Planeten
umweltschonend	etwas, das unsere Umwelt nicht belastet oder ihr schadet
Bioabfall	Abfälle aus der Natur, die auf dem Kompost wieder zu Erde werden
umweltfreundliche Verpackung	eine Verpackung, die unsere Umwelt nicht so stark belastet
Treibhauseffekt	die Erwärmung der Erdatmosphäre
Müllverbrennungsanlage	ein großer Ofen, in dem der Müll verbrannt wird
Abfalltrennung	Glas, Papier, Plastik, Chemikalien usw. werden getrennt gesammelt

S. 75 **12.**

Wörter zusammensetzen

Als abschließende Wortschatzübung sammeln S in PA Komposita zu den vorgegebenen Grund- oder Bestimmungswörtern, die während der Lektion vorgekommen sind oder die sie aufgrund ihrer Kenntnisse eigenständig bilden können. Sie können auch Wörterbücher zu Hilfe nehmen und nach Wörtern suchen oder ihre Lösungen kontrollieren.

Lösung:

r **Müll**container
r Müll*eimer*
e Müll*verbrennung*
e Müll*vermeidung*
e Müll*trennung*
e Müll*deponie*

e Konserven**dose**
*Blech*dose
*Butter*dose
*Puder*dose
*Tabak*dose
*Zucker*dose

r Küchen**abfall**
*Bio*abfall
*Papier*abfall
*Produktions*abfall
*Essens*abfall

r Industrie**müll**
*Bio*müll
*Gift*müll
*Sonder*müll
*Rest*müll
*Verpackungs*müll

s **Dosen**futter
r Dosen*öffner*
s Dosen*bier*
e Dosen*milch*
r Dosen*fisch*

e **Abfall**trennung
e Abfall*vermeidung*
r Abfall*produkt*
r Abfall*stoff*
r Abfall*eimer*
e Abfall*energie*

S. 76 **13.**

Hypothesen zu Schlagzeilen bilden

- S lesen die Schlagzeilen und bilden Hypothesen über den möglichen Inhalt des Artikels.
- Anschließend lesen sie die Textausschnitte und ordnen diese den Schlagzeilen zu (a).
- Die Übung kann erweitert werden, indem S aufgrund der Beispiele in Zeitungen nach Schlagzeilen zum Thema suchen, evtl. auch in ihrer Muttersprache. Die anderen stellen dazu ihre Hypothesen auf (b).

Lösung:

Jeder ist mitverantwortlich für seine Umwelt. Daher: Mehrwegflaschen statt Einwegflaschen, Einkaufskörbe statt Plastiktüten, Zug fahren statt Auto fahren.
Ihre Umwelt wird es Ihnen danken. **F**

Beim Einkaufen sollte man darauf achten, dass die Produkte eine umweltfreundliche Verpackung haben, wieder verwertet werden können oder noch besser – man kauft frische Ware ohne Verpackung. **B**

Getränke werden häufig in Plastikflaschen verkauft. Dadurch entsteht viel Müll. Deshalb sollte man Mehrwegflaschen bevorzugen, die man mehrmals benutzen kann. **A**

Tausende Robben, Nerze, Nutrias, Zobel, aber auch vor dem Aussterben bedrohte Tiere wie Leoparden, Tiger und Eisbären müssen ihr Fell für einen Mantel lassen. **C**

Wortschatz | Umweltschutz

Die Wortschatzseite eignet sich zu weiteren Übungen wie z. B. Substantive und Verben zuordnen, Gegensätze suchen, Sätze bilden.

LEKTION 9

Wie läuft es eigentlich bei euch?

In dieser Lektion stehen die folgenden Sprechabsichten und Inhalte im Mittelpunkt: Gefühle zur Sprache bringen, Personen charakterisieren, Kritik äußern. Ein weiteres wichtiges Ziel ist die Förderung der Diskussionsfähigkeit z. B. in Form von Rollenspielen. Der grammatische Stoff der Lektion ist die Weiterführung des Konjunktivs II.

Kursbuch

A | Eltern – Kinder – Konflikte

Die zu Thema Familie gehörenden Konfliktsituationen werden gesammelt und problematisiert. Diese bilden den Ausgangspunkt für Rollenspiele oder Rede- und Schreibanlässe.

S. 81 **1.**

Einstieg

Das Gedicht auf S. 80 bietet einen guten Anlass zur kritischen Annäherung an das Thema. Zur inhaltlichen Bearbeitung dienen die Fragen, die S in PA oder in Gruppen besprechen können. Sollte die sprachliche Formulierung S Schwierigkeiten bereiten, kann im Anschluss an das Lesen mithilfe der Übungen im AB zunächst die notwendige Grammatik erarbeitet werden.

Der Text bietet mehrere Möglichkeiten zur sprachlichen Arbeit:

- Er beinhaltet bisher noch nicht behandelte Konjunktiv-II-Formen zum Ausdruck von Konditionalität. Die in Lektion 4 begonnene Systematisierung des Konjunktivs II wird im AB ausgehend von diesem Text fortgesetzt.
- S können die erste Strophe mit entsprechenden Verben und Substantiven erweitern (z. B. *Wenn ..., dürfte ich nicht lange aufbleiben/hätte ich einen Hund* usw.).
- S können nach diesem Muster ein ähnliches Gedicht über ihre Eltern oder über ein anderes Familienmitglied schreiben.

→ AB 1–6 Das Gedicht ist auch auf der Kassette/CD zu hören.

> **Hans Manz:** Er wurde 1931 in Wila bei Zürich geboren. Nach seiner Ausbildung unterrichtete er 35 Jahre lang Primarschüler in Erlenbach und Zürich. Seit 1987 ist er freier Schriftsteller und Journalist. Er veröffentlichte Gedichte, Kabaretttexte, Übersetzungen, Kinderbücher und die so genannten Sprachspielbücher: „Worte kann man drehen" (1974), „Die Kunst, zwischen den Zeilen zu lesen" (1978) und „Lieber heute als morgen" (1988).

S. 81 **2.**

Textverstehen vorbereiten

Zur inhaltlichen Vorbereitung des folgenden literarischen Textes sammeln S in GA mögliche Gründe für Konflikte in der Familie. Dabei sollen die Zeichnungen sie unterstützen. Die so gesammelten eigenen Beispiele werden während der nächsten Aufgaben ergänzt.

S. 82 **3.**

Textarbeit: Informationen notieren

Beim Lesen Notizen zu machen, ist im Allgemeinen zwar eine sehr individuelle, aber auch sehr wichtige Technik. S sollten auf Folgendes aufmerksam gemacht werden:
– nur das Wesentliche notieren, Absätze ggf. zusammenfassen;
– möglichst einfach, stichwortartig, kurz und bündig formulieren (Infinitive, Nominalkonstruktionen).

- Es erleichtert das Verstehen, wenn L den Text einmal vorliest, damit S die langen, komplexen Sätze besser verstehen und den Rhythmus des literarischen Textes spüren.
- Beim zweiten, individuellen Lesen machen sich S Notizen.
- Die Vorschläge werden im PL gesammelt und ggf. mit Textstellen belegt.

Lösung:

– Urlaub mit den Eltern ist langweilig, jeder Tag vergeht genauso, es passiert nichts
– man muss auf die kleinen Geschwister aufpassen
– kleine Geschwister sind albern, sie stören ständig
– man darf allein nichts unternehmen

Marie Luise Kaschnitz, geboren 1901 in Karlsruhe, lebte unter anderem in Bollschweil bei Freiburg, Rom und Frankfurt a. M. Sie starb 1974. Bekannt wurde sie durch ihre Gedichte, Kurzgeschichten und tagebuchartigen Aufzeichnungen.

S. 82 **4.**

Weiterführung der Textarbeit

S sollen sich eine mögliche Fortsetzung der Geschichte überlegen. Sie müssen den Text nicht weiterschreiben, es genügt, wenn sie ihre Gedanken mündlich in einigen Sätzen zusammenfassen. Sie können dabei in Gruppen arbeiten.
Anhand der Ideen kann man sich im PL über den Text unterhalten.

S. 83 **5.**

Hörverstehen: Notizen machen

Auch zu diesem Hörtext sollen sich S Notizen machen.

- Damit sich S einhören können, wird der Text einmal abgespielt.
- Erst beim zweiten Hören machen sich S Notizen.
- Die Lösung wird im PL besprochen, ggf. wird der Text zur Kontrolle noch einmal abgespielt.
- S können über eigene Erfahrungen mit den Eltern berichten.

Lösung:

– lässt etwas herumliegen
– räumt die Spülmaschine nicht aus
– steht im Weg herum
– möchte mehr Taschengeld haben bzw. ihr Taschengeld für ihre Freizeit ausgeben

S. 83 **6.**

Ergebnisse zusammenfassen

Die vor der Textarbeit in Aufgabe 2 gesammelten Gründe werden mit den gelesenen und gehörten (Aufgaben 3 und 5) verglichen.

- In GA erstellen S eine Liste der möglichen Gründe für Ärger mit den Eltern, indem sie alles Bisherige zusammentragen.

LEKTION 9

- Mithilfe der Liste über die Konfliktsituationen können S über ihre eigenen Erfahrungen diskutieren.

S. 83 **7.**

Selektives Hören: Aussagen zuordnen

Der Hörtext mit einer Diskussion zwischen Mutter und Sohn führt das Thema in Richtung des Absurden weiter: Eltern regen sich oft darüber auf, was sich ihr Kind im Teenageralter anzieht. L kann eine Diskussion zu diesem Thema anregen, um auf die Besonderheit des Hörtextes vorzubereiten: Hier regt sich der Sohn über die Mutter auf.
- Beim ersten Hören werden S mit der Situation vertraut.
- Vor dem zweiten Hören lesen sie die Sätze im KB und kreuzen sie dann während des Hörens an.
- Ausgehend von dieser Situation gestalten S eine ähnliche. Dabei geht es in erster Linie nicht um das Einüben bestimmter Redemittel, sondern darum, diesem ernsthaften, vielleicht auch heiklen Thema die Schärfe zu nehmen und es in Humor aufzulösen.

Lösung:

Mutter: *1, 3, 5, 7*
Sohn: *2, 4, 6*

S. 83 **8.**

Wortschatz wiederholen: Eigenschaften

Der humorvolle literarische Text von Christine Nöstlinger schließt den Teil A auf spielerische Weise ab und leitet zugleich in Teil B über.
Der Text dient als Ausgangspunkt für die anschließende Sammelarbeit zu den von Kindern erwarteten guten Eigenschaften und soll zum Weiterdenken anregen.
- Er wird als Hörtext abgespielt, S können schon beim ersten oder erst beim zweiten Hören mitlesen. Unbekannte Wörter werden im Anschluss an das Hören geklärt. L kontrolliert das Verstehen mit Fragen.
- In GA sammeln S die Eigenschaften, die sich Erwachsene von Kindern wünschen.
- Die Ergebnisse der Gruppen werden im PL besprochen.

Von den gehörten bzw. gespielten Dialogen können bei der gemeinsamen Auswertung bestimmte Eigenschaften abgeleitet werden, die eine Brücke zu Teil B schlagen (z. B. *höflich, ungezogen, frech, abenteuerlustig, kritisch* usw.).

B | Wie seid ihr eigentlich?

In diesem Teil sollen sich S über ihre eigene Generation äußern. Da das ein schwieriges Thema ist, hängt es in großem Maße von der Gruppe ab, wie tief L darauf eingehen kann.

S. 84 **9.**

Mündlicher Ausdruck: Diskussion

- S bilden Gruppen und besprechen zunächst die Bedeutung der angegebenen Adjektive. Sie können dabei auch ein Wörterbuch verwenden.
- Sie wählen die ihrer Meinung nach auf die Jugend zutreffenden Wörter aus und überlegen sich weitere Eigenschaften. Dabei sollen sie ihre Meinung möglichst auch begründen.
- Ein Gruppensprecher trägt das Ergebnis vor.
- Die Ergebnisse der verschiedenen Gruppen werden unter Moderation des L diskutiert. Die Wortschatzseite im AB (S. 86) kann die Arbeit unterstützen.

S. 84 **10.**

Hörverstehen: Notizen machen

S hören Meinungen über die Jugend.
- Im ersten Schritt sollen sie die Hauptaussage der Texte verstehen (a), indem sie das Zutreffende in der Tabelle ankreuzen. Auf offene Fragen kann man nach Lösung der Aufgabe b) zurückkommen.
- Vor dem zweiten Hören bekommen sie die Fragen (b) als Hörauftrag und machen sich beim Hören Notizen.
- Die Antworten werden im PL geklärt.

Lösung:

Lothar: *sowohl positiv als auch negativ*
– sehr viel Erziehung wird über die Medien vermittelt
– die Eltern sind sehr oft berufstätig und haben weniger Zeit für die Kinder
– das Fernsehen hat einen sehr starken Einfluss auf die Kinder, Aggressivität und Gewalt nehmen zu, keine Möglichkeit zu diskutieren, die Gedanken auszutauschen

Frau Biermann: *sowohl positiv als auch negativ*
– die Jugendlichen können nicht mehr so unbeschwert sein wie früher
– die Berufssituation hat sich sehr verschlechtert, sie müssen sich schon sehr früh überlegen, was sie später machen wollen, was für Noten sie dafür brauchen usw., der Druck ist größer

Jens-Uwe: *nur negativ*
– die Jugendlichen sind respektlos, haben keinen Respekt vor dem Alter (z. B. drängeln sich vor, werden frech)

S. 85 **11.**

Mündlicher Ausdruck: sich über eigene Empfindungen äußern

Ziel der Aufgabe ist es, dass S von den Hörtexten in Aufgabe 10 zur Beschreibung ihrer eigenen Situation gelangen und sich über Probleme äußern. Da das ein sehr persönliches Thema ist, soll L entscheiden, wie tief er auf diese Fragen eingehen möchte.

S. 85 **12.**

Schriftlicher Ausdruck: ein Parallelgedicht schreiben

Die Aufgabe stellt im Gegensatz zur vorhergehenden positive Eigenschaften in den Mittelpunkt.
- Das Schülergedicht wird gemeinsam gelesen, unbekannte Wörter werden geklärt.
- Parallel zu dieser Vorlage können S mit einfachen sprachlichen Mitteln ein eigenes Gedicht über eine Person ihrer Wahl schreiben.
- Die Gedichte können für das WIR-Buch gesammelt werden.

S. 85 **13.**

Mündlicher Ausdruck: Überlegungen äußern

Diese Aufgabe führt in den Problemkreis des Teils C über.
S betrachten das Bild und bilden gemäß der Aufgabenstellung in GA oder im PL Hypothesen. Dabei können sie Sprachmittel der Vermutung einsetzen, z. B.:
Ich glaube/denke/meine, …
Es könnte …

→ AB 7–11   *Wahrscheinlich/Vielleicht …*

LEKTION 9

C | Verzettelte Familie

S. 86 **14.**

Detailliertes Lesen: Aussagen ordnen
- Die Situation und die Aufgabe wird im PL geklärt. Dazu kann auch die Startseite verwendet werden.
- S lesen die Zettel und machen sich Gedanken zu den Fragen.
- In PA einigen sie sich auf eine Lösungsmöglichkeit.
- Die verschiedenen Lösungen werden im PL vorgetragen und verglichen.
- Im Anschluss daran können sich S über den eigenen Familienalltag austauschen. L steuert das Gespräch durch Fragen, wobei er darauf achten muss, nicht zu sehr ins Persönliche zu dringen.

Weitere Möglichkeit: Die Ideen der Schüler können mit dem ursprünglichen Text *Verzettelte Familie* (siehe LHB S. 154). verglichen werden.

S. 86 **15.**

Mündlicher Ausdruck: Rollenspiel gestalten
- S bilden Vierergruppen und verteilen die Rollen in Anlehnung an die Zettel und die Situation der vorangegangenen Aufgabe.
- Sie bereiten die Szene vor, indem sie sich Notizen dazu machen, wie die Unterhaltung der Familie am nächsten Morgen beim Frühstück verlaufen könnte. Sie sollen aber keinen fertigen Text vorformulieren.
- Sie spielen die Szene möglichst frei im PL vor.

S. 87–88 **Lesetexte**

L kann den Text *Was Petra von ihrem Vater denkt* kopieren, auseinanderschneiden und als Zuordnungsaufgabe (Alter – Gedanken) präsentieren. Anschließend kann der Text als Diskussionsanlass genutzt werden.

Die zwei Artikel *Idole: Papa statt Popstar; Vorbilder* hängen inhaltlich zusammen. Als Vorbereitung kann eine Gruppenumfrage über Vorbilder durchgeführt und die Ergebnisse mit den Textinhalten verglichen werden.

Arbeitsbuch

S. 78 **1.**

Weiterführung des Konjunktivs II
Als Einstieg kann kurz wiederholt werden, was in Lektion 4 bereits erarbeitet wurde.
In dieser Lektion kommen die direkte Bildung der Konjunktiv-Formen aller Verben sowie einige neue Funktionen hinzu.
Die Bildung wird anhand des Gedichtes im KB auf S. 80 bewusst gemacht.
- S sammeln im Gedicht alle Konjunktiv-Formen und schließen auf die Infinitiv-Formen.
- Sie untersuchen die Formen und stellen die Regelmäßigkeiten fest. L kann auf einige wichtige Ausnahmen (z. B. *kennen – kennte*) oder auf aktuelle sprachliche Tendenzen (z. B. *stehen – stünde/stände*) hinweisen.

- Anhand der Vorgaben füllen S die Tabelle zur Konjugation in EA aus. L legt die vollständige Tabelle auf Folie auf oder teilt sie aus, S kontrollieren ihre Lösung. L kann auch die Kopiervorlage im LHB verwenden.

→ KV S. 165
- L erläutert anhand der folgenden Beispiele einige Regeln zum Gebrauch.

Lösung:

Wirklichkeit	Hypothese
sie ist	sie wäre
ich habe	ich hätte
ich darf	ich dürfte
ich kann	ich könnte
ich muss	ich müsste
sie sehen	sie sähen
sie werden	sie würden
es bleibt	es bliebe
sie stehen	sie stünden
sie knirschen	sie knirschten
sie greifen	sie griffen
sie wissen	sie wüssten

	sehen	bleiben	nehmen	
ich	sähe	bliebe	nähme	**-e**
_du_	sähest	bliebest	nähmest	**-est**
er/sie/es	sähe	bliebe	nähme	**-e**
wir	sähen	blieben	nähmen	**-en**
ihr	sähet	bliebet	nähmet	**-et**
sie/Sie	sähen	blieben	nähmen	**-en**

Die anschließenden Übungen führen schrittweise von der Bildung des Konjunktivs II zur Anwendung in verschiedenen Funktionen. Die produktive Anwendung der direkt gebildeten Konjunktiv-Formen kommt bis auf einige Verben selten vor; S müssen diese verstehen, im mündlichen Gebrauch genügt aber die Umschreibung mit _würde+Infinitiv_.

S. 79 **2.**
Konjunktiv-Formen bilden
Hier wird die Bildung des Konjunktivs über die Bildung des Präteritums eingeübt. S füllen die Tabelle in EA aus.

Lösung:

Indikativ Präsens	Präteritum	Konjunktiv
bleiben	blieb	bliebe
fahren	fuhr	führe

LEKTION 9

Indikativ Präsens	Präteritum	Konjunktiv
finden	fand	fände
fliegen	flog	flöge
geben	gab	gäbe
gehen	ging	ginge
halten	hielt	hielte
kommen	kam	käme
lassen	ließ	ließe
laufen	lief	liefe
mögen	mochte	möchte
rufen	rief	riefe
schreiben	schrieb	schriebe
schlafen	schlief	schliefe
schlagen	schlug	schlüge
tragen	trug	trüge
tun	tat	täte
ziehen	zog	zöge
wissen	wusste	wüsste

S. 79–80 **3.**

Konjunktiv-Formen in einen Text einsetzen

Hier sollen S über die Bildung der entsprechenden Konjunktiv-Form hinaus die Verben in den Text einsetzen, so dass sie dabei auch auf das Prädikat und die richtige Konjugation achten müssen.

Den Text kann L später auch verwenden, um zu eigener Textproduktion anzuregen.

Lösung:

Mein Wunschtier wäre schwarz, tiefschwarz. Die Haare _wären_ schwarz, kurzum, es _wäre_ ein dunkles Tier. Es _hätte_ schöne Augen. Seine weißen Flügel _lägen_ eng am Körper. _Käme_ ich, um es in einen Stall zu bringen, _ginge_ es hinein, obwohl es gewohnt _wäre_, auf Wolken oder im Gras zu schlafen. Sein Name _wäre_ Hatatila el Rih, Wind der Winde. In der Früh, am Abend und zu Mittag _müsste_ es gefüttert werden. Es _fräße_ kleinen Wolkenhafer mit Genuss. In der Nacht _würde_ ich mit ihm ausfliegen.

Für einen Fremden _wäre_ es unsichtbar. Es _könnte_ mein bester Freund sein. Alle Probleme _könnte_ ich zu ihm tragen, und das Wunschtier _hätte_ großes Verständnis.

Säße ich auf seinem Rücken, _würde_ es sich in die Lüfte erheben, mit einer Schnelligkeit, die nicht der beste Galopper erreichen _könnte_. Ich _brauchte_ nicht mit dem Auto oder der Bahn zu fahren, ich und mein PEGASUS _wären_ viel schneller in der Luft. Die Leute im Flugzeug _sähen_ uns nur als weiß-schwarzen Strich vorbeiziehen. Einen Nachteil _hätte_ das fliegende Pferd schon: Ich _könnte_ es nicht mit aufs Zimmer nehmen. Aber das _würde_ nichts machen. Mit den Aufgaben _könnte_ ich

~~sein~~
sein, haben
liegen, kommen
gehen, sein
sein
müssen
fressen
werden
sein, können
können
haben
sitzen, werden
können
brauchen
sein
sehen
haben, können
werden, können

auch in den Stall meines Pferdes kommen. Es _könnte_ wirklich gut rechnen, seine Rechtschreibung _wäre_ perfekt, nur in Englisch _täte_ es sich ein bisschen mit der Aussprache schwer.
Natürlich _wäre_ der PEGASUS mein Geheimnis; _müsste_ er sich zeigen, dann _würde_ er seine Flügel verschwinden lassen. So _käme_ niemand hinter das Geheimnis.

> können
> sein, tun
>
> sein, müssen
> werden
> kommen

S. 80 **4.**
Konditionalsätze ergänzen
In dieser Übung werden die in Lektion 4 behandelten Formen wiederholt. Die Übung eignet sich auch als HA.

Lösungsmöglichkeiten:

Wenn ich erkältet wäre, …

wäre ich sehr müde und schlecht gelaunt.
würde/müsste ich sehr früh ins Bett gehen.
hätte ich keine Lust, fernzusehen oder zu lesen.
würde ich am Abend meine Freundin anrufen, damit sie mir erzählt, was alles passiert ist.
würde/könnte ich meine Mutter bitten, mir einen Tee zu kochen.
sollte/würde ich darauf achten, dass ich niemanden anstecke.
müsste/würde ich unseren Hausarzt aufsuchen.
müsste/würde ich die Medikamente nehmen, die er mir verschreibt.
müsste/würde ich viel Flüssigkeit trinken.
könnte/müsste/würde ich einige Tage zu Hause bleiben.
könnte/dürfte ich mindestens eine Woche nicht zum Training gehen.
müsste ich nachholen, was ich in der Schule versäumt habe.

S. 80 **5.**
Konditionalsätze bilden
- Zunächst sammeln S Ideen und sprachlichen Stoff zu der Ausgangsfrage, was Menschen glücklich machen würde.
- Sie bilden mit diesem sprachlichen Material Konditionalsätze nach dem Muster.

S. 81 **6.**
Vorstellungen mit dem Konjunktiv äußern
- S äußern hier bereits zusammenhängend in einigen Sätzen ihre Gedanken zum gewählten Satzanfang im Konjunktiv. Allerdings wird dazu eine angemessene Vorbereitungszeit benötigt. In dieser Form eignet sich die Übung auch als HA. Die Texte werden in der Stunde präsentiert.
- Es ist auch möglich, die Übung als Wettbewerb zu gestalten: S bilden Gruppen. Innerhalb einer bestimmten Zeit müssen sie zu einem Satzanfang so viele Ideen aufschreiben, wie sie können. Die Gruppe, die die meisten korrekten Sätze notiert hat, gewinnt.

S. 81 **7.**
Wünsche mit dem Konjunktiv ausdrücken
Anhand der beiden Beispielsätze kann die Struktur des irrealen Wunschsatzes besprochen werden: Dieser wird mit _wenn_ eingeführt, das finite Verb steht an letzter Stelle, die Satzaussage wird durch die Partikel _doch/doch nur/doch bloß_ verstärkt. Anstelle der Konjunktion _wenn_ kann auch das finite Verb treten.

LEKTION 9

- Auf reproduktive Weise bilden S zu den vier Bildern je einen Satz.
- Anschließend können sie einige eigene Wünsche formulieren.

S. 82 **8.**

Wünsche, Ratschläge, Vorschläge ausdrücken

In dieser Übung werden Beispiele dafür gezeigt, wie Meinungen, Ratschläge, Wünsche oder Vorstellungen mit Modalverben im Konjunktiv nuancierter ausgedrückt werden können. Das Ergänzen der Sätze ist zeitaufwendig, deshalb empfiehlt es sich, die Übung als HA machen zu lassen. Dabei können die Satzanfänge auch verändert werden, um sie der jeweiligen Situation anzupassen.

S. 82 **9.**

Vorschläge mit dem Konjunktiv formulieren

- Im ersten Schritt wird der sprachliche Stoff erarbeitet: S suchen in PA oder in Kleingruppen zusammenpassende Elemente in den drei Spalten. Sie können auch eigene Ideen in die Spalten aufnehmen.
- Anschließend formulieren sie ihre Ideen wie im Beispielsatz.

Lösungsmöglichkeiten:

Ich finde,
wir könnten im Schulhof Blumen anpflanzen/wir könnten auf den Gängen Schaukästen befestigen/wir könnten an die Fenster bunte Aufkleber kleben/wir könnten mit den Lehrern mehr Ausflüge machen/wir könnten in der Turnhalle ein großes Trampolin aufstellen/wir könnten im Keller moderne Werkräume einrichten/wir könnten die Klassen mit Laptops ausstatten/wir könnten am Jahresende ein tolles Fest veranstalten/wir könnten im Unterricht Filme sehen.

S. 83 **10.**

Mit dem Konjunktiv auffordern

Der Konjunktiv erscheint hier in den Funktionen der Bitte und der Aufforderung im Vergleich zum Imperativ.

- S sollen zunächst den Unterschied erkennen: Sie ordnen die Ausdrücke nach dem Grad der Höflichkeit. Als Lösungshilfe kann L angeben, dass Imperativformen direkter, Konjunktivformen höflicher sind.
- Im zweiten Schritt formulieren S mit diesen Strukturen Sätze zum Bild, z.B.:

Mach endlich Ordnung!
Könntest du vielleicht mal die Musik leiser drehen?
Du solltest endlich einmal sauber machen!
Sei doch ein bisschen rücksichtsvoller!
Es wäre schön, wenn du wenigstens zu Hause nicht rauchen würdest!

S. 83 **11.**

Mit dem Konjunktiv höfliche Bitten formulieren

Von den vorangegangenen Strukturen wird hier die höfliche Bitte noch einmal aufgegriffen und geübt. Die Übung eignet sich auch als HA.

Lösung:

Könntest du/Würdest du bitte den Tisch nach dem Essen abräumen?
Könnte ich noch ein Brötchen haben?/Möchtest du noch ein Brötchen haben?
Könntest du bitte schnell Brot und Milch holen?
Würdest du mir bei der Gartenarbeit helfen?

Könntest du mir für Kinokarten etwas Geld geben?
Würdest du bitte Oma zum Geburtstag einladen?
Könntest du mir dein Fahrrad leihen?/Dürfte ich mir dein Fahrrad leihen?

S. 84 **12.**
Schreiben vorbereiten: zwei Briefe zusammensetzen
- Als Vorbereitung des eigenen Schreibens sollen S die Sätze sortieren: Sie ordnen sie den zwei Personen aufgrund der Aufgabenstellung inhaltlich zu (a).
- Die Sätze beider Briefe werden in eine logische Reihenfolge gebracht (b).
- Zur Kontrolle schreiben S die Briefe in ihrer ursprünglichen Form in ihre Hefte.

Lösung:

Liebe Renate,
wie geht es dir? Mir geht es zurzeit nicht so gut, weil meine Eltern so streng sind. Ständig möchten sie, dass ich für die Schule lerne. Wenn ich mal eine schlechte Note habe, schimpfen sie gleich. Nur weil ich eine Vier in Mathe hatte, durfte ich nicht ins Kino gehen. Letztens wollten sie sogar mein Taschengeld kürzen. Wenn das so weitergeht, wechsle ich die Eltern. Hast du auch Probleme zu Hause? Schreib mir darüber!
Gruß und Kuss
deine Freundin Anna

Hallo Emil,
wie geht es dir? Mir ginge es besser, wenn mich nicht meine Geschwister so nervten. Du kannst dir nicht vorstellen, wie lästig die Kleinen sind. Zuerst mein Bruder Klaus: Er will ständig an meinen Computer. Meine Eltern sagen, ich soll ihn doch auch mal spielen lassen. Außerdem soll ich jeden Mittwoch auf die kleine Kerstin aufpassen. Sie möchte dann immer „Mensch ärgere dich nicht" mit mir spielen. Dabei lasse ich sie immer gewinnen, weil sie sonst gleich weint. Und wenn die Kleinen weinen, dann bin immer ich schuld, weil ich der Größere bin. Wie kommst du mit deinen Geschwistern klar? Hast du einen guten Rat für mich?
Bis bald und liebe Grüße,
dein Freund Kurt

S. 84 **13.**
Schriftlicher Ausdruck: in einem informellen Brief ein Problem erörtern
Nach dem Beispiel der zwei zusammengesetzten Briefe schreiben S einen kurzen Brief zu einer konkreten Situation. Der Brief muss natürlich nicht auf einer wahren Begebenheit beruhen.

S. 85 **14.**
Mündlicher Ausdruck: diskutieren
- Als Vorbereitung formulieren S in zwei Gruppen typische Sätze, die in einem Streit zwischen Eltern und Kindern vorkommen, indem sie einige der vorgegebenen Satzanfänge beenden.
- Aus den zwei Gruppen werden Paare gebildet, die sich eine häufige Konfliktsituation aussuchen und dazu eine Diskussion gestalten. L kann auf die zu Beginn der Lektion im KB gesammelten Situationen verweisen. S können auch die Wendungen auf der Wortschatzseite (S. 86) zu Hilfe nehmen.

Wortschatz | Diskussionswortschatz; Eigenschaften von A bis Z

Der Diskussionswortschatz lässt sich gut bei den Rollenspielen einsetzen.
Die Liste der Eigenschaften kann parallel zu Teil B im KB benutzt werden. Die Liste kann natürlich auch ergänzt werden.

LEKTION 10

Warst du schon mal in Fantasia?

In dieser Lektion werden Wünsche, Vorstellungen und Träume zur Sprache gebracht. Auch die Berufswahl wird hier nur unter diesem Aspekt bearbeitet. Bei der Durchführung vieler Aufgaben sollen S ihre Fantasie und Kreativität einsetzen. Grammatikalisch wird in der Lektion die Steigerung der Adjektive wiederholt.

Kursbuch

A | Warst du schon da ...?

Mit dem Lied von Gerhard Schöne werden S in die Welt des Traumes und der Fantasie eingeführt. Die nachfolgenden Übungen helfen beim Verstehen des Inhalts und bei der Interpretation des Liedes.

S. 91 **1.**

Textarbeit: Hören und Lesen

Das Hören soll auf das Thema einstimmen. Um die Erarbeitung des Liedtextes zu ermöglichen, ist der Text im KB auf S. 90 abgedruckt.

- Mögliche Fragen zur Vorbereitung des Liedes:
  - *Wie stellst du dir das Land Fantasia vor?*
  - *Wie sind die Leute dort?*
  - *Was könnte dort nie passieren?*
  - *Wie wäre es in deinem Traumland?*
- Das Lied wird abgespielt.
- Beim zweiten Hören lesen S den Text mit. Sie unterstreichen dabei die ihnen unbekannten Wörter. Diese werden anschließend im PL geklärt.
- S lesen den Text noch einmal und füllen das Flussdiagramm in EA aus. Dieses folgt der Struktur des Textes, sodass durch das Sammeln der Informationen aus dem Liedtext dieser gleichzeitig erarbeitet wird. Dabei ist es nicht notwendig, dass S die Informationen wortwörtlich aus dem Text übernehmen.
- Die Lösung wird im PL besprochen.
- Weitere Möglichkeit: S können ein Bild oder eine Collage über „Fantasia" zusammenstellen. Mit diesen Arbeiten kann eine Ausstellung in der Klasse organisiert und die besten können für das WIR-Buch ausgewählt werden. Zur Besprechung der Bilder kann L folgende Fragen stellen:
  - *Was von euren Bildern ist nur in der Fantasie möglich?*
  - *Existiert irgendetwas von euren Bildern auch in der Wirklichkeit?*
  - *Wie könnten die Vorstellungen wahr werden?*

→ AB 1–6

Gerhard Schöne 1952 geboren, wuchs in einem sächsischen Pfarrhaus mit fünf Geschwistern, mehreren Tieren und Instrumenten auf. Mit 13 Jahren erste eigene Lieder. Beruflicher Zickzackweg: Korpusgürtler, „Volksmissionarischer Mitarbeiter im Reisedienst", Mitarbeit im Jugendpfarramt Dresden, Briefträger und Fernstudent für Musik, Wehrersatzdienst „Baueinheit".

Seit 1979 freiberuflicher „Liedermacher". Mehrere Platten und Bücher für Erwachsene und Kinder.
Verheiratet mit einer Ärztin. Eine Tochter. Ein Kater.

(Gerhard Schöne)
www.gerhardschoene.de

Lösung:

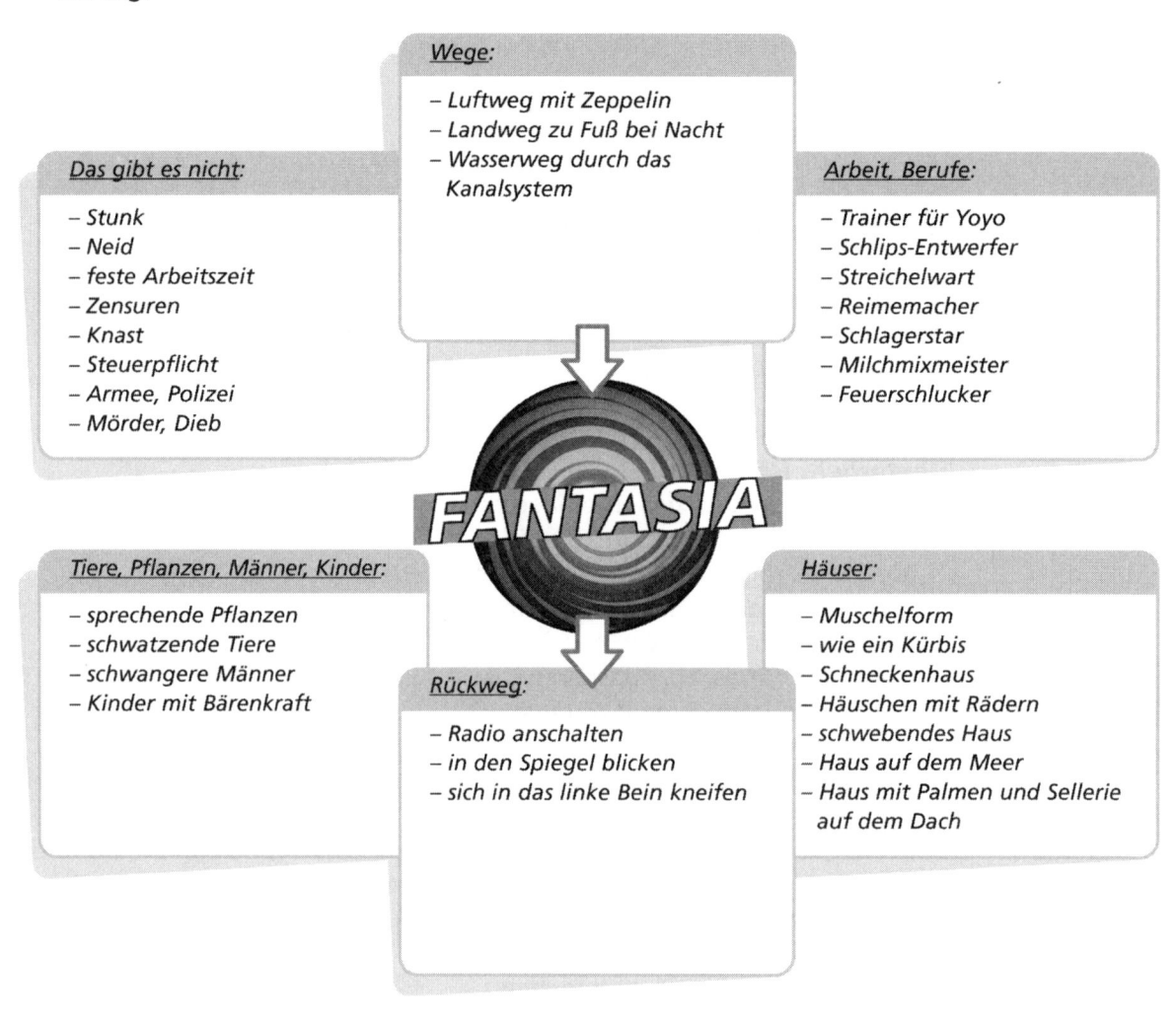

Wege:
- Luftweg mit Zeppelin
- Landweg zu Fuß bei Nacht
- Wasserweg durch das Kanalsystem

Das gibt es nicht:
- Stunk
- Neid
- feste Arbeitszeit
- Zensuren
- Knast
- Steuerpflicht
- Armee, Polizei
- Mörder, Dieb

Arbeit, Berufe:
- Trainer für Yoyo
- Schlips-Entwerfer
- Streichelwart
- Reimemacher
- Schlagerstar
- Milchmixmeister
- Feuerschlucker

FANTASIA

Tiere, Pflanzen, Männer, Kinder:
- sprechende Pflanzen
- schwatzende Tiere
- schwangere Männer
- Kinder mit Bärenkraft

Rückweg:
- Radio anschalten
- in den Spiegel blicken
- sich in das linke Bein kneifen

Häuser:
- Muschelform
- wie ein Kürbis
- Schneckenhaus
- Häuschen mit Rädern
- schwebendes Haus
- Haus auf dem Meer
- Haus mit Palmen und Sellerie auf dem Dach

S. 91 **2.**
Wortschatzarbeit: Wörter erklären
Die angegebenen Wortzusammensetzungen ergeben ungewöhnliche Wörter, für die S in Kleingruppen Erklärungen formulieren sollen. Diese Umschreibungen sind durch verschiedene sprachliche Strukturen möglich. So wird den S außerdem die Bildung der Komposita bewusst.

S. 91 **3.**
Wortschatzarbeit: Wörter erfinden
Aufgrund der vorhergehenden Aufgabe können S hier selbst kreativ werden und eigene Wortzusammensetzungen bilden, die dann ebenfalls erklärt werden können. Hierbei ist auch die vorgeschlagene Vorarbeit zur Erarbeitung des Liedtextes in Form einer Collage zu „Fantasia" nützlich.

LEKTION 10

S. 91 **4.**

Projektaufgabe

Als Weiterführung in Richtung Kreativität und Fantasie kann ein Wettbewerb stattfinden: S zeichnen, malen oder bauen das Modell eines fantastischen Hauses in EA oder in PA und stellen das fertige Werk der Gruppe vor.

Der grammatische Stoff der Adjektivsteigerung lässt sich an mehreren Stellen einführen, hier bietet sich eine gute Gelegenheit dazu. Man kann beim Vergleich der fertigen Produkte darüber sprechen, welches Haus schöner größer/höher/am schönsten usw. ist. Zur Bearbeitung des Problems ist außerdem das Märchen von Bertolt Brecht auf S. 95 im KB sehr gut geeignet.

→ AB 7–12

Ergänzend zu diesem Teil eignen sich die Schülertexte im LHB auf S. 155.

B | Traumberufe

Die Aufgaben dieses Teils berühren den Themenkreis Berufe. Hier geht es ausschließlich um Traumberufe von Jugendlichen; zur ausführlicheren Bearbeitung des Themenkreises kommt es in Lektion 12.

S. 92 **5.**

Hörverstehen: Aussagen überprüfen

- Beim ersten Hören sollen S die Aussagen global verstehen und nur den Beruf notieren (a).
- Vor dem zweiten Hören lesen sie die angegebenen Sätze und entscheiden beim Hören, ob diese richtig oder falsch sind (b).

Lösung:

	richtig	falsch
1. *Christian* taucht seit neun Jahren.	☐	■
2. Ein Meeresbiologe beschäftigt sich mit dem Meereswasser und mit den Fischen.	■	☐
3. Ohne Tauchschein darf man nicht Meeresbiologie studieren.	☐	■
4. Die Arbeit im Labor findet Christian langweilig.	☐	■
1. *Katharina* möchte kranken Menschen helfen.	■	☐
2. Das Medizinstudium dauert lange.	■	☐
3. Wenn man Ärztin werden will, muss man zuerst Assistenzärztin werden.	■	☐
4. Katharina würde gerne in Afrika Urlaub machen.	☐	■
1. *Guido* möchte Schreiner werden, weil er gern mit Holz arbeitet.	■	☐
2. Guido findet die Arbeit eines Zimmermanns körperlich anstrengend.	■	☐
3. Die Ausbildung der Zimmermänner und der Schreiner erfolgt in der entsprechenden Schule.	☐	■
4. Die Gesellen bilden die Lehrlinge aus.	☐	■

S. 92 **6.**

Selektives Hören: bestimmte Informationen notieren

- Beim erneuten Hören konzentrieren sich S in dieser Übung nur auf die Aufgaben der drei Berufe und notieren diese in der Tabelle.
- Nach dem Hören können sie die Tabelle mit weiteren Tätigkeiten ergänzen.

Lösung:

Ärztin:	Zimmermann / Schreiner:	Meeresbiologe:
– muss lange studieren	– muss zuerst in einem Betrieb Lehre machen	– untersucht Wasserproben und Fische
– wird zuerst Assistenzärztin	– wird nach drei Jahren Geselle und erst dann Meister	– berichtet über die Untersuchungen
– rettet Leben	– arbeitet mit Holz	– braucht einen Tauchschein und ein Studium
...	– macht gestalterische Arbeiten im und am Haus	– führt Analysen im Labor durch
	– hat eine körperlich anstrengende Arbeit	...
	...	

S. 93 **7.**

Mündlicher Ausdruck: über Berufsvorstellungen erzählen

Die Aufgaben 5 und 6 bereiten S auf das Formulieren ihrer eigenen Berufswünsche vor. Dazu sind Satzstrukturen vorgegeben. S können sich entscheiden, ob sie den ersten oder den zweiten Kasten zu Hilfe nehmen: Die Ausdrücke im ersten beschreiben reale Absichten, die Ausdrücke im zweiten Wünsche und Vorstellungen. Beide bereiten eine längere, zusammenhängende Äußerung vor, wobei natürlich nicht alle Sätze verwendet werden müssen. Ziel ist, dass S nach Vorbereitung in einigen Sätzen zusammenhängend über ihre Berufsvorstellungen erzählen können.

C | Hier hab'ich meine Ruhe

Dieser Teil schließt das Thema Träumen mit Schülertexten ab, in denen auf den Aufruf des Jugendmagazins JUMA hin der persönliche Lieblingsplatz beschrieben wurde.

S. 93–94 **C**

Schriftlicher Ausdruck: einen Leserbrief schreiben

- Zunächst wird der erste Text auf S. 93 gelesen und besprochen. L kann das Verstehen durch Fragen kontrollieren:
  – Wo ist der Lieblingsplatz von Nicole?
  – Wann geht sie dorthin?
  – Was mag sie daran?
  – Was macht sie dort?
  – Wann ist es dort am schönsten?
- Nachdem der Aufruf des JUMA auf S. 94 besprochen worden ist, können S einen weiteren Text wählen, den sie in EA lesen.
- Anschließend berichten sie einander, worüber sie gelesen haben.
- Aufgrund der Texte schreiben S eigene Texte, in denen sie auf die obigen Fragen antworten. Diese können zur Strukturierung des Schreibvorgangs an der Tafel stehen.

Wenn S einen wirklichen Leserbrief schreiben, sollten sie darauf achten, dass der Text einen Adressaten hat: Redaktion des JUMA/Leserkreis des Internet usw.

LEKTION 10

Lesetexte

Der Text von Bertolt Brecht kann zum Abschließen des Themenkreises Traum verwendet werden und ist in erster Linie als Sprechanlass gedacht, dabei leistet auch die Zeichnung Hilfestellung. Zugleich führt dieser Text oder auch andere Märchen zur Bearbeitung des grammatischen Themas der Adjektivsteigerung über.

→ AB 7–12   Der Text ist auf der Kassette/CD zu hören.

An dem Artikel *Zukunftwerkstatt für Jugendliche* kann man die Technik üben, sich Notizen zu machen. L kann Stichworte angeben, neben die S die Informationen notieren (z. B. *Veranstalter, Datum der Eröffnung, Titel der Jugendinitiative, Ziel der Jugendinitiative, Anzahl der Städte, Alter der Jugendlichen die angesprochen werden, Themen des Kreativwettbewerbs*).

Zu dem Prospekt *Kopfreisen* kann L auf Zettel Fragen notieren und diese unter den S austeilen, die diese beim Lesen beantworten. Dann ruft er S in der Reihenfolge der Fragen auf. So kann der Inhalt des Textes wiedergegeben werden.
Mögliche Fragen:

1. Was sind Kopfreisen?
2. Wo gibt es die Flugtickets dafür?
3. Was ist mit „Flugtickets" gemeint?
4. Was ist Kopfreisen **nicht?**
5. Warum wirst du da nicht braun?
6. Was musst du unbedingt einpacken?
7. Wo und wann machst du den Urlaub?
8. Welchen Rat bekommt man für unterwegs?

Arbeitsbuch

S. 87 **1.**
Mündlicher Ausdruck: über Wünsche und Träume sprechen
In dieser Aufgabe kommt der Konjunktiv II zur produktiven Anwendung.
- S füllen zunächst in EA die Ich-Spalte aus. Falls nötig, sollten die Fragen im Voraus geklärt werden.
- Sie fragen im nächsten Schritt ihren Partner und machen sich dazu Notizen.
- Sie tragen anschließend im PL zusammenhängend vor, was sie über den anderen in Erfahrung gebracht haben.

Es empfiehlt sich, mit diesem persönlichen Thema sensibel umzugehen.

S. 88 **2.**
Schriftlicher Ausdruck: zu einem Gegenstand eine Geschichte erfinden
- Zur Vorbereitung des eigenen Schreibens ordnen S die Abbildungen, die Wörter und die Erklärungen einander zu (a). Dabei wird der Wortschatz zur Beschreibung eines Gegenstandes vermittelt. Diese Wörter können auch an der Tafel gesammelt werden.
- S wählen einen der abgebildeten Gegenstände aus und erfinden dazu eine kleine Geschichte. Der Schreibprozess wird durch die angegebenen Hilfsfragen, die noch erweitert werden können, gesteuert (b).

Lösung:

2	Aus einer kleinen Nussschale gemacht. An einem Streichholz sind die Segel befestigt. So segle ich um die Welt.	Schiffchen
5	Hängt an einer Schnur, ist länglich mit einem Loch zum Hineinblasen. Das kann ganz schön laut werden.	Trillerpfeife
7	Es ist klein und aus Silber. Auf beiden Seiten hat es schöne Gravuren. Es funktioniert mit Gas oder Benzin.	Feuerzeug
1	Nur eine einfache Muschel mit einem Loch für den Ring. Du kannst noch das Meer riechen.	Schlüsselanhänger
9	Klein, kostbar, mit einem schönen Diamanten passt er genau an meinen rechten Finger.	Ring
3	Ist rund, mit einem Metallrand und einem Glasdeckel. Zeigt dir die Himmelrichtungen, wenn du dich verlaufen hast.	Kompass
8	Es ist ganz aus Gold und hängt an einer goldenen Kette. Wenn man den runden Deckel aufmacht, kann man das Foto eines Freundes sehen.	Medaillon
4	Dieser hier ist aus Blech, schön verziert hängt er an einem Band. Ich habe ihn für ganz besondere Verdienste bekommen.	Orden
6	Es hat einen hölzernen Griff und zwei Klingen zum Aufklappen. Auch ein Flaschenöffner und eine Schere sind dabei.	Taschenmesser

S. 89 **3.**

Mündlicher Ausdruck: einen Gegenstand beschreiben

S wählen jetzt einen eigenen kleinen Gegenstand, den sie interessant finden, und beschreiben ihn nach dem Muster der vorangegangenen Aufgabe im PL.
- Zur Vorbereitung machen sie sich Notizen zu den angegebenen Fragen.
- Mithilfe ihrer Notizen stellen sie ihren Gegenstand in zusammenhängenden Sätzen vor, wobei es natürlich interessanter ist, wenn sie den Gegenstand auch zeigen.
- Weitere Möglichkeit: Wenn alle Gegenstände in den Unterricht mitgebracht und ausgestellt werden, können S zu jeder Beschreibung den entsprechenden Gegenstand heraussuchen. Das dient auch der Verstehenskontrolle.

S. 89 **4.**

Redewendungen verstehen
- Im ersten Schritt versuchen S die Bedeutung der Redewendungen zu erraten. Zur Kontrolle können sie in einem Wörterbuch nachschlagen (a). Bei muttersprachlich heterogenen Gruppen werden die Bedeutungen umschrieben.
- Nachdem die Bedeutungen geklärt worden sind, versuchen S die passenden Wendungen in die Kontexte einzusetzen (b).

Lösung:

- *Das fällt mir nicht im Traum ein!/Ich denke nicht im Traum daran!/Du träumst wohl!*
- *Du träumst doch mit offenen Augen.*
- *Der Traum ist ausgeträumt.*
- *Das Ganze kommt mir wie ein Traum vor.*

/ LEKTION 10

S. 89 **5.**

Sprachliche Strukturen üben

Die Übung greift auf das Lied im KB auf S. 90 zurück und übt dabei den Wortschatz und die Verwendung und Unterscheidung der Konstruktionen *träumen von*+Substantiv im Dativ bzw. *träumen davon*+Nebensatz.

S. 90 **6.**

Textsortenmerkmale erkennen

Hier geht es in erster Linie darum, dass S die Technik, sich Notizen zu machen, am Beispiel wiederholen und reproduktiv anwenden.
- Der Text sollte gemeinsam gelesen werden, um unbekannte Wörter zu klären.
- Nach dem Lesen des Textes werden seine Charakteristika besprochen. Die fettgedruckten Teile stellen Planung dar: Es sind kurze nominale Einheiten, die Verben stehen im Infinitiv. Die Wirklichkeit dagegen liest sich wie ein Tagebucheintrag: Es wird ausführlich beschrieben, mit subjektiven Anmerkungen und Bewertungen versehen. In muttersprachlich homogenen Gruppen kann man darüber selbstverständlich in der Muttersprache sprechen.
- Ausgehend vom Text können S einen eigenen Plan schreiben und dann schriftlich oder mündlich auswerten, wie viel sie davon verwirklichen konnten (b).

S. 91 **7.**

Die Steigerung des Adjektivs systematisieren

In Märchen kommen Vergleiche besonders oft vor, das zeigt auch das Beispielzitat. Das Märchen von B. Brecht im KB auf S. 95 kann ebenfalls als Beispiel dienen.
Anhand des Beispiels können die drei Steigerungsstufen in Erinnerung gerufen werden.
- S sammeln aufgrund ihrer Kenntnisse Beispiele in den vier Tabellen. Dabei können sie sich gegenseitig helfen.
- Die Beispiele werden an der Tafel zusammengetragen. Diese können mithilfe der Kopiervorlage kontrolliert und ergänzt werden. L weist darauf hin, dass Adjektive im Komparativ und im Superlativ dieselben Endungen bekommen wie Adjektive im Positiv, sofern sie attributiv verwendet werden.

→ KV S. 166

Lösung:

In die erste Tabelle werden die regelmäßig gebildeten Formen eingetragen.

Positiv	Komparativ	Superlativ
schön	schöner	schönst-
klein	*kleiner*	*kleinst-*
dünn	*dünner*	*dünnst-*
leise	*leiser*	*leisest-*
...	...	...

Die zweite Tabelle enthält Adjektive, die bei der Steigerung einen Umlaut bekommen.

Positiv	Komparativ	Superlativ
klug	klüger	klügest-
alt	älter	ältest-
warm	*wärmer*	*wärmst-*
groß	*größer*	*größt-*
...	...	...

In der dritten Tabelle sind Adjektive zu finden, die auch den Stamm verändern.

Positiv	Komparativ	Superlativ
gut	besser	best-
gern	lieber	liebst-
viel	mehr	meist-

In die letzte Tabelle kommen Formen, die eine Besonderheit aufweisen.

Positiv	Komparativ	Superlativ
hoch	höher	höchst-
nah	näher	nächst-
dunkel	dunkler	dunkelst-

S. 91 **8.**
Adjektive in der richtigen Form einsetzen
- L gibt die Situation an: Zwei Häuser werden verglichen. Im Text kommen Adjektive in allen drei Stufen vor. In einigen Fällen müssen sie auch dekliniert werden.
- Zur Verstehenskontrolle können S die zwei Häuser auch zeichnen.
- Wenn als Ergebnis der Aufgabe 4 im KB Fantasiehäuser entstanden sind, können diese als Weiterführung der Übung ebenfalls verglichen werden.

Lösung:

Das Haus links ist viel _moderner_ und _merkwürdiger_. In diesem _sechsstöckigen_ Gebäude befinden sich wahrscheinlich _mehr_ Wohnungen als im anderen. Sie sind allerdings _kleiner_ als im Haus rechts, das ein Altbau ist. Da sind die Wohnungen auch _höher_ als in einem Neubau. Deshalb muss man für die Heizung _mehr_ ausgeben. Der _bunte_ Turm und die Dachterrasse mit den vielen Pflanzen gefallen mir am _besten_. Wegen der Bäume vor dem Haus sind die Wohnungen nicht so _hell_ wie im Nachbarhaus.

S. 92 **9.**
Vergleichssätze analysieren
- Anhand der Zitate sollen die Regeln bei Vergleichen besprochen werden: Die Konjunktion *als* wird verwendet, wenn das Adjektiv im Komparativ steht, *wie* wird verwendet, wenn es im Positiv steht. Dabei ist nicht der inhaltliche, sondern der formale Aspekt das maßgebende Kriterium: z. B. *Das Bett ist doppelt so lang wie das Sofa.*
Es ist außerdem wichtig, auf den Ausdruck *anders als* hinzuweisen.
- Anschließend bilden S ihre eigenen Beispielsätze zu den Zeichnungen.

S. 92 **10.**
Vergleichssätze bilden
Anhand des Beispiels und mithilfe des Bildes auf S. 91 bilden S Vergleichssätze zu der angegebenen Situation. Das kann auch in PA erfolgen. Für starke S bietet es sich an, einen kleinen Text zu verfassen, hier ein Beispiel:

Der Roland, der ist zwar schön, aber Arthur sieht viel viel intelligenter aus. Nur, der ist so dick! ... Da hat Roland schon eine bessere Figur.
Aber ist er nicht etwas dumm? Wahrscheinlich ist er der Dümmste von allen.
Otto? Otto ist nicht dumm, sieht zwar nicht so gut aus wie Roland, aber auf jeden Fall viel besser als Arthur. Wenn er nur nicht an allem etwas zu kritisieren hätte.
Gibt es denn keinen Prinzen in der Welt, der ... ?

LEKTION 10

S. 92 **11.**

Superlative attributiv gebrauchen

In den Beispielen sind die attributiven Konstruktionen mit Superlativ hervorgehoben. Diese werden von S – gegenüber der prädikativen Form *am -sten* – erfahrungsgemäß selten verwendet. Zur Bewusstmachung dieser Struktur suchen S weitere Rekorde als HA, die in der nächsten Stunde präsentiert werden. Der Aufgabe kann man auch Wettbewerbscharakter verleihen, indem die Rekorde als Multiple-Choice-Aufgabe oder Rätsel präsentiert werden und die anderen etwas schätzen oder erraten müssen.

S. 92 **12.**

Gesteigerte Adjektive frei verwenden

Auch hier wird angestrebt, Superlative attributiv zu verwenden. Natürlich sind in den Zwischenschritten auch andere Formen der Komparation möglich.
- In Gruppen legen S zuerst fest, was sie herausfinden möchten (a).
- Dann werden die Rekorde durch die Auswertung von Umfragen aus Kleingruppen ermittelt und im PL präsentiert (b).
- Die Gruppe kann nun aufgrund der Ergebnisse ein eigenes Buch der Rekorde zusammenstellen. Diese Liste kann im WIR-Buch abgelegt werden.

Wortschatz | Das Reich der Träume

Diesem Thema kann aus inhaltlichen Gründen nur schwer ein Wortschatz zugeordnet werden, deshalb wird das Wort *Traum* in den Mittelpunkt gestellt und unter verschiedenen Gesichtspunkten untersucht: als Wortfamilie; in Komposita; mit Attributen; Ausdrücke, die als Synonyme gelten können.

LEKTION 11

Jugendliche unterwegs

Im Mittelpunkt der Lektion stehen die Themen Reiseplanung, Reisevorbereitungen, Reisebericht. Folgende Sprechabsichten kommen vor: Vorschläge machen, Gegenargumente bringen, zustimmen oder etwas ablehnen, Gleichgültigkeit ausdrücken.

Die meisten der hier zu bearbeitenden Texte „spielen" in der Schweiz. Wenn es die Möglichkeit gibt, mit der Gruppe eine Reise (z. B. Schüleraustausch, Studienreise) zu unternehmen, kann die dazu gehörende Projektarbeit in diese Lektion eingebaut werden.

Durch das Thema Reisen wird der Gebrauch von Orts- und geografischen Namen und Präpositionen wiederholt.

Kursbuch

A | Was würdest du mitnehmen?

Das Thema Fantasie und Traum der vorangegangenen Lektion wird hier weitergeführt, gleichzeitig wird ein Teil des zum Thema Reisen gehörigen Wortschatzes und der Konjunktiv wiederholt.

S. 98–99 **1.**
Vom Wort zum Satz
- S verbinden die Wörter mit den Bildern der Gegenstände in EA (a). L kann die Bilder auf Folie kopieren und das entsprechende Wort zur gemeinsamen Kontrolle eintragen lassen. Mit den Wörtern und den Bildern können S auch ein Memoryspiel basteln. Sie können dazu auch weitere Wörter sammeln und dazu selbst Zeichnungen anfertigen.
- S füllen die Tabelle (b) mit passenden Wörtern und Wortverbindungen in PA aus: Die Gegenstände werden nach Reisezielen gruppiert und es werden ihnen passende Aktivitäten zugeordnet.
- S bilden mit dem so zusammengestellten Wortschatz Sätze nach dem angegebenen Muster. Dabei wiederholen sie den Konjunktiv (c).

→ AB 1–2, 3–4

S. 99 **2.**
Mündlicher Ausdruck: über Vorstellungen sprechen
- Bei der Vorbereitung dieser Aufgabe helfen den S die angegebenen Fragen sowie der Wortschatz und die Strukturen aus der vorangegangenen Übung: S überlegen sich Antworten auf die Fragen, machen sich dazu Notizen und erzählen dann zusammenhängend in einigen Sätzen über ihre Traumferien.
- Es ist auch möglich, die Aufgabe in PA als Interview zu gestalten.

B | „Die 9-Seen-Velotour"

In diesem Teil der Lektion wird die Fahrradtour einer Gruppe Jugendlicher in der Schweiz, die so genannte „9-Seen-Velotour", beschrieben.

S. 100 **3.**

Detailliertes Lesen
- Der Einleitungstext wird gemeinsam gelesen, unbekannte Wörter werden besprochen.
- In EA oder PA vergleichen S die Kartenskizze mit dem abgedruckten Programm der Radtour und ergänzen die Karte entsprechend der Angaben des Programms.
- L kopiert die Strecke auf Folie oder zeichnet sie an die Tafel und lässt die Angaben zur gemeinsamen Kontrolle eintragen.

→ AB 5–11

s Velo: aus dem Französischen, schweizerisch für Fahrrad

S. 101 **4.**

Mündlicher Ausdruck: Hypothesen zu Bildern aufstellen
- S arbeiten in Kleingruppen. Sie betrachten die Bilder und versuchen, die jeweilige Situation zu beschreiben.
- Weitere Möglichkeit: S können sich zu den abgebildeten Situationen auch Dialoge ausdenken oder die Bilder mit Denk- und Sprechblasen versehen.

S. 101 **5.**

Mündlicher Ausdruck: Informationen zusammenfassen

S fassen an dieser Stelle die Informationen über die Fahrradtour mit eigenen Worten zusammen. Sie müssen das Programm von S. 100 mit Verben ergänzen und zu Sätzen ausformulieren. Dabei helfen ihnen die angegebenen Strukturen, die verwendet werden können, aber nicht alle verwendet werden müssen.

Ausgehend vom Tour-Programm können außerdem mithilfe der Übungen im AB die geografischen Namen und die Lokalangaben bearbeitet werden.

S. 102 **6.**

Mündlicher Ausdruck: Diskussion

In dieser Aufgabe soll es zu einem Situationsspiel und einer Diskussion kommen.
- Im PL wird die Ausgangssituation geklärt.
- Als Hilfestellung sind zur Vorbereitung der Diskussion einige mögliche sprachliche Mittel nach Sprechabsichten geordnet angegeben. Auch diese Liste sollte im PL besprochen werden. Da sie nicht vollständig ist, kann sie weiter ergänzt werden.
- Die Aufgabe sollte mithilfe einer Karte gelöst werden. S überlegen sich in PA mögliche Lösungen zur Ausgangssituation, setzen sich dann mit einem anderen Paar zusammen und diskutieren ihre jeweiligen Lösungsvorschläge. Sie versuchen, sich auf einen Vorschlag zu einigen, den sie anschließend im PL vorstellen.

S. 102 **7.**

Hörverstehen: Informationen notieren

Der Hörtext berichtet über eine andere Fahrradtour. Da er ziemlich lang und nicht einfach ist, werden ihm schrittweise immer mehr Informationen entnommen.
- Nach dem ersten Hören sollen S nur den globalen Inhalt erfassen und die Hauptinformationen notieren (a).
- Beim zweiten Hören füllen sie die Tabelle aus, die schon detailliertere Informationen erfragt (b).
- Nach dem zweiten oder ggf. dritten Hören können sie das Erarbeitete durch zusätzliche Informationen ergänzen (c).

→ AB 12–13

Lösung:

a)
Dauer: _zwei Tage_
Länge: _153 Kilometer (1. Tag: 80 km, 2. Tag: 73 km)_
Wetter: _sehr heiß_
Übernachtung: _in einer Turnhalle oder draußen_

b)

	Was für ein Fahrrad haben sie?	Wie oft fahren sie Rad?	Warum fahren sie Rad/ nehmen sie an der Tour teil?
Michaela, Veronika	Mountainbike	nicht so oft, wenn sie Zeit haben	fährt gern Fahrrad, wollte etwas in der Gruppe machen
Reiner	Mountainbike	ziemlich regelmäßig, in der Woche 80–120 km	möchte Spaß haben und etwas für seine Gesundheit tun
Ehepaar	Tandem	öfter	man ist unter Gleichgesinnten

C | Jugendherbergen

In diesem Teil wird auf einen anderen wichtigen Aspekt des Themas eingegangen: Unterkunftsmöglichkeiten für Jugendliche. Damit sind Lesetexte, ein Hörtext und eine Schreibaufgabe im AB verknüpft.

S. 103 **8.**

Selektives Lesen: einem Text bestimmte Informationen entnehmen
- S lesen den Prospekttext mit dem genauen Auftrag aus der Arbeitsanweisung, sie unterstreichen wichtige Informationen im Text und formulieren ihre Antworten in EA.
- Unbekannte Wörter und die Antworten der S werden besprochen.
- Als Vorbereitung der nächsten Aufgabe sollten im Rahmen eines Klassengesprächs Wörter semantisiert werden, die im folgenden Text vorkommen (_Schlafsaal, Einbettzimmer, Zweibettzimmer, Schlafsack, Bettwäsche, Frühstück, Anmeldeschein, Pass, Anreise, Abreise, Zimmerschlüssel_ usw.)

Lösung:

– _man trifft Leute aus aller Welt_
– _gute Stimmung; es ist cool_
– _man spart Geld_
– _man reist ohne Eltern_

S. 103 **9.**

Selektives Hören: Lücken in einem Text ergänzen
- Beim ersten Hören werden S mit der Situation und dem Text vertraut gemacht. L kann zum globalen Verstehen die Frage stellen: _Wo und wann spielt die Szene? Wer sind die Personen?_

LEKTION 11

- Der Text ist in voller Länge abgedruckt, allerdings mit einigen Lücken. S ergänzen diese beim zweiten Hören.
- Die Lösung wird durch das Vorlesen des Textes kontrolliert.
- Als Weiterführung kann die Situation nachgespielt werden.
- Als Ergänzungsmaterial kann die *Reservationskarte* auf der S. 156 im LHB genutzt werden.

→ AB 14

Lösung:

▪ Hallo! Kann ich dir helfen?
● Guten Tag! Ich hätte gern _ein Bett für vier Nächte._
▪ Hast du _vorbestellt_?
● Nein. Aber ich habe eine _Mitgliedskarte._
▪ Gut. Ich sehe gleich mal nach, wo wir noch etwas frei haben ... Ja ..., da wäre ein Platz in einem _Vierbettzimmer_ und noch mehrere Plätze im großen _Schlafsaal_ für 15 Personen. Welches Zimmer wäre dir lieber?
● Gibt es einen Unterschied im Preis?
▪ Ja, das Vierbettzimmer kostet _23,-_ Mark pro Nacht, das andere _17,-_ Mark.
● Dann nehme ich lieber das _Vierbettzimmer._
▪ Hast du einen _Schlafsack_ dabei?
● Nein.
▪ Dann musst du noch 3,- DM extra für Bettwäsche _zahlen._
● OK. Und wie ist es mit dem _Frühstück_?
▪ Frühstücken kannst du hier nebenan, jeden Tag von _7_ bis _10_ Uhr. Das Frühstück kostet 5,- Mark. So, jetzt füllst du bitte mal diesen _Anmeldeschein_ aus. Deinen _Pass_ musst du da lassen. Den kriegst du vor deiner Abreise zurück ... Fertig? Hier hast du deinen Schlüssel für das Zimmer. Es ist im ersten Stock, gleich rechts. Um _Mitternacht_ wird die Eingangstür geschlossen. Bis dahin solltest du möglichst zurück sein. Sonst musst du klingeln.
Kennst du dich in dieser _Stadt_ aus?
● Nein, ich bin zum ersten Mal da.
▪ Am Eingang findest du Prospekte über die _Sehenswürdigkeiten_, und ein kleiner Stadtplan ist auch dabei. Wenn du noch Fragen hast, helfen wir dir gern weiter. Schönen Aufenthalt!
● Danke!

S. 104 **10.**

Textarbeit: Inhalte vergleichen

Der Text behandelt auch das Thema der Jugendherberge, allerdings basiert er auf eigenen Erfahrungen des Schreibers und schildert seine subjektiven Eindrücke. Dem gänzlich positiven Prospekttext von S. 108 gegenüber enthält er auch Kritik, lässt sich also gut mit Ersterem vergleichen. Er beinhaltet ergänzende Informationen und Aspekte, allerdings in sprachlich schwieriger Form, daher ist sein Einsatz fakultativ.

- Beim Lesen markieren S schon bekannte Informationen, neue Inhalte sowie Teile, die dem früher Gelesenen widersprechen, mit unterschiedlichen Farben.
- Die Ergebnisse können zunächst in GA, dann im PL besprochen werden.

Lösung:

Stimmt mit dem Prospekt überein:
– *weltoffene Atmosphäre*
– *internationales Publikum, man lernt Jugendliche aus aller Welt kennen*

Neue Information:
– *es gibt einen Gemeinschaftsraum mit Spielmöglichkeiten: Billard, Fußballkasten, Musikbox, Fernseher*
– *Männer und Frauen sind getrennt untergebracht*
– *auch Ältere wohnen hier (die Hälfte der Besucher ist über 30)*

Widerspricht dem Prospekt:
- *in der Schweiz sind auch Jugendherbergen nicht billig*
- *die Zimmer sind klein, eng, einfach eingerichtet; es riecht mottig; die Matratze ist weich*
- *ab halb sieben kann man wegen des Lärms nicht mehr schlafen*

S. 104 **11.**
Mündlicher Ausdruck: über Erfahrungen sprechen
Diese Aufgabe schließt das Thema mit einem Gespräch ab. S berichten über eigene Erfahrungen in Jugendherbergen oder äußern sich darüber, ob sie das gern ausprobieren würden. Außerdem kann weiterer Wortschatz zum Thema Übernachtungsmöglichkeiten gesammelt werden (*das Hotel, die Pension, das Privatzimmer/das Fremdenzimmer, der Campingplatz, das Studentenwohnheim* usw.)

Lesetexte

Die zwei kurzen Artikel *Teddys reisen um die Welt* und *Gartenzwerge auf Weltreise* eignen sich zum Vergleich: Wer reist? Wie? Wie lange?

Der Schülertext *Frei auf zwei Rädern* beschreibt subjektive Empfindungen und passt inhaltlich zu Teil A der Lektion. Er kann als Ausgangspunkt zum Beschreiben eigener Empfindungen genutzt werden.

Zum Verstehen des Tests *Bist du ein sanfter Tourist?* ist es notwendig, den Begriff „sanfter Tourismus" zu klären. S machen den Test in EA und vergleichen ihre Ergebnisse. Sie können auch weitere Testfragen erfinden, die dieser Test beinhalten könnte.

Arbeitsbuch

S. 94 **1.**
Wortschatz wiederholen
Nach Aufgabe 1 im KB werden die Wörter hier noch einmal geübt und variiert. Die Übung kann auch als Wettbewerb durchgeführt werden: Wer innerhalb einer bestimmten Zeit die meisten Wörter bildet, gewinnt.

Lösungsmöglichkeiten:

e Schlafmütze, r Schlafsack, e Sonnenbrille, s Sonnenöl, r Stadtplan, e Taucherausrüstung, e Taucherbrille, e Taschenlampe, s Taschenmesser, e Wanderausrüstung, r Wanderstock, e Wanderkarte, r Rucksack, e Skiausrüstung, e Skimütze, r Skistock, e Skibrille, e Landkarte, e Ansichtskarte

S. 94 **2.**
Wörter definieren
Diese Aufgabe knüpft ebenfalls an Aufgabe 1 im KB an.
- Die angegebenen Wörter werden unter Einsatz verschiedener sprachlicher Mittel definiert. S ordnen die Wörter den Erklärungen zu.
- Als Nächstes wählen sie weitere Wörter aus Aufgabe 1 und schreiben dazu passende Erklärungen. Das kann auch als Ratespiel gestaltet werden: Die anderen müssen Begriffe und Erklärungen zuordnen.

Lösung:

a) Mit diesem Gerät kannst du deinen ganzen Urlaub filmen.	e Videokamera
b) Darin bewahrst du die wichtigsten Sachen auf wie Geld, Ausweis, Taschenmesser usw.	e Gürteltasche
c) Ein Gerät, mit dem man Konserven warm machen kann.	r Gaskocher
d) In einem öffentlichen Schwimmbad muss man sie auf dem Kopf tragen. Wenn du im See schwimmst, brauchst du sie nicht.	e Badekappe
e) Darin befindet sich alles, was man in Notfällen braucht, z. B. Pflaster.	r Verbandskasten
f) Wenn du sie aufbläst, dann kannst du bequem darauf liegen oder damit auf den See rausschwimmen.	e Luftmatratze
g) Damit kannst du deinen Fahrradschlauch aufpumpen.	e Luftpumpe
h) Darin bleiben die Getränke schön kalt.	e Kühltasche
i) Du kannst ihn aufklappen und darauf in der Sonne liegen.	r Liegestuhl

S. 95 **3.**

Den Gebrauch der Ländernamen systematisieren

Wenn S über Reiseziele oder Reiseerfahrungen berichten, gebrauchen sie geografische Namen. Zunächst wird der Gebrauch der Ländernamen wiederholt.

● S ordnen die Lokalangaben aufgrund der Präposition und des Kasus ein. Sollte ihnen das Schwierigkeiten bereiten, kann die erste Tabelle auch gemeinsam ausgefüllt werden und das weitere Ausfüllen aufgrund dieses Beispiels in PA erfolgen (a).

● Im nächsten Schritt formulieren S auf reproduktive Weise Antworten auf die Fragen, die sich auf sie selbst beziehen (b).

Lösung (a):

Wohin?	Wo?	Woher?
nach Österreich	in Österreich	aus Österreich

Achtung bei Inseln!

Wohin?	Wo?	Woher?
nach Kreta	auf Kreta	von Kreta

Ausnahmen sind: e Schweiz, e Türkei, e Slowakei, e Mongolei, …

Wohin?	Wo?	Woher?
in die Türkei	in der Türkei	aus der Türkei

… r Libanon, r Sudan, r Irak, r Iran, …

Wohin?	Wo?	Woher?
in den Iran	im Iran	aus dem Iran

Manche Länder stehen nur im Plural: *e USA, e Niederlande, ...*

Wohin?	*Wo?*	*Woher?*
in die USA	*in den USA*	*aus den USA*

S. 96 **4.**

Den Gebrauch der Ländernamen einüben

S müssen aufgrund des Kontextes die richtige Präposition und den richtigen Kasus erkennen und einsetzen. Dabei können sie noch in den Tabellen der vorhergehenden Aufgabe nachschlagen.

Lösung:

Lisa: Ich habe eine Brieffreundin *in* Österreich. Im Sommer will sie mich hier *in* Hamburg besuchen. Im nächsten Jahr wollen wir zusammen *nach* Rhodos fahren. *Auf* Rhodos soll es tolle Strände geben.

Frank: Ich würde sehr gern mal *in die* USA fahren. Dort lebt eine Tante von mir.
Ich war schon öfter im Ausland: *in* England, *in* Dänemark und *in den* Niederlanden. *Aus* England und *aus den* Niederlanden bekomme ich regelmäßig Post, weil ich dort Brieffreunde habe.

Paul: Ich komme *aus* Frankreich. Mit meinen Eltern fahre ich jedes Jahr *nach* Sardinien. Einmal war ich auch *in der* Schweiz.
Mein Traum ist eine Reise *in den* Orient. Ich würde gern *in den* Libanon reisen und von dort weiter *in den* Iran bis *nach* China.

Lili: Ich würde gern einmal ganz weit weg fahren, *in die* Mongolei, *nach* Indien oder *auf* Madagaskar. Da meine Eltern auf ein Haus sparen, verbringen wir schon den zweiten Sommer *auf* Balkonien*. Vorher waren wir einmal *in* Polen und auch *auf* Helgoland. *Aus de*r Türkei bekomme ich hin und wieder eine Postkarte von einer Schulfreundin, die jetzt dort lebt.

* zu Hause auf dem Balkon

S. 96 **5.**

Lokalangaben erkennen und einordnen

Von den Ländernamen geht es hier zu anderen geografischen Namen bzw. zu allgemeinen Lokalangaben in diesem Zusammenhang über.
- S lesen und unterstreichen die Lokalangaben in EA.
- Sie vergleichen ihre Lösungen in PA und tragen die unterstrichenen Ausdrücke in die Tabelle ein.
- Anschließend ergänzen sie die fehlenden Präpositionen in der Tabelle.
- Die Lösung kann mithilfe einer Folie oder eines Lösungsblattes korrigiert werden.
- Bei Bedarf kann der Gebrauch der Präpositionen mithilfe der Kopiervorlage wiederholt werden.

→ KV S. 167

Lösung:

- Was machst du dieses Wochenende?
- Ich fahre <u>an den Eibsee.</u>
- Wo liegt das denn?
- <u>In den Alpen</u>, <u>bei Garmisch-Partenkirchen</u>. Man fährt <u>von München über Murnau nach Garmisch-Partenkirchen</u>. Dort nimmt man die Zugspitzbahn und fährt <u>bis zum Eibsee</u>.
- Und was machst du dort?
- Dort kann man vieles machen. <u>Im See</u> baden zwar nur wenige, das Wasser ist nämlich ziemlich kalt,

… aber _auf dem See_ kann man zum Beispiel Tretboot fahren. Es gibt auch tolle Wanderwege _um den See_. Du kannst natürlich auch _auf einen der Berge_ steigen, aber das lohnt sich eigentlich bloß bei schönem Wetter. Denn hoch _in den Bergen_ ist es oft neblig und feucht und dann ist das nicht so angenehm. Mit der Zugspitzbahn kann man übrigens bis ganz nach oben, also _auf die Zugspitze_ fahren. Von dort hat man wirklich eine ganz tolle Aussicht auf die Berge und Täler.
● Das hört sich ja ganz gut an. Na dann, schönes Wochenende!

Gewässer		_Berge_		_Ortschaften_	
_Wo?_					
_am_ Bodensee _an der_ Ostsee	Urlaub machen	_in den_ Bergen _in den_ Alpen _im_ Harz	wandern Berg steigen	_in_ Wien	wohnen
_im_ See _in der_ Elbe	baden angeln tauchen			_bei_ Garmisch- Partenkirchen	liegen
auf dem See _auf der_ Donau _auf dem_ Schwarzen Meer	segeln surfen			_in der_ Stadt _auf dem_ Lande	leben
um den See	spazieren gehen				
Wohin?					
an den Eibsee _an den_ Balaton _an den_ Rhein _an die_ Donau _an die_ Nordsee _an das_ Mittelmeer _auf die_ Insel	fahren	_in die_ Berge _in die_ Alpen _in den_ Harz _ins_ Gebirge _auf den_ Berg _auf die_ Zugspitze	fahren steigen	_von_ München _über_ Murnau _nach_ Garmisch- Partenkirchen	fahren

S. 97 **6.**

Lokalangaben ergänzen

Das im KB bereits bearbeitete Tour-Programm erscheint hier ohne Präpositionen. S ergänzen es in EA und kontrollieren sich mithilfe des Textes im KB.

Lösung:

Die Radler treffen sich _in_ Kreuzlingen _am_ Bodensee.

Sie fahren _am_ Rhein _entlang_.

Am fünften Tag machen sie eine Führung _in_ Luzern.

Danach fahren sie _über den_ Brünigpass _nach_ Brienz.

Am siebten Tag fahren sie _an den_ Ufern des Brienzersees _entlang_ und sie machen einen Besuch _in_ Interlaken.

S. 97 **7.**

Wortschatz: Synonyme

Die angeführten Wörter sind umgangssprachliche Ausdrücke für das Fahrrad, die als solche erkannt werden sollen. Das Wort _Velo_ kam bereits im KB vor, es hat seinen Ursprung im Französischen.

An dieser Stelle kann man auch darüber sprechen, was für das Schweizerdeutsche charakteristisch ist und welche Wörter noch aus dem Französischen übernommen wurden (z. B. *Merci, Billette, Salü, Glace* usw.)

S. 98 **8.**
Lokalangaben produktiv verwenden
Bei der Erstellung eines Tourenplans wird alles Bisherige zusammengefasst: der Wortschatz und die Lokalangaben.
- Die Aufgabe sollte schriftlich vorbereitet werden. Die Erstellung des Tourenplans wird durch die vier Fragen und den angegebenen Wortschatz gesteuert. Davor sollten diese besprochen werden.
- S können den Tourenplan als HA zeichnen und in der Stunde im PL präsentieren.
- Als Auswertung kann besprochen werden, welcher Plan den S am besten gefällt, welchen sie gern verwirklichen würden.

S. 98 **9.**
Schriftlicher Ausdruck: über eine Reise berichten
Es geht hier in erster Linie darum, die Lokalangaben korrekt zu verwenden. Daher ist das inhaltliche Gerüst vorgegeben, S müssen es mithilfe einer Landkarte und ihrer Ideen ergänzen und zu einem vollständigen Brief ausgestalten. Die Aufgabe eignet sich auch als HA.

S. 99 **10.**
Lokalangaben festigen
Der Lückentext dient der weiteren Einübung der Präpositionen, die aufgrund des Textzusammenhangs erschlossen werden müssen.

Lösung:

Zürich ist die größte Stadt *in der/der* Schweiz. Zürich liegt zugleich *an* einem See, dem Zürchersee, und *an* einem Fluss, *an der* Limmat. Die Limmat mündet *in die* Aare.
In Zürich kann man mit der Straßenbahn so gut wie alles erreichen. Aber auch viele Schiffe fahren *auf dem* See und die Zürcher machen gern Ausflüge *nach* Küsnacht oder *nach* Thalwil. *Im* See kann man auch baden oder *am* Ufer schöne Spaziergänge machen.
In Zürich landen täglich unzählige Flugzeuge *auf dem* Flughafen. *Von den* meisten europäischen Großstädten kann man direkt *nach* Zürich fliegen. Wenn man *von* Stuttgart *nach* Toronto fliegen will, kann man *über* Zürich fliegen.

S. 99 **11.**
Kenntnisse zusammenfassen
In dieser Aufgabe kommt das bisher Behandelte zur Anwendung, gleichzeitig werden auch landeskundliche Kenntnisse zur Schweiz abgerufen.
- S können sich mithilfe von Nachschlagewerken und Landkarten vorbereiten.
- S bilden zwei Mannschaften. Jede Mannschaft formuliert eine vorher vereinbarte Anzahl von Fragen. L überprüft diese auf sprachliche Korrektheit.
- Die Mannschaften stellen einander die Fragen.
- Wer mehr sprachlich und inhaltlich richtige Antworten hat, gewinnt.

S. 99 **12.**
Wortschatz wiederholen
Der am Anfang bearbeitete Wortschatz wird hier auf eine Radtour bezogen wiederholt.

LEKTION 11

Das Sammeln der Wörter (a) wird durch die Beschreibung der Funktion (b) erweitert. Dazu können verschiedene sprachliche Mittel eingesetzt werden:

Ich nehme ein(en) _____ mit, weil _____ .
denn damit kann ich _____ .

Eventuell auch:
Ich brauche ein(en) _____ , um _____ zu _____ .

S. 99 **13.**

Fachwortschatz erschließen

Wenn in der Gruppe technikinteressierte S sind, werden sie an dieser Aufgabe sicherlich Spaß haben. Es handelt sich um Fachwörter, von denen aber die meisten aufgrund eines Wortbestandteils zu erschließen sind.

Lösung:

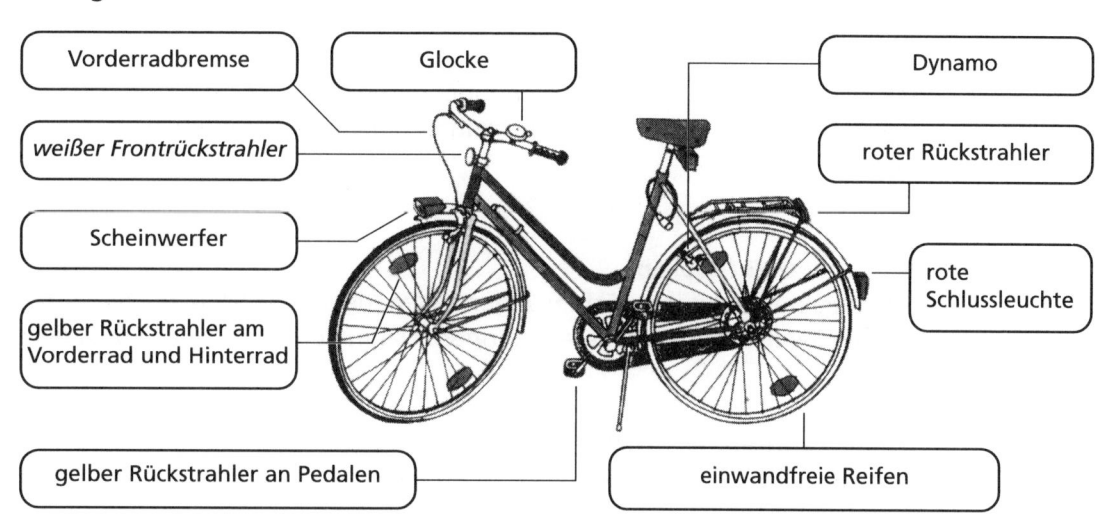

- Vorderradbremse
- Glocke
- Dynamo
- weißer Frontrückstrahler
- roter Rückstrahler
- Scheinwerfer
- rote Schlussleuchte
- gelber Rückstrahler am Vorderrad und Hinterrad
- gelber Rückstrahler an Pedalen
- einwandfreie Reifen

S. 100 **14.**

Schriftlicher Ausdruck: einen halboffiziellen Brief schreiben

Diese Textsorte kommt hier zum ersten Mal vor, daher wird auch nicht erwartet, dass S einen perfekten halboffiziellen Brief schreiben.

- Es sind viele Hilfen vorgegeben: Briefstruktur, typische Wendungen, Satzstrukturen zur Auswahl. Diese werden vor dem Schreiben besprochen.
- Die Anzeigen werden ebenfalls besprochen, Unbekanntes wird geklärt.
- S suchen sich eine Anzeige aus und definieren zunächst, was sie zusätzlich erfahren wollen. Das strukturiert das Schreiben.
- Dann formulieren sie ihren Brief.
- L korrigiert die Briefe.

Wortschatz | Reisefieber

Die hier angegebenen Wörter kommen in der Lektion selbst nicht vor, können aber wichtig sein, wenn S über eigene Reiseerlebnisse berichten.

LEKTION 12

Wenn das Taschengeld nicht reicht

In dieser Lektion wird das Thema erster Arbeitserfahrungen, bestimmter Jobs und Berufe sowie erster Berufsvorstellungen behandelt.
Der grammatische Schwerpunkt der Lektion ist die Struktur von Satzverbindungen und Satzgefügen.

Kursbuch

A | Ferienjobs

In diesem Teil der Lektion berichten Jugendliche über ihre Arbeitserfahrungen. S sollen nach deren Bearbeitung zur Formulierung ihrer eigenen Vorstellungen und Erfahrungen gelangen.

S. 108 **1.**
Vorwissen aktivieren
S sammeln anhand ihrer Erfahrungen in GA Ideen, wie Schüler und Studenten in den Ferien ihr Taschengeld aufbessern können. Dabei helfen auch die Fotos der Startseite.

S. 108–109 **2.**
Leseverstehen: wichtige Informationen notieren
Der sprachliche Input ist durch die zwei Lese- und den anschließenden Hörtext in Aufgabe 3 gewährleistet.
- Zur Vorbereitung bietet es sich an, über die zwei Fotos zu sprechen: *Welche Jobs sind das? Welche sind die Vor- und Nachteile dieser Jobs?* usw.
- Vor dem Lesen der Texte sollten die Fragen durchgelesen und eventuelle Schwierigkeiten geklärt werden.
- S lesen die Texte und notieren sich Antworten in Stichwörtern. Es kann auch in PA arbeitsteilig vorgegangen werden, indem jeder zunächst einen Text untersucht und dem Partner davon berichtet.
- Die Antworten werden anschließend im PL überprüft.

Lösung:

	<u>Anja</u>	<u>Claudia</u>
Wie ist sie zu dem Job gekommen?	– durch einen Anruf	– ein Bekannter hat den Job vermittelt
Wo arbeitet sie?	– bei der Post	– in der Modeabteilung eines Warenhauses
Seit wann jobbt sie?	– seit zwei Monaten	– seit fünf Wochen
Was gehört zu ihrer Arbeit?	– Briefe sortieren – Briefe austragen	– Blusen, Hosen auf Kleiderständer hängen – Preise auf Etiketten schreiben – Kunden beraten

LEKTION 12

	Anja	Claudia
Was findet sie gut an dem Job?	– draußen mit dem Fahrrad unterwegs sein – nette Kollegen – früh mit der Arbeit fertig sein – viel Freizeit	– nette Kolleginnen, die helfen
Wann hat sie Freizeit?	– ab 13.00 Uhr	– am Wochenende
Wofür braucht sie das Geld?	– für ihr Studium – für eine eigene Wohnung	– für einen Führerschein – für neue Kleider
Was sind ihre späteren Absichten?	– Nachrichtentechnik studieren	– etwas Anspruchsvolleres machen

S. 110 **3.**
Selektives Hören: Informationen ergänzen
Auch hier berichten zwei Jugendliche über ihre Ferienjobs. Sie erzählen in der 1. Person, während die auszufüllenden Lückentexte die Inhalte in der 3. Person zusammenfassen.
- Bevor sich S den Lückentexten zuwenden, sollten die Hörtexte den S einmal vorgespielt werden, um das Globalverstehen zu sichern. L stellt vorher einfache Fragen: *Welchen Ferienjob hat Markus/Indra? Wo arbeitet er/sie?*
- Vor dem zweiten Hören überfliegen S die Lückentexte im KB, die sie dann beim Hören ergänzen (a).
- Zur Kontrolle der Lösungen können die Texte noch einmal gehört werden.

Die Aufgaben b) und c) führen zur Erkenntnis, dass Texte keine zufällige Kombination oder Aneinanderreihung von Sätzen sind. Sie machen den S die verschiedenen Elemente der Textkohäsion bewusst.
Die Mittel der Textkohäsion können morphologischer, syntaktischer oder lexikalischer Art sein.
– Morphologische/grammatische Mittel sind Pronomen oder Adverbien, die Wörter, Wortverbindungen oder ganze Sätze ersetzen:

  <u>Markus</u> macht Popcorn. <u>Er</u> verzichtet auf Freibad und Ferienspaß.

  Er verzichtet auf <u>Freibad und Ferienspaß</u>. <u>Stattdessen</u> steht er in einem bunt bemalten Wagen …

  <u>Erst saß sie am Telefon, beantwortete schriftliche Anfragen und verschickte Prospekte.</u>
  <u>Nun soll sie auch noch den Umgang mit dem Computer lernen.</u>
  <u>Das</u> ist mehr wert als ein einfacher Job, findet sie.

– Auch mit syntaktischen Mitteln können einzelne Sätze zu einem Text verknüpft werden:

  Jeden Morgen <u>muss der Knabe früh aufstehen</u>. <u>Denn</u> er wohnt in Bad Münstereifel, und …

– Die lexikalischen Mittel (Wörter und Wortverbindungen) halten den Text aufgrund ihrer Bedeutung zusammen:

  Markus schickte <u>eine schriftliche Bewerbung</u>. <u>Die Antwort</u> war positiv: …

Die Mittel der Textkohäsion sind nicht in jedem Fall eindeutig voneinander zu unterscheiden. Vom S soll das auch gar nicht gefordert werden. Es genügt auf diesem Niveau, wenn z. B. beim Satz *Zuerst machte er eine kurze Schulung.* damit gerechnet wird, dass in der Fortsetzung des Textes das Wort *dann* erscheint: <u>Dann</u> *bekam der Teenager seinen Platz in dem Popcorn-Wagen.*

Lösungen:

a)

Markus macht Popcorn. Er verzichtet auf Freibad und Ferienspaß. Stattdessen steht er in einem bunt bemalten <u>Wagen</u> und füllt Popcorn in Tüten oder verkauft Zuckerwatte. Manchmal 11 Stunden am Tag. Jeden Morgen muss der Knabe früh <u>aufstehen</u>. Denn er wohnt in Bad Münstereifel, und sein Arbeitsplatz, der Erlebnispark Fanthasialand, ist dreißig Kilometer entfernt. Sein <u>Freund</u> Peter nimmt ihn im Auto mit. Um neun Uhr öffnet der Park. Bei gutem <u>Wetter</u> bleiben einige Gäste bis zur letzten Minute. Wenn die beiden nach Hause kommen, sind sie meistens <u>todmüde</u>.

Peter hatte Markus von dem Job <u>erzählt</u>. Markus schickte eine schriftliche Bewerbung. Die Antwort war positiv: Er durfte sich vorstellen. Zuerst machte er eine kurze Schulung. Dann bekam der Teenager seinen <u>Platz</u> in dem Popcorn-Wagen. Dem Jungen <u>gefällt</u> die Arbeit. Viele Besucher fragen ihn auch nach einzelnen Attraktionen des Parks. Dann gibt der Sechzehnjährige freundlich und selbstsicher Auskunft.

Indra hat gerade <u>Abitur</u> gemacht. Ihr Berufswunsch: „Irgendwas mit Werbung oder Öffentlichkeitsarbeit." Darum hat sie in verschiedenen Pressestellen <u>angerufen</u>. Eigentlich wollte sie einen Ferienjob, um sich zu orientieren. Sie hatte Glück: Man bot ihr ein richtiges <u>Praktikum</u> an. Das läuft über mehrere Wochen. Man zeigte ihr die verschiedenen Arbeitsgebiete. Erst saß sie am Telefon, beantwortete schriftliche Anfragen und verschickte <u>Prospekte</u>. Nun soll sie auch noch den Umgang mit dem Computer lernen. Das ist mehr wert als ein einfacher Job, findet sie.

Jobben, um Geld zu verdienen – das hat Indra während der ganzen Schulzeit gemacht, denn abends <u>ausgehen</u> ist teuer. Und außerdem möchte sie sich ein Auto kaufen. Da kann sie das <u>Geld</u> gut gebrauchen. Doch das Praktikum in der Pressestelle ist mehr als ein Job zum Geldverdienen. Indra hofft, dass sie im Herbst eine <u>feste</u> Stelle bekommt. „Bis dahin kann ich ja noch einige Erfahrung <u>sammeln</u>", meint sie.

b)

<u>Markus</u>	<u>Indra</u>
der Teenager	sie
sein Freund	ihr Berufswunsch
der Knabe	bot ihr
der Sechzehnjährige	zeigte ihr

c)

Markus:
Freibad und Ferienspaß – statt dessen
muss früh aufstehen – denn
zuerst – dann
Bewerbung – Antwort

Indra:
Ihr Berufswunsch: ... – darum
erst – nun
einfacher Job – mehr als das
im Herbst – bis dahin

S. 110 **4.**
Mündlicher Ausdruck: über eigene Erfahrungen sprechen
Als Ergebnis der Bearbeitung sämtlicher Texte und mithilfe der angegebenen Redemittel können S ausführlicher über eigene Erfahrungen berichten. Dabei werden Satzstrukturen

LEKTION 12

mit *zu+Infinitiv* reproduktiv verwendet. Das Lehrwerk behandelt die bewusste Bildung und den produktiven Gebrauch dieser Struktur erst im zweiten Band.
Wenn S noch über keine eigene Erfahrung verfügen, können sie auch über ihre Vorstellungen sprechen: *Welche Arbeit würdest du am liebsten machen? Warum?* Dabei wird gleichzeitig der Konjunktiv wiederholt.

B | Arbeitsvermittlung

Das Thema Sommerferienjobs wird in diesem Teil der Lektion durch die Bearbeitung von Hörtexten weitergeführt und der Wortschatz zum Thema weiter ausgebaut. Da das Verstehen der Hörtexte einen speziellen Wortschatz voraussetzt, ist es empfehlenswert, den nötigen Wortschatz mithilfe der Aufgaben im AB einzuführen.

S. 111 **5.**

Vorentlastung des Hörtextes

Hier kann ein Teil des zum Thema gehörenden Wortschatzes wiederholt bzw. neu eingeführt werden: *Anzeige, Arbeitsvermittlung, Arbeitsamt, Pinnwand, Jobangebot* usw.
- S aktivieren vorhandene Kenntnisse im Rahmen einer Sammelphase in GA.
- Im PL werden die Lösungen besprochen. Dabei kann L weitere Wörter, die zum Hörverstehen notwendig sind, einführen.

S. 111 **6.**

Hörverstehen: Informationen notieren

- S versuchen, die Bedeutung des Wortes Zeitarbeit in PA oder GA zu erschließen. Die Definitionen der S werden im PL besprochen und können mithilfe eines einsprachigen Wörterbuchs kontrolliert werden (a).
- S werden auf die Höraufgabe vorbereitet, indem L die Aufgabe (b) erklärt und vorausschickt, dass es sich jeweils um ein Gespräch mit Robin bzw. Marion und um ein Vorstellungsgespräch im Jobbüro handelt.
- Bei dem zweiten Hören füllen sie die Tabelle in EA aus. Die Lösungen können sie mit ihrem Partner vergleichen und besprechen, bevor diese im PL geklärt werden.

Lösungen:

a) Zeitarbeit: *befristete Arbeit*

b)

	Robin	Marion
Arbeitsdauer bzw. Arbeitszeit	nachts	dringend / ab sofort
Arbeitsart	bei der Post Briefe sortieren in einer Druckerei arbeiten	egal
Problem	keine Jobs in Göttingen	kein Führerschein
Nicht gewünscht	Bauarbeiten	im hauswirtschaftlichen Bereich

S. 111 **7.**
Aufgrund des Hörens ein Flussdiagramm ausfüllen
Es handelt sich hier um ein längeres und schwieriges Interview mit zwei Personen. Das Flussdiagramm strukturiert das Hörverstehen, indem es das Gerüst des Textes vorgibt.
- Zur Vorentlastung vor dem Hören sollten S mit dem Gerüst vertraut gemacht werden. Sie können auch Hypothesen über den Verlauf des Interviews bilden, was ebenfalls zum leichteren Verstehen beiträgt.
- S füllen beim Hören in EA oder PA das Diagramm aus.
- Beim zweiten Hören überprüfen und ergänzen sie ihre Lösungen.
- L kann das Diagramm auf Folie kopieren. Zur Kontrolle wird es auf dem OHP beim Vortragen der Lösungen im PL vervollständigt.

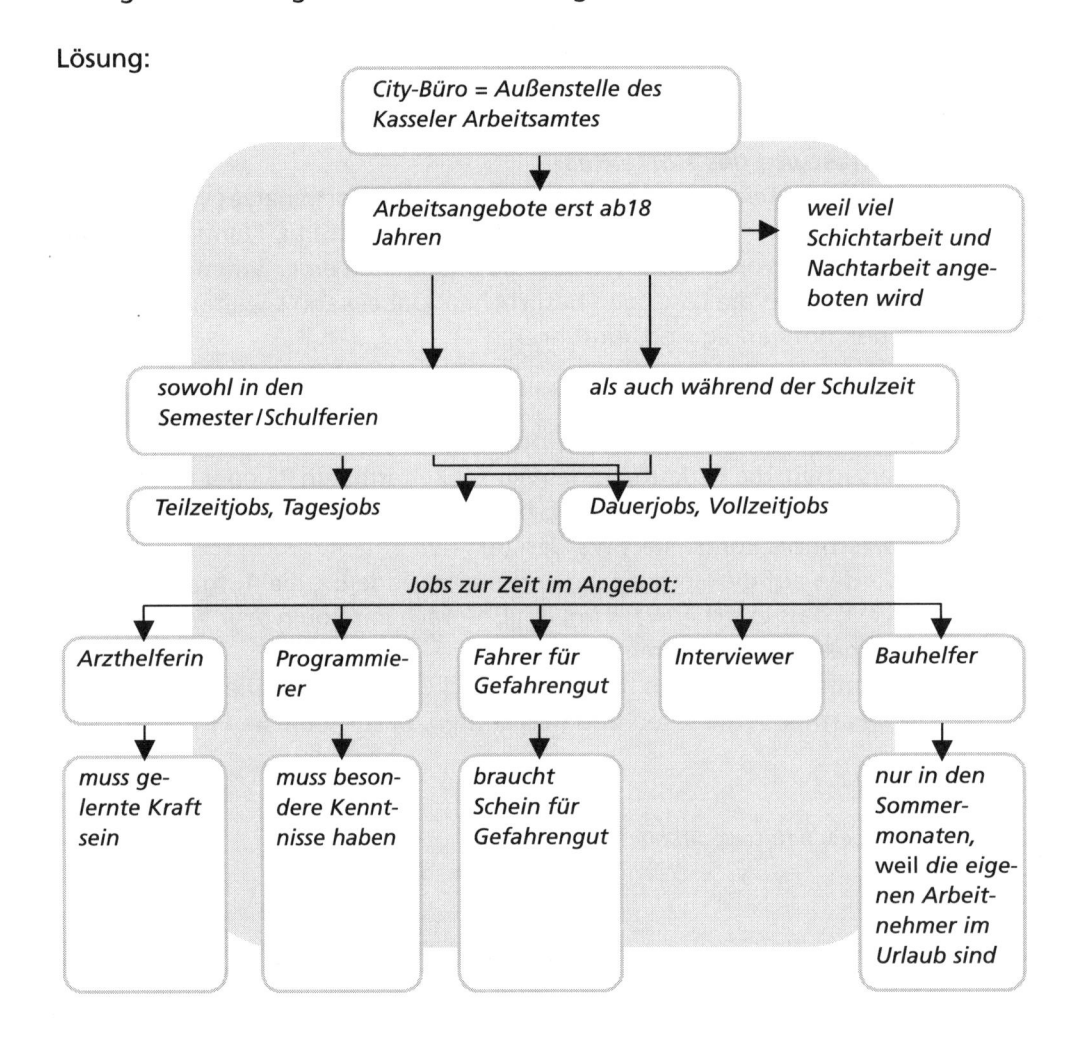

Lösung:

```
                City-Büro = Außenstelle des
                Kasseler Arbeitsamtes
                           │
                           ▼
                Arbeitsangebote erst ab 18 ──────►  weil viel
                Jahren                              Schichtarbeit und
                                                    Nachtarbeit ange-
                                                    boten wird
                    │              │
                    ▼              ▼
        sowohl in den        als auch während der Schulzeit
        Semester/Schulferien
                    │              │
                    ▼              ▼
        Teilzeitjobs, Tagesjobs    Dauerjobs, Vollzeitjobs

                Jobs zur Zeit im Angebot:

   Arzthelferin   Programmierer   Fahrer für      Interviewer   Bauhelfer
                                  Gefahrengut
        │              │              │                            │
        ▼              ▼              ▼                            ▼
   muss ge-        muss beson-    braucht                      nur in den
   lernte Kraft    dere Kennt-    Schein für                   Sommer-
   sein            nisse haben    Gefahrengut                  monaten,
                                                               weil die eige-
                                                               nen Arbeit-
                                                               nehmer im
                                                               Urlaub sind
```

Zu diesem Teil können das Formular und die Anzeigen auf S. 157–158 im LHB verwendet werden.

S. 112 **8.**
Anzeigen verstehen
In dieser Aufgabe können die Textsorte Anzeige und die entsprechenden Lesetechniken erarbeitet werden. Um den Themenkreis jugendlichengerecht aufzubereiten, erscheint er nur auf der Ebene des Irrealen und Witzigen.

LEKTION 12

- Zur Vorbereitung wird der Lesetipp gemeinsam gelesen und Vorschläge, welche Informationen in dieser Situation wichtig sind, werden an der Tafel gesammelt.
- S lesen die Anzeigen.
- L kontrolliert das Verstehen mit einfachen Fragen: *Wie viel verdient …? Wo arbeitet …?* usw.
- Die absurden Berufe bieten die Möglichkeit zu weiterer kreativer sprachlicher Arbeit. In GA formulieren S mithilfe der vorgegebenen Strukturen Sätze und definieren so die irrealen Berufe (a).
- Als Weiterführung erfinden S in GA weitere witzige Berufe, die Zeichnungen können sie dabei inspirieren. Sie können zu den erfundenen Berufen auch ähnliche Anzeigen gestalten und im Klassenzimmer aufhängen. S gehen herum, lesen und diskutieren dann, welchen Beruf sie am liebsten machen würden und warum.
- Weitere Möglichkeit: Die erfundenen Berufsbezeichnungen werden auf einen Zettel geschrieben und einer anderen Gruppe weitergegeben, die dazu Sätze formuliert.

Hintergrundinformation:

In den Anzeigen wird genau angegeben, um wie viele Arbeitstage es sich pro Monat handelt, denn Studenten dürfen monatlich nur eine begrenzte Summe verdienen, sonst wird eventuell ihr Bafög gekürzt. Es ist auch vorgeschrieben, bis zu welcher Summe der Lohn von Studenten steuerfrei ist.

Abkürzungen:

Std. – Stunde, mtl. – monatlich, tgl. – täglich, Tg. – Tage

S. 113   9.

Vorbereitung des Textverstehens: Hypothesen bilden

Die Aufgabe führt einerseits die Textsorte Anzeige weiter, bereitet andererseits aber schon das Verstehen des folgenden Artikels vor.
- S füllen aufgrund ihrer Ideen die Anzeige in PA aus.
- Nach dem Lesen des Textes in Aufgabe 10 können sie ihre Lösung mit dem Textinhalt vergleichen und ergänzen.

S. 113   10.

Leseverstehen: Hypothesen überprüfen

- Als Vorbereitung wenden S eine bereits bekannte Strategie an: Sie stellen Hypothesen zum Titel auf.
- Anschließend lesen sie den Text und überprüfen dabei ihre Hypothesen.
- Im Text befinden sich viele Satzverbindungen und Satzgefüge in verschiedenen Funktionen, von denen Teile im AB als Beispielsätze erscheinen. Daher ist es hilfreich, den Text auch gemeinsam zu lesen und unbekannte Wörter zu klären.
- Danach kann man zur Grammatikarbeit im AB übergehen.
- Als inhaltliche Weiterführung können S in GA weitere absurde Lehrgänge erfinden und diese vorstellen:

    Osterhasen-Lehrgang
        Ein Osterhase muss / darf (nicht) …
        Als Osterhase sollte man darauf vorbereitet sein, dass …, weil …

    Superman-Lehrgang
        …

Lesetext

Da der Artikel *Jobs – darauf solltest du achten* ziemlich lang ist, können die fünf Stichworte an der Tafel notiert und an je eine Gruppe verteilt werden. S lesen ihren Teil und notieren dazu die wichtigsten Informationen, so dass bei der Besprechung im PL an der Tafel der Textinhalt rekonstruiert werden kann.

Arbeitsbuch

S. 103 **1.**
Wortschatz aktivieren
Sicherlich kennen S schon viele Berufsbezeichnungen. In spielerischer Form können diese hier als Berufe-Alphabet in GA gesammelt werden. Der Aufgabe kann man auch Wettbewerbscharakter verleihen.

S. 103 **2.**
Wortschatz festigen
- S schließen von den aufgezählten Tätigkeiten auf den entsprechenden Beruf. Dabei üben sie die Berufsbezeichnungen, erweitern aber gleichzeitig ihren Wortschatz durch das Lesen und Verstehen der dazugehörenden Aktivitäten.

Lösung:

Bibliothekarin
- Bücher aus dem Katalog heraussuchen
- neue Bücher in den Katalog aufnehmen
- Bücher ausleihen
- die Ausleihfrist bestimmen

Sekretärin
- Computerkenntnisse (Word, Excel)
- Briefe schreiben
- Telefongespräche weiterleiten
- Termine für den Chef ausmachen

Kellner / Kellnerin
- Tische decken
- Bestellungen entgegennehmen
- Essen servieren
- schmutzige Teller und Gläser abräumen

Lehrer / Lehrerin
- Unterricht vorbereiten
- Hausaufgaben kontrollieren
- Klassenarbeiten und Tests korrigieren
- Erklärungen an die Tafel schreiben

Verkäufer / Verkäuferin
- Kleidungsstücke nach Größe ordnen
- Pullis nach Farbe ins Regal legen
- Preisschilder an die Kleider heften
- die Käufer beraten

Krankenschwester
- sich mit dem Arzt beraten
- das Krankenblatt ausfüllen
- Spritzen geben und Fieber messen
- Medizin verteilen

- Als weitere Übungsmöglichkeit können sie ähnliche Kärtchen füreinander anfertigen, auf die sie in GA einige Tätigkeiten eines bestimmten Berufes notieren und sie einer anderen Gruppe vortragen, die den Beruf erraten soll.
- Weitere Variationen zum spielerischen Üben der Berufe und der dazugehörenden Tätigkeiten:

LEKTION 12

– Pantomime, durch die der Beruf erraten werden soll. Auch das kann in zwei Mannschaften gespielt werden.
– „Montagsmaler": Ein Beruf wird an der Tafel so gezeichnet, dass die anderen ihn erraten können.

S. 104 **3.**
Wörter erkennen
Durch die Umstellung der Buchstaben in den Namen, sogenannten Anagrammen, sollen S folgende Berufe errätseln: *Deutschlehrerin, Bankdirektor, Architektin*. Zur Erleichterung der Aufgabe können die Namen vergrößert kopiert und die Buchstaben so lange umgestellt werden, bis der Beruf entsteht. Nach diesem Muster können sich S gegenseitig ähnliche Rätsel aufgeben.

S. 104 **4.**
Aufbau der Schreibkompetenz: einen Bewerbungsbrief ergänzen
Ausgehend von der Anzeige, die S zunächst verstehen müssen, wird das Modell eines Bewerbungsbriefes in Form eines Lückentextes dargeboten. Es geht also noch nicht darum, einen offiziellen Brief dieser Art selbstständig zu schreiben.

L kann darüber entscheiden, ob S schon in der Lage sind, nach dieser Vorlage zu einer anderen Anzeige einen ähnlichen Brief zu schreiben.

Lösung:

_____
_____
_____

_____ , den _____

An das Kinderdorf „Ferientraum"
Rennweg 7
80335 München

Sehr geehrte Frau Hoppe,
ich habe ihre Anzeige gelesen und interessiere mich <u>für die Arbeit als Gruppenbetreuer/in.</u>
Zuerst möchte ich mich vorstellen. Ich besuche <u>die</u> ....-Schule in .... Ich habe schon einige Erfahrung mit <u>Kindern, da</u> meine Mutter in einem Kindergarten arbeitet und ich ihr oft dabei <u>helfe.</u>
Ich habe auch <u>einige Fragen</u> zu ihrer Anzeige.
Zuerst möchte ich gerne wissen, wie <u>die Arbeitszeiten</u> sind, d. h. wann ich anfangen muss und ob ich auch <u>an den Wochenenden</u> arbeiten muss.
Außerdem interessiert mich, ob ich <u>ein eigenes Zimmer</u> habe oder ob ich mit den Kindern <u>in einem Schlafsaal</u> untergebracht bin.
Zum Schluss würde ich noch gerne wissen, wie hoch <u>der monatliche Lohn</u> ist.
Es würde mir <u>Spaß machen</u> in Ihrem Ferienlager zu arbeiten.
Bitte schicken Sie mir <u>die weiteren Informationen</u> an die oben angegebene <u>Adresse.</u>

Mit freundlichen Grüßen
_____

S. 105 **5.**

Mündlicher Ausdruck: Inhalte vergleichen

Diese Aufgabe unterstützt die inhaltliche Bearbeitung der in der Lektion im KB vorkommenden Lese- und Hörtexte, indem sie die Texte nach bestimmten Gesichtspunkten vergleichen lässt. Als Ausgangspunkt des Gesprächs können die Berufe/Jobs aus den Texten an der Tafel gesammelt werden. S können zur Vorbereitung im KB lesen, sich Notizen machen und dann ihre Meinungen äußern.

S. 106 **6.**

Wortbedeutung erschließen

Die Übung unterstützt das Verstehen der Hörtexte im KB in Teil B. Es handelt sich um Wörter, deren Kenntnis nicht vorausgesetzt werden kann, deren Bedeutung jedoch durch die Zerlegung in Wortbestandteile erschließbar ist.

Lösung:

1. Teilzeitjob	c)	Arbeit nur für einige Tage der Woche oder für einige Stunden des Tages
2. Zeitarbeit	e)	befristete Arbeit, die durch eine Vermittlungsfirma oder das Arbeitsamt vermittelt wird
3. Vollzeitjob	d)	Arbeit mit voller Arbeitszeit
4. Pinnwand	f)	Tafel für Bekanntmachungen
5. Urlaubsvertretung	a)	wenn ein Arbeitnehmer Urlaub macht, wird an seine Stelle solange eine andere Person eingestellt
6. Praktikum	b)	im Rahmen einer Ausbildung, außerhalb der Schule geleistete praktische Tätigkeit

S. 106 **7.**

Satzverbindungen und Satzgefüge analysieren

Die Beispielsätze für die Systematisierung der zusammengesetzten Sätze sind dem Text *Nikolaus-Lehrgang* von S. 113 im KB entnommen oder bewegen sich inhaltlich in diesem Kontext. Die Gruppierung der Sätze erfolgt aus formalem Gesichtspunkt, nämlich der Wortfolge nach. S sollen die Regelmäßigkeiten erkennen und die Regeln zur Wortfolge selbst formulieren. Es kommen der Vollständigkeit halber auch Satzstrukturen vor, die im ersten Band noch nicht explizit behandelt werden (*damit, um … zu, ohne … zu*).

a) Die erste Gruppe enthält Beispiele für die Verbindung von zwei Hauptsätzen, die gleichrangig sind. Daher ist die Wortfolge in beiden Gliedsätzen gleich, das konjugierte Verb steht an zweiter Stelle.

Die Konjunktoren *und, sondern, oder, aber, denn* nehmen die Position 0 ein, deshalb folgt ein Hauptsatz mit normaler Satzstellung: Das Subjekt steht in der Position I und das konjugierte Verb in der Position II.

Alle anderen satzverbindenden Konjunktoren wie *deshalb, darum, deswegen, trotzdem, dann, sonst …* nehmen die Position I ein, deshalb folgt gleich das konjugierte Verb.

b) Die zweite Gruppe enthält Beispiele für Satzgefüge mit Haupt- und Nebensätzen. Nach den Subjunktoren, die Nebensätze einleiten, steht das konjugierte Verb an letzter Stelle. (In der Umgangssprache sind immer häufiger weil-Sätze zu hören, bei denen das Verb an zweiter Stelle steht.)

Relativsätze können Besonderheiten aufweisen: Wenn sich der Relativsatz auf das Subjekt im Hauptsatz bezieht, bleibt die Position des Subjektes im Nebensatz unbesetzt.

Wenn der Nebensatz ein Infinitivsatz ist, wird das Verb nicht konjugiert und die Position des Subjektes bleibt ebenfalls unbesetzt, da es aus dem Hauptsatz hervorgeht.

◄ KV S. 168

LEKTION 12

S. 109 8.
Zusammengesetzte Sätze bilden
Wortschatz und Konjunktionen der Begründung sind vorgegeben. S müssen bei der Bildung in erster Linie auf die richtige Wortfolge achten. Nach Verwendung des vorgegebenen Wortmaterials können sie dann auch eigene Sätze bilden.

S. 109 9.
Inhalte in zusammengesetzten Sätzen wiedergeben
Die zu bildenden Sätze werden auf die im KB gelesenen Inhalte bezogen. Hier müssen S also Nebensätze in richtiger Wortfolge formulieren und den Inhalt selbst gestalten, wobei sie die Texte im KB zu Hilfe nehmen können. Die Übung eignet sich auch als HA.

S. 110 10.
Sich in zusammengesetzten Sätzen ausdrücken
S müssen zunehmend lernen, komplexere Inhalte in entsprechender sprachlicher Form wiederzugeben, in diesem Fall über die Vor- und Nachteile ausgewählter Ferienjobs erzählen. Zur inhaltlichen Unterstützung machen sie sich zunächst Notizen, was ihnen die Verbindung zu komplexen Satzstrukturen erleichtern soll.

S. 110 11.
Schriftlicher Ausdruck: einen Brief schreiben
Der Brief stellt die inhaltliche und sprachliche Synthese der Lektion dar. S sollen sich nach Bearbeitung aller Texte in die angegebene Situation hineinversetzen. Dabei helfen ihnen auch die in der Aufgabe formulierten Leitfragen. Beim Schreiben sollen sie möglichst die erarbeiteten Strukturen verwenden und dabei auf korrekte Wortfolge achten.
Es handelt sich um einen Aufgabentyp, der auch in Prüfungen häufig vorkommt. L kann die Briefe einsammeln, korrigieren und daraus Schlüsse ziehen, wie weit S noch davon entfernt sind, solch eine Aufgabe zu bewältigen, und was gegebenenfalls verstärkt geübt werden muss.

S. 110 12.
Satzstrukturen bewusst wahrnehmen
Zum Ausbau der eigenen Kommunikationskompetenz ist es unerlässlich, Texte zu analysieren. Der vorliegende Text soll unter dem Aspekt der Satzkonstruktionen untersucht werden. Die Lösung kann auf einer vergrößerten Kopie an der Tafel oder auf dem OHP erfolgen (a).
Nach der formalen Analyse sollen sich S auf den Inhalt konzentrieren und die vorgegebenen Teilsätze aufgrund des Gelesenen und unter Beachtung der korrekten Wortfolge ergänzen (b). Dies kann auch als HA erfolgen. Die Lösungsmöglichkeiten werden in der nächsten Stunde verglichen und besprochen.

S. 111 13.
Textzusammenhänge erkennen
Konjunktionen sind ein wichtiges Mittel der Textkohärenz. Um sie richtig einzusetzen, müssen S den Textzusammenhang verstehen. Außerdem müssen sie natürlich auch auf formale Aspekte achten.
Nach der Besprechung der Lösung im PL kann das Gelesene zusammengefasst oder diskutiert werden.

Lösung:

Ronny, 16, aus Irland:
Mir gefällt es hier total gut, vor allem die deutschen Mädchen. Ich arbeite während der Sommerferien für meinen Bruder, _der_ hier in Frankfurt mit seinem Freund zusammen einen Irish Pub besitzt. Offiziell darf ich ja nicht an der Theke bedienen, _weil_ ich keine Arbeitsgenehmigung habe _und_ wohl auch zu jung bin. _Darum_ verschwinde ich manchmal in der Küche, _wenn_ jemand ein Guinness bestellt _und_ ein bisschen wie ein Polizist aussieht. Ich finde die meisten Deutschen lustig. Sie gehen gern in die Kneipe _und_ auch die Mädchen sind ganz schön trinkfest. Manchmal flirtet ein ganzer Tisch mit mir, _was_ mir dann peinlich ist, _aber_ irgendwie gefällt es mir auch.

Victoria, 21, aus der Ukraine:
Vor mir gab es schon acht Au-pairs in der Familie, dadurch ist einerseits vieles wunderbar geregelt: Ich hab' regelmäßig frei _und_ kann in die Sprachschule gehen. _Aber_ andererseits muss ich mich bemühen, _dass_ die beiden Kinder nicht Ola und Saskia zu mir sagen, _weil_ sie mit den ständig wechselnden Mädchen durcheinander kommen. Die beiden sind sieben und neun und ganz schön verwöhnt und unruhig, da muss ich schon fast ein bisschen streng sein, _weil_ sie sonst nur rumflippen. Die Familie ist ziemlich reich, _was_ den Vorteil hat, _dass_ ich ein sehr schönes Zimmer habe _und_ immer sehr fein gegessen wird. _Trotzdem_ vermisse ich unsere Küche zu Hause, da gibt es Fleisch und Knoblauch und Zwiebeln. Hier ist die Frau ganz auf Gesundheit bedacht. Sie joggt und reitet _und_ möchte alles fettlos zubereitet haben, Nudeln, Gemüse und jeden Tag Salat. Ich glaube, ich werde hier nie satt.

S. 111 **14.**
Den Gebrauch der Konjunktionen festigen
Als spielerische Variante der vorhergehenden Aufgabe können S sich gegenseitig Lückentexte erstellen. Dazu kann ihnen L z. B. Jugendmagazine zur Verfügung stellen. S sollen dabei Texte wählen, die sie selbst gut verstehen und die nicht zu lang sind.

Wortschatz | Geld und Arbeit

Da der Wortschatz zu diesem Thema sehr umfangreich ist, wurden hier nur die zwei Oberbegriffe Geld und Arbeit ausgewählt und dazu Wortfelder erstellt.
Auf ähnliche Weise können auch andere wichtige Begriffe aus der Lektion bearbeitet werden.

LEKTION 13

Wie war dieses Jahr?

Mit dieser Lektion wird das Schuljahr abgeschlossen und dabei auch ausgewertet: S und L tragen Ereignisse und Ergebnisse des vergangenen Jahres zusammen. Die Lektion enthält keinen neuen grammatischen Stoff und hat daher keinen entsprechenden Teil im Arbeitsbuch. Sie ist thematisch-inhaltlich ausgerichtet, womit natürlich eine sprachliche Wiederholung verknüpft werden kann. Überwiegend werden Materialien verwendet, die sich auf ein Kalenderjahr beziehen, aber auch auf das Schuljahr übertragbar sind.

Kursbuch

A | Ereignisse in diesem Jahr

In diesem Teil werden interessante, wichtige Ereignisse des Jahres in Erinnerung gerufen und systematisiert. Aufgrund der Fotos der Startseite können S das Thema der Lektion erraten.
Viele der Aufgaben setzen eine Sammelarbeit außerhalb des Unterrichts voraus, was ein wichtiger Gesichtspunkt bei der Stundenplanung ist.

S. 116 **1.**
Mündlicher Ausdruck: Ereignisse einordnen
- Der für diese Aufgabe notwendige Wortschatz sollte vorab besprochen werden: Zur Aktivierung oder Einführung von Wörtern kann die Wörterliste zu Hilfe genommen werden, die sich diesmal am Ende der Lektion im KB auf S. 122 befindet.
- In GA werden die Listen besprochen und ergänzt, wobei sich Diskussionen ergeben können, und die Wahl der Namen und der Ereignisse jeweils begründet werden soll. Dabei wird auch die Verwendung des Superlativs wiederholt. Es muss nicht alles vollständig ergänzt werden, S sollen nach Interesse auswählen.
- An der Tafel werden die Ergebnisse gesammelt und besprochen.

S. 117 **2.**
Mündlicher und schriftlicher Ausdruck: Ereignisse kommentieren
Die Fotos stellen verschiedene interessante Ereignisse dar: ein Straßenfest mit verschiedenen Vorführungen, ein Umzug in der Silvesternacht, eine Kundgebung von Anhängern einer Glaubensgemeinschaft.
- S betrachten die Bilder und stellen Hypothesen auf, was abgebildet ist, bzw. wann wo und aus welchem Anlass solch ein Ereignis jeweils stattfinden könnte. Sie können in GA zu den einzelnen Bildern auch einen kurzen Kommentar verfassen.
- Im PL kann auch über ähnliche Erlebnisse berichtet werden.
- Als HA sammeln S Material aus Zeitungen und Zeitschriften oder bringen eigene Fotos mit und versehen die dort abgebildeten interessanten Ereignisse des vergangenen Jahres mit einem kurzen Kommentar.

S. 118 **3.**

Leseverstehen und weiterführendes Projekt
- S lesen den Text und fassen den Inhalt kurz zusammen: Wer hat wann wo was aus welchem Grund gemacht? Als Vorbereitung kann darüber gesprochen werden, ob S diesen Fotopreis kennen und was sie darüber wissen.
- Ausgehend vom Textinhalt können S selbst Bilder zu verschiedenen Themen sammeln und damit eine Ausstellung im Klassenzimmer organisieren.
- Dem folgt die Auswertung der Bilder, indem S in Gruppen die Jury bilden und die Bilder bewerten. Die Entscheidungen sollten jeweils kurz begründet werden. Dabei helfen auch die im Text und in der Aufgabenstellung angegebenen Gesichtspunkte.
- Die Ergebnisse werden im PL verglichen und diskutiert.

S. 119 **4.**

Textarbeit: Texte verstehen, bewerten und eigene Texte verfassen
- S lesen die Texte über die Kuriositäten aus aller Welt. Sie können die Texte nach Themen gruppieren und darüber sprechen, welche sie am interessantesten finden. Dabei wird auch die Bedeutung unbekannter Wörter geklärt.
- Die Texte können als Ausgangspunkt zu einer eigenen Sammelarbeit der S dienen.
- Anschließend können S die Ereignisse des vergangenen Jahres an der Schule unter diesem Aspekt durchdenken und dazu in PA kurze Texte schreiben.

B | Ereignisse in meiner Familie

Das Thema wird auf einer persönlicheren Ebene fortgeführt. In Zusammenhang damit erscheinen auch persönlichere Textsorten wie Brief, Postkarte und Tagebuch.

S. 120 **5.**

Mündlicher Ausdruck: über Ereignisse berichten
- Mit den Fotos im KB wird der Wortschatz aktiviert und erarbeitet, den S bei der Beschreibung eigener Fotos benötigen werden. Anhand der Bilder können die wichtigsten Ereignisse im Leben einer Familie gesammelt werden: *Hochzeit/heiraten, ein Baby bekommen, Taufe, (Ski-)Urlaub, Weihnachtsvorbereitungen* usw.
- In die nächste Stunde bringen S eigene Fotos mit und erzählen darüber. Da das ein sehr persönliches Thema ist, kann das auch eine fakultative Aufgabe sein.

S. 120 **6.**

Schriftlicher Ausdruck: einen subjektiven Text schreiben
- Der zitierte Tagebuchausschnitt dient als Beispiel für einen persönlicheren Text. Er wird gemeinsam gelesen und besprochen.
- S wählen ein wichtiges privates Ereignis aus und schreiben dazu einen Tagebucheintrag, einen persönlichen Brief oder eine Postkarte. Wichtig ist, dass sie über ein Ereignis schreiben, das sie auch in der Klasse veröffentlichen wollen.
- Die Texte werden nach der Korrektur durch L im PL vorgestellt oder im Klassenzimmer aufgehängt: S gehen herum und lesen die Texte.

C | Ereignisse in meiner Schule

Dieser Teil sammelt den Wortschatz zum Thema Ereignisse im Schuljahr. Die Tabelle kann man am Ende, aber auch während des Schuljahres fortlaufend ergänzen lassen und hier nur besprechen. Es kann auch ein Gespräch darüber geführt werden, woran S am liebsten zurückdenken, was ihnen viel Spaß gemacht hat, was sie anders machen würden oder was sie für das kommende Schuljahr planen.
Die Wortliste kann natürlich erweitert und der jeweiligen Schule angepasst werden. Sie kann auch bei anderen Lektionen (z. B. Lektion 6) zu Hilfe genommen werden.

Wortschatz | Das war 200...

Die Wortliste führt Gesichtspunkte zur Systematisierung der Ereignisse des Jahres auf und ist aufgrund der Kenntnisse der S ergänzbar. Sie leistet Hilfe zu Aufgabe 1 dieser Lektion.

Deutsch lernen

Der Fragebogen dient zur Auswertung der gemeinsamen Arbeit in der Deutschstunde und zur Selbstevaluation. S sollen anhand der Fragen ihren eigenen Lernprozess durchdenken und bewerten. Daraus sollen auch Zielsetzungen für die weitere Arbeit resultieren, die S für sich formulieren.

Es würde uns freuen, wenn Sie sowohl Ihre als auch die Erfahrungen Ihrer Schüler mit uns teilen würden. Ihre Rückmeldungen erwarten wir gern unter der Adresse:

Klett International
– Edition Deutsch –
Postfach 10 60 16
70049 Stuttgart
www.edition-deutsch.de

Transkription der Hörtexte

Lektion 1

7.
Hans Adolph Halbey: Urlaubsfahrt – siehe KB S. 13

8.
Tagesgeräusche – siehe LHB S. 12

Lektion 2

8. b)
Diskussion in der Familie: Ein Meerschweinchen?
– Mutti!
– Ja.
– Stell dir vor, Peter hat zum Geburtstag Meerschweinchen bekommen.
– Fang nicht wieder an. Ich möchte keine Tiere in der Wohnung haben.
– Die sind aber wirklich süß.
– Ja, und dann stinkt die ganze Wohnung. Wer besorgt sein Futter, wer putzt den Käfig?
– Ich mache ja alles. Peter zeigt mir, wie das geht. Du hast doch damit gar nichts zu tun.
– Das hast du auch schon gesagt, als wir das Aquarium eingerichtet haben. Dann musste das doch immer Vati putzen. Der Osterhase hat voriges Jahr nur von mir Fressen bekommen.
– Du kommst immer mit diesen alten Geschichten! Das war voriges Jahr. Dieses Jahr wird das anders sein, ich verspreche es.
– Na gut, aber wir müssen darüber auch noch mit Vati reden.

10. b)
Und eine Elster?
– Mutti, ich möchte eine Elster haben.
– Eine Elster?
– Ja, eine Elster. Die sind richtig klug.
– Das kannst du doch nicht ernst meinen. Elstern kann man nicht in der Wohnung halten.
– Doch, doch. Am Anfang müssen sie eingesperrt sein, aber mit der Zeit kann man sie freilassen. Sie könnte mich zur Schule begleiten.
– Aber Elstern stehlen.
– Ja, das stimmt, aber man muss mit ihnen nicht Gassi gehen.
– Oh nein, dann immer noch lieber einen Goldhamster.

10. b)
Variante: Und ein Nilpferd?
– Mutti, die Nilpferde im Zoo, die waren süß, nicht wahr?
– Jaja.
– Ich habe bald Geburtstag. Kann ich zum Geburtstag ein Nilpferd haben?
– Ein Nilpferd? Wie soll das denn gehen? Die sind ja furchtbar groß.
– Ja, aber im Garten haben wir Platz. Wir könnten ihm einen kleinen Teich bauen.
– Schätzchen, das kann man doch nicht machen. Was soll denn das arme Nilpferd die ganze Zeit alleine in einem so kleinen Teich? Und weißt du, wie viel Futter ein Nilpferd jeden Tag braucht?
– Na gut, kann ich dann wenigstens einen Esel bekommen?

15.
Interview mit dem Zoodirektor
– Persányi.
– Hallo! Guten Tag, Herr Persányi! Hier wieder Michael Meyer vom Internationalen Schülerrundfunk. Darf ich Ihnen also jetzt einige Fragen stellen?

– Guten Tag, Michael. Ja, gerne. Bitte!
– Herr Persányi, Sie haben auf überraschende Weise Ihre Stelle gewechselt. Drei Jahre lang waren Sie als Experte für Mittel-Osteuropa bei einer internationalen Bank in London tätig, und nun sind Sie seit einiger Zeit Direktor des Tiergartens in Budapest. Wie sind Sie auf diese ungewöhnliche Idee gekommen, sich gerade um diesen Posten zu bewerben?
– Die hatte ich immer schon. Oder genauer gesagt hatte ich schon als Kind den Wunsch, mich irgendwann später mit Tieren zu beschäftigen.
Ich bin in einem kleinen Dorf an der Donau aufgewachsen. Deshalb waren immer viele Tiere um mich herum. Aber so, wie Stadtkinder heutzutage Kleintiere besitzen, hatte ich nie welche. Das war aber auch gar nicht notwendig. Denn gleich nach der Schule ging ich immer an den Fluss, und dort konnte ich stundenlang Tiere, zum Beispiel Wildschweine, Hirsche, Rehe und Raubvögel beobachten. Ich kam mir schon damals wie ein Zoodirektor vor. Da ahnte ich aber natürlich noch nicht, dass ich irgendwann mal auch einer werden könnte.
– Wie haben Ihre Eltern auf dieses Interesse für Tiere reagiert?
– Zuerst gar nicht. Es ist nämlich gar nicht aufgefallen. Das war doch ganz normal, dass ein Kind auf dem Lande nur dann zu Hause aufgetaucht ist, wenn es Hunger bekommen hat. Meine Familie hat sich schnell daran gewöhnt, dass ich ständig eine Sammlung von Ameisen, Schnecken, Fröschen oder Eidechsen hatte. Schwieriger wurde es erst, als ich einmal meine Beobachtungen auch nachts fortsetzen musste. Meine Eltern suchten mich am nächsten Morgen vergeblich … . Erstaunt waren sie aber schon, als ich so mit acht Jahren anfing, über die Tierwelt in Afrika zu lesen. Von da an wurden auch Raubtiere Teil meines Lebens.
– Hätten Sie auch in Wirklichkeit gerne ein Raubtier gehalten?
– Nein. Ich würde „privat" nie eins halten wollen! Oder höchstens vielleicht wirklich in Afrika.
– Wie haben Sie Ihren Chef bei der Bank in London darüber informiert, dass Sie zum Tiergarten wechseln?
– Mein Auftrag als Experte in London wäre erst in zwei Jahren abgelaufen, ich musste meine Entlassung also offiziell beantragen. Meine Gründe habe ich dann in einem Gespräch angegeben.
– Haben Sie da vielleicht auch irgendwelche „guten Ratschläge" bekommen?
– Nein, zum Glück keine! Mein Chef brauchte zwar etwas Zeit, sich mit dem Gedanken anzufreunden, dass ich gehe. Aber er wusste auch gleich, er kannte mich ja schon, dass meine wilden Ideen meistens gar nicht so verrückt sind.
– Herr Persányi, eine letzte Frage noch! Hatten Ihre Kinder die Möglichkeit, zu Hause wenigstens irgendein Kleintier, z.B. eine Maus, einen Hamster oder einen Igel zu halten? Oder war es in London vielleicht nicht ganz so einfach, die Wünsche der Kinder zu erfüllen?
– Mit Letzterem haben sie leider Recht. Sie hätten natürlich gerne eins gehabt, aber ich war mit meiner Familie so oft unterwegs, dass es leider nicht möglich war. Dafür haben sie aber mich jetzt als Zoodirektor!
– Dazu wünscht Ihnen auch der Internationale Schülerrundfunk viel Erfolg! Vielen Dank für ihre Antworten und für Ihre Geduld! Auf Wiederhören!

Lektion 3

9.
Reporter Quick im Trendshop: drei Interviews
1.
Reporter Quick: Entschuldige, du hast dir gerade einen tollen violetten Filzhut gekauft. Sind Hüte bei euch jungen Leuten wieder modern?
Jugendliche 1: Nee, aber ich finde ihn ganz irre!
Rep.: Trägst du ihn so ganz normal, in die Schule oder zur Arbeit?
J. 1: Was denn sonst? Aber was soll diese dämliche Fragerei?
Rep.: Ich bin Quick und schreibe für die Kallstadter Post und mich interessiert, was heute bei euch so in ist, an Klamotten.
J. 1.: Alles ist in, was gefällt. – Tschüss!
Rep.: Danke.

2.
Reporter: Darf ich dich kurz aufhalten? Du suchst ein Jackett?

Jugendlicher 2: Ja, aber ich glaube, hier finde ich nicht das richtige.
Rep.: Wie wäre denn das richtige?
J. 2: Warum interessiert Sie das?
Rep.: Mich interessiert der neueste Trend. Sind schwarze Jacketts noch immer in Mode?
J. 2: Mode?! Die interessiert mich absolut nicht. Hier hängt ja auch nur dieser modische Kram. Was ich suche, ist etwas Zeitloses und ein bisschen eleganter. Ich tanze – müssen Sie wissen.
Rep.: Als Sport? Im Verein?
J. 2: Ja, warum? Ist das denn so ungewöhnlich?
Rep.: Nein. Nein. Natürlich nicht. Dann noch viel Glück beim Suchen. Auf Wiedersehen.

3.
Reporter: Entschuldige, ich bin Reporter für die Kallstadter Post und mich interessiert, was Jugendlichen bei ihrer Kleidung wichtig ist. Ich habe gesehen, dass du sicher mindestens zehn verschiedene Jeans anprobiert hast und doch hast du jetzt keine genommen. Hat dir keine gepasst?
Jugendlicher 3: Ja, eigentlich suche ich eine Diesel in Schwarz oder Dunkelblau. Doch entweder gibt es sie nicht in diesen Farben oder sie führen keine Diesel, wie hier. Also habe ich einmal andere Marken probiert. Aber die passen mir einfach nicht, die sitzen nicht richtig.
Rep.: Ist das nicht vielleicht Einbildung? Und sind Diesel nicht unheimlich teuer?
J. 3: Ja schon. Aber die bringen's auch.
Rep.: Was bringen sie? Die Anerkennung der Freunde oder das Supergefühl?
J. 3: Beides, überhaupt alles. Auf Wiedersehen.

Lektion 4

Wolf Biermann: Kleinstadtsonntag – *siehe KB S. 34*

11.
Annabell erzählt über ihr Hobby
Ich bin Annabell und gehe in meiner Freizeit in ein Tierheim, um dort mit Hunden spazieren zu gehen. Das Leben der Tiere scheint hier nicht einfach zu sein: Oft sieht man in traurige, einsame, manchmal auch in freudige und böse Hundegesichter. Auf jeden Fall erregt dort jeder Besucher ein ziemliches Aufsehen bei allen Tieren.
Die Hunde sind hier meistens zu zweit oder zu dritt in einem Zwinger untergebracht. An jedem Zwinger ist eine kleine Tafel mit Beschreibungen und Informationen über den jeweiligen Hund zu finden. Auch stehen auf der Tafel Eigenschaften der Tiere. Manche sind für ältere Leute geeignet, manche nur für Besitzer mit Hundeerfahrung, andere sind treu, stubenrein, kinderlieb, pflegeleicht und anhänglich. Viele Tiere sind schon ziemlich lange im Heim (bis 8 oder 9 Jahre), und die Chance, einen neuen Besitzer zu finden, ist sehr gering.
Es macht mir viel Spaß, zweimal in der Woche mit einem der Hunde spazieren zu gehen, und auch die Tiere freuen sich darüber.

Lektion 5

1.
Welches Spiel ist das? – *siehe LHB S. 49*

6.
Acht Meinungen über Computerspiele – *siehe KB S. 46*

10.
Interview mit einem „Computeridioten"
Reporter: René, was gefällt dir an diesen Spielen derart, dass du dich praktisch den ganzen Tag über mit ihnen beschäftigst?
René: Ich glaube, es gibt eine ganze Reihe von Gründen. Einer der wichtigsten ist wahrscheinlich, dass du

hier Erfolge erzielen kannst. Du stehst im Mittelpunkt, besiegst deine Gegner und erreichst dein Ziel. Ein weiterer Grund ist, dass du in der digitalen Welt sozusagen tun und lassen kannst, was du willst. Du kannst fliegen, meterweit springen und Leute reihenweise abknallen – es gibt keine Gesetze. Außerdem wird die Realität während des Spielens in den Hintergrund gedrängt, was ich persönlich als angenehm empfinde.
Rep.: Welche Spiele bevorzugst du?
René: Hauptsächlich Baller- und Prügelgames, wie z. B. Doom, Wolfenstein 3D oder Mortal Kombat. Solche Spiele eignen sich hervorragend, um Aggressionen abzubauen.
Rep.: Einige Fachleute behaupten aber genau das Gegenteil.
René: Von mir aus. Diese sogenannten Fachleute haben meist noch nie ein Spiel in den Händen gehabt. Wenn sie wirklich etwas gegen Gewalt haben, dann sollten diese Herren vielleicht einmal einen Blick auf das Fernsehen werfen. Dort wird Gewalt nicht nur laufend gezeigt, sondern auch noch verherrlicht.
Rep.: Du verbringst so an die 10 Stunden pro Tag vor dem Monitor. Macht das nicht einsam?
René: Nein, eigentlich nicht. Ich bekomme oft Besuch von Gleichgesinnten, die sich mit mir messen wollen. Außerhalb der Szene pflege ich jedoch kaum Kontakte, das gebe ich zu.
Rep.: Warum nicht?
René: Hm, schwer zu sagen. Leute, mit denen du dich nicht über diese Sache unterhalten kannst, langweilen dich ganz einfach.
Rep.: Im Ernst?
René: Ja. Ich glaube, jeder, der sich in einer Szene bewegt, denkt so ähnlich.
Rep.: Was ist für dich im Leben wichtiger als Computer- und Videospiele?
René: Meine Freiheit und Unabhängigkeit ist mir wichtiger. Etwas anderes fällt mir im Moment nicht ein.

Brigitte Peter: Ufo–*siehe KB S. 48–49*

Lutz Rathenow: Entwicklung–*siehe LHB S. 54.*

Lektion 6

Irmela Wendt: Wie Schule sein soll–*siehe KB S. 54*

7.
Zwei Schülermeinungen zum Schulschwänzertag: Hanna und Karin
Reporterin: Ihr habt von diesem Schulschwänzertag in Polen gehört. Wie findet ihr die Geschichte?
Hanna: Also ich finde das eigentlich ganz toll. Was ich vor allem beeindruckend finde, dass da alle gleich mitgemacht haben. Denn wenn bei uns so etwas organisiert wird, dann macht doch immer die Hälfte nicht mit. Daher finde ich es echt eine gute Idee, und vor allem, dass das Ministerium das dann auch genehmigt hat, und dass Schüler und Lehrer mal was gemeinsam an einem Tag machen, also ich finde das echt super.
Karin: Super, so etwas sollte es auch bei uns geben. Und vor allem merkt man auch, dass man wirklich etwas bewirken kann, auch als armer, kleiner Schüler, der immer denkt, er hat überhaupt keine Macht und keine Möglichkeiten, und dabei kann man eigentlich doch 'was machen.

8.
Eine Lehrermeinung zum Schulschwänzertag
Reporter: Was halten Sie von dem Schulschwänzertag in Polen?
Frau Renate Eckstein: Ich muss sagen, ich habe den Text gerade gelesen, und ich habe mich sehr darüber gefreut. Was mich besonders beeindruckt, ist, dass hier unwahrscheinlich viel Kreativität gezeigt wird. Die Schüler veranstalten etwas, die Schüler tun etwas, durchaus auch gegen irgendwelche festgesetzten Regeln, und werden irgendwie tätig, in irgendeiner Form. Und ich glaube, das ist doch genau das Problem, das wir heutzutage in unserer Jugend haben, dass keiner sich irgendwie engagieren mag. Und allein die Tatsache, dass das Ganze dann offiziell akzeptiert und anerkannt wurde, zeigt doch, dass das der Schritt in die richtige Richtung war, oder?
Rep.: Wäre das auch in Ihrer Schule vorstellbar?
R. E.: Ich fürchte, nein.

Lektion 7

11.
Vier Meinungen über „die Glotze"

Wiebke:
Fernsehen macht unkreativ, wenn man es übertreibt. Das stimmt besonders für Kinder. Andererseits informiert das Fernsehen auch, was sehr wichtig ist. Und total Scheiße ist es, wenn Eltern ihre Kinder vor die Glotze setzen, nur, damit sie still sind.

Mussar:
Vom Fernsehen wirst du echt blöd. Die Glotze bringt nur Mist. Das Einzige, was ich mir anschaue, sind Nachrichtensendungen und nebenbei, statt Radio, auch MTV. Sonst lese ich oder verbringe meine Zeit lieber mit Freunden.

Marion:
Ich gucke so gut wie nie fern, außer wenn es einen Kinofilm gibt, den ich vorher verpasst habe. Klasse sind für mich Dokumentationen, am liebsten über fremde und ferne Länder. Modesendungen mag ich ganz gerne, zum Beispiel bei MTV. Das Gute an dem Sender ist, dass man es wie Radio im Hintergrund laufen lassen kann. Hoffentlich überlegen sich Fernsehchefs, uns Zuschauer mal etwas mehr zu beteiligen.

Alexandra:
Ich habe nicht viel Zeit zum Fernsehen. Ich gehe lieber mit meiner besten Freundin aus oder faulenze ein bisschen. Wenn mir dann doch irgendwann langweilig ist, schalte ich den Fernseher ein und bleibe auch davor hängen.

13.
Drei Meinungen über die fernsehfreien Tage

A:
Gegen Ende der fernsehfreien Tage sah ich immer öfter auf die Uhr. „Wann?", dachte ich immer. Als ich nach Hause kam, habe ich gemerkt, wie mich ein Heißhunger überfiel zum Fernsehen. Aber ich habe es überlebt und Widerstand geleistet!
Man ist es so gewöhnt: „Puuh, bin ich geschafft, erst mal vor den Fernseher!" Danach ist man aber oft noch geschaffter!

B:
Es ist für mich ein Erlebnis zu merken, dass es ohne Fernsehen oft viel schöner ist. Ich will einfach nur lernen, meine Freizeit mal ohne Dauerberieselung zu gestalten, o. k.?

C:
Ich habe nie Fernsehverbot, darum war es etwas vollkommen anderes, einmal in solcher Hinsicht ein Fernsehverbot mit Absicht zu haben. Ich habe mich gewundert, wie viel Freizeit ich auf einmal hatte. Ich wusste manchmal nicht, was ich machen sollte, und habe versucht, mich daran zu erinnern, was ich früher, als ich kleiner war, gemacht habe. Ich glaube, ich sehe jetzt viel weniger fern.

Lektion 8

11.
Fünf Meinungen über das Verpacken

1.
– Was hältst du von Christo und von der Verhüllung des Reichstags?
– Christo ist für mich kein richtiger Künstler, denn man muss nicht begabt sein, um den Reichstag einzupacken. Picasso konnte malen, aber einen Gegenstand einzupacken ist nicht schwer. Es ist natürlich ein großes Projekt, aber das Geld, das dafür investiert wurde, könnte man besser in unserer Welt anlegen. Es ist eine gute Idee, aber viel zu teuer, um es auszuführen. Was man nicht alles für Kunst hält! Ich habe mal eine eingepackte Schreibmaschine gesehen in einer Ausstellung, und das ist für mich keine Kunst, denn das kann eigentlich jeder – einen Gegenstand irgendwie einpacken mit Klebeband und Plastikfolie. Christo hat das

Ganze vielleicht aus Langeweile gemacht oder um Aufsehen zu erregen, aber auf keinen Fall ist das Kunst.
– Und was würdest du dann verpacken?
– Ja, wie man das so macht … Geschenke zum Beispiel. Geschenke zum Geburtstag, für Freunde, Verwandte, Eltern …

2.
Also der verpackte Reichstag war ein ganz toller Anblick. Es gibt auch wunderschöne Aufnahmen von dem verhüllten Gebäude, bei Tageslicht und bei Abenddämmerung – wirklich wunderschön. Das ist Kunst. Ich würde gern andere interessante Gebäude verpacken, zum Beispiel die Pyramiden in Ägypten oder die Freiheitsstatue in New York, das wär' doch bestimmt auch ein toller Anblick.

3.
Ich habe mir das Ganze ja angeschaut, ich bin extra deswegen nach Berlin gefahren. Da war was los! Viele haben sich was einfallen lassen, die Stimmung auf der Reichstagswiese war einmalig. Zwei Studenten haben zum Beispiel Touristen verpackt: alte Leute, junge Leute, Kinder, Hunde – also jeden, der da mitgemacht hat. Das würde ich auch gern ausprobieren – einmal nur so zum Spaß, und nicht, um Geld zu verdienen.

4.
Ich finde die Idee ganz toll. Endlich mal etwas Ausgefallenes! Dass da sogar die langweiligen Bundestagsabgeordneten mitmachen, hätte ich nicht gedacht. Ich kann nur sagen, ich würde am liebsten gleich meinen ganzen Stadtteil verpacken, damit die Leute endlich merken, wie öde es da eigentlich ist. Mit so einer Aktion könnte man die Bewohner darauf aufmerksam machen. Und dann würden sie vielleicht von selbst drauf kommen, dass man endlich etwas unternehmen müsste, damit es bei uns mehr Grün gibt, mehr Parks mit interessanten Skulpturen zum Beispiel oder so etwas.

5.
Was ich davon halte? Ist doch völliger Blödsinn. Heutzutage, wo man von nichts anderem redet, als von zu viel Verpackung überall, da kommt einer daher und packt gleich den ganzen Reichstag ein. Und so was lassen die Politiker zu. Es ist doch verrückt, so was müsste man verbieten. Ich würde nichts mehr verpacken, rein gar nichts, nicht einmal die Lebensmittel im Supermarkt.

Lektion 9

Hans Manz: Auch andere Väter und Mütter sind Menschen – siehe KB S. 80

5.
Lena erzählt über ihre Mutter
Manchmal habe ich Streit mit meiner Mutter. Sie ist Lehrerin, und wenn sie viele Arbeiten zu korrigieren hat, sitzt sie da und hat einen großen Berg vor sich, und dann hat sie dazu keine Lust, was ja auch selbstverständlich ist, und dann fängt sie an, an mir rumzumosern, einfach nur um ihren Frust über die schlechten Antworten der Schüler abzulassen. Dann fängt sie also an herumzumeckern, weil ich irgendwas in der Küche rumliegen lasse, wie Schuhe oder einen Mantel, oder weil ich die Spülmaschine nicht ausgeräumt habe oder weil ich einfach im Weg rumstehe.
Na ja, hin und wieder streite ich auch mal mit ihr, wenn ich zum Beispiel nicht genug Geld habe, beziehungsweise Sachen von meinem Taschengeld bezahlen muss, die sie eigentlich bezahlen müsste. Das sehe ich dann oft nicht ein, weil ich mich von meinem Taschengeld lieber ins Café setze, mit Freunden treffe oder ins Kino gehe und nicht irgendwelche Bücher für die Schule bezahlen möchte. Neulich ging es zum Beispiel um so ein blödes Amtsgeld für den Führerschein …

7.
Diskussion zwischen Mutter und Sohn
(Die Adventfeier ist vorbereitet, und eine Stunde vor Beginn wollen ein paar Eltern sich treffen, um den Musiksaal einzuräumen. Ich freue mich schon.
Während ich vor dem Spiegel stehe, und mir ein weißes Tuch in den Ausschnitt des roten Pullovers binde, erscheint der Sohn:)

„Du willst doch wohl nicht in diesem Pullover gehen?"
„Doch! Wieso denn nicht? Der ist chic und neu!"
„Mama! Rot! Du kannst doch keinen roten Pullover anziehen!!"
„Wie bitte? Wieso denn nicht? Rot steht mir schon immer gut!"
„Mama! Aber doch nicht in deinem Alter!"
„Also nun hör mal auf, ich bin Anfang Vierzig und nicht Mitte Neunzig! Und selbst dann würde ich noch Rot tragen, wenn es mir gefällt!"
„Also den ziehst du aus!"
„Ach sag mal, das geht zu weit. Du kannst mir doch nicht sagen, was ich anziehe oder ausziehe!"
„So gehe ich (!) aber nicht mit dir (!), da blamiert man sich ja. Wenn du dir keinen anderen Pullover anziehst, komme ich nicht mit!"

(aus: Marianne Arlt. Pubertät ist, wenn die Eltern schwierig werden. In: Tagebuch einer betroffenen Mutter. Herder/Spektrum 1992, S. 19)

8.
Christine Nöstlinger: Bei den Hottentotten –siehe KB S. 83

10.
Drei Meinungen: Jugend früher und heute

Lothar:
– Inwiefern ist die Jugend heute anders als früher? Was ist besser, was ist schlechter geworden?
– Für besser halte ich, dass die Kinder heute insgesamt selbstbewusster sind und freier und offener ihre Meinung sagen. Das war in meiner Kindheit noch anders, wir sind noch mehr zu einer Anpassung erzogen worden.
Für schlechter halte ich, dass heute sehr viel Erziehung über die Medien vermittelt wird. Die Eltern sind sehr oft berufstätig und haben weniger Zeit für die Kinder, so dass zum Beispiel das Fernsehen einen sehr starken Einfluss auf die Kinder hat. Dadurch nehmen Aggressivität und Gewalt zu, andererseits wird die Möglichkeit eingeschränkt, zu diskutieren, die Gedanken auszutauschen.

Frau Biermann:
Die heutige Jugend ist sehr viel anstrengender für die Eltern, als sie es wohl früher war. Sie sind sehr viel fordernder, durchsetzungsfähiger, und die Erziehung ist eine harte Diskussion für die Eltern. Na ja, die Jugendlichen können nicht mehr so unbeschwert sein wie früher, weil sich die Berufssituation sehr verschlechtert hat, und sie müssen sich schon sehr früh überlegen, was sie später machen wollen, was für Noten sie dafür brauchen usw. – da ist natürlich der Druck größer.

Jens-Uwe Schreiber:
Ich finde, dass die heutige Jugend ziemlich respektlos ist, das heißt einfach keinen Respekt vor dem Alter hat. Als ich damals in die siebte Klasse ging, hatte ich vollen Respekt, sogar auch Angst vor den älteren Schülern, aber als ich dann selbst in der zwölften, dreizehnten Klasse war, da zeigten die jüngeren Schüler überhaupt keinen Respekt, die haben sich über einen lustig gemacht. Solche Erfahrungen hatte ich auch im Skiurlaub, als sich welche beim Anstellen vor dem Skilift vorgedrängelt haben und dann auch noch frech geworden sind. Ich finde es ziemlich schlimm, dass die Eltern ihre Kinder nicht mehr im Griff haben. Sie erziehen sie zu freizügig und bringen den Kindern den nötigen Respekt vor Erwachsenen nicht bei.

Lektion 10

Gerhard Schöne: Fantasia –siehe KB S. 90

5.
Traumberufe

Christian:
Ich möchte Meeresbiologe werden. Ich tauche, seitdem ich neun Jahre alt bin. Darum weiß ich, wie interessant die Unterwasserwelt ist. Als Meeresbiologe muss man Wasserproben und Fische untersuchen und darüber Berichte schreiben. Man braucht einen Tauchschein und ein Studium. Die Arbeit vom Hubschrau-

ber aus ist bestimmt so interessant wie die Analyse im Labor. Privat möchte ich eine Familie gründen, Zeit für sie und meine Hobbys haben, und weite Reisen in ferne Länder machen.

Katharina:
Mein Berufswunsch ist Ärztin. Ich möchte Leben retten. So viele Menschen haben Krebs; denen möchte ich helfen. Nach dem Abitur will ich darum Medizin studieren. Das Studium ist ziemlich lang. Anschließend wird man Assistenzärztin, später Ärztin. Mein Traum ist es, Chefärztin zu werden. Interessant fände ich, einmal in Afrika zu arbeiten. Ich möchte auch eine Familie gründen und für meine Hobbys und den Beruf genug Zeit haben.

Guido:
Mich interessiert die Arbeit mit Holz. Darum möchte ich Zimmermann oder Schreiner werden. Es macht mir Spaß, gestalterisch im und am Haus zu arbeiten. Allerdings ist die Arbeit körperlich anstrengend. Die Ausbildung macht man in einem Betrieb. Nach drei Jahren wird man dann Geselle, und anschließend kann man noch Meister werden. Als Meister darf man selbst Lehrlinge ausbilden. Ich möchte auch heiraten und Kinder haben. Mit meinen Hobbys, Fußballspielen und Tauchen, will ich auch in Zukunft nicht aufhören.

Bertolt Brecht: Märchen *–siehe KB S. 95*

Lektion 11

7.
Radfahrer erzählen: drei Interviews
Michaela und Veronika
Reporter: Ihr habt alle beide an der HR-Radtour teilgenommen.
Michaela: Ja.
Rep.: Was für ein Fahrrad habt ihr?
Veronika: Ich hab' ein Mountainbike.
M: Ich auch.
Rep.: Und warum habt ihr an dieser Tour teilgenommen?
V: Weil ich eigentlich gerne Fahrrad fahre und 'was in der Gruppe machen wollte.
M: Sie hat mich überredet.
Rep.: Seid ihr zu zweit gekommen?
V: Nee, meine Eltern waren noch mit dabei gewesen, und wir haben hier eigentlich schnell Freunde gefunden.
Rep.: Wie lange dauerte diese Radtour?
M: Zwei Tage. Am ersten Tag sind wir 80 km gefahren, ich schätze mal so 5 Stunden waren wir unterwegs, mit sehr viel Pausen.
V: Und am nächsten Tag halt nochmal 73 km.
Rep.: Und war das nicht anstrengend für euch?
M: Nee, ich fand's nicht anstrengend.
V: Doch, für mich schon.
Rep.: Wo habt ihr übernachtet?
M: Wir haben in einer Turnhalle übernachtet. Die meisten haben draußen geschlafen, weil dort frische Luft war und da war's auch nicht so laut gewesen. Also es war ziemlich laut gewesen in der Turnhalle.
Rep.: Und wie war es mit Waschen und so was?
V: Ja, wir waren in der Turnhalle, wie gesagt, da hatten wir Duschen gehabt, es war alles da gewesen. Da konnte man schön duschen und konnte eigentlich alles machen.
Rep.: Also es war nicht unangenehm oder so.
M: Nein.
Rep.: Habt ihr schon mal an so einer Tour teilgenommen?
V: Nein, ich nicht.
Rep.: Und wie habt ihr davon erfahren?
M: Wir haben das durch das Radio erfahren. Die haben eine Durchsage gemacht.
Rep.: Und das war dann deine Idee?

V: Eigentlich war die Idee von meinen Eltern. Und ich war gleich begeistert gewesen, ich wollte mitfahren.
Rep.: Fahrt ihr auch in eurer Freizeit oft Fahrrad?
M: Es geht eigentlich. So wenn man mal Zeit hat.
Rep.: Also nicht so, dass ihr trainiert oder so was.
V: Nee, trainieren tun wir eigentlich nicht.

Reiner
Reiner: Ich habe auch an der Tour teilgenommen, ja.
Rep.: Nehmen Sie oft an solchen Touren teil?
R: Das ist jetzt die zweite Tour. Die erste war im letzten Jahr in Bayern, das waren allerdings sechs Tage und diese war ja nur über zwei. Ich bin schon am Freitag bereits von meinem Wohnort mit dem Fahrrad angereist, so dass ich alles in allem doch drei Tage geradelt bin.
Rep.: Und hat das Ganze sich gelohnt?
R: Ich möchte das an dem Begriff „gelohnt" festmachen, es hat Spaß gemacht. „Gelohnt" hat irgendwas mit Geldverdienen oder Geldbekommen, also mit Materiellem zu tun und mir geht's da irgendwo um ideelle Dinge. Wie gesagt, ein bisschen Spaß zu haben, ein bisschen was für die Gesundheit tun dabei, das ist es eigentlich.
Rep.: Fahren Sie nur zu solchen Anlässen Fahrrad?
R: Ich fahre also ziemlich regelmäßig, in der Woche so 80-120 km.
Rep.: Sind Sie alleine hier? Oder fahren auch andere aus Ihrer Familie mit?
R: Also hier bin ich alleine, zu Hause, wenn ich da fahre, fahr' ich mit Arbeitskollegen; aus der eigenen Familie oder aus der Verwandtschaft fährt also keiner Fahrrad.
Rep.: Was für ein Fahrrad haben Sie?
R: Ein Mountainbike.

Ehepaar
Rep.: Sie haben hier ein wunderschönes Fahrrad. Was für ein Fahrrad ist denn das?
Frau: Das ist ein Tandem. Und wir fahren aus dem Grund Tandem, weil mein Mann zu 100% behindert ist, er ist blind, seit einer spastischen Lähmung seit sieben Jahren, und wir haben schon einige große Touren in Deutschland hinter uns.
Rep.: Dann machen Sie das öfter.
Frau: Ja.
Rep.: Und wie hat Ihnen diese Tour gefallen?
Frau: Ja, so war sie an sich sehr schön, war auch teilweise sehr stressig, zumindest hier für's Tandem, aber ansonsten, landschaftlich und so, war's wunderschön.
Rep.: Was war das Schönste an dieser Tour? Gab es einen Moment, der wirklich der beste war?
Frau: Ich kann da nichts Besonderes hervorheben. Oder doch: Dass man immer hilfsbereite Leute findet, wenn es mal nicht so klappt bei uns beiden, das ganze Zusammen mit allen Radlern, man ist Gleichgesinnte unter Gleichen ... Es war schon gut.
Rep.: Probleme hatten Sie nicht.
Frau: Überhaupt nicht, nein.
Rep.: Das Wetter war auch wunderschön.
Frau: Ja, eigentlich ein bisschen zu heiß zum Fahrradfahren.
Rep.: Jetzt frage ich Ihren Mann. War das für Sie nicht zu anstrengend?
Mann: Auf keinen Fall, auf keinen Fall. Ich hätte noch mehr fahren können. Von der Seite geht das schon ... wir beide zusammen – da geht das.

9.
In der Jugendherberge–*siehe LHB S. 113*

Lektion 12

3.
Markus und Indra erzählen
Markus:
Ich verkaufe jetzt in den Ferien Popcorn: Das heißt, ich stehe den ganzen Tag in einem Wagen und fülle

Popcorn in Tüten oder verkaufe Zuckerwatte. Das ist mein erster Ferienjob. Manchmal arbeite ich 11 Stunden am Tag. Ich wohne in Bad Münstereifel, das ist dreißig Kilometer weit weg von hier, ich muss also jeden Morgen früh aufstehen. Aber mein Freund nimmt mich zum Glück in seinem Auto mit. Um neun muss ich da sein, und wenn das Wetter schön ist, bleiben einige Besucher bis zum Schluss. Am Abend sind wir todmüde.

Von dem Job hat mir mein Freund erzählt. Ich habe mich dann schriftlich beworben und sie haben mich zu einem Vorstellungsgespräch geladen. Zuerst musste ich natürlich das Ganze lernen, dann hatte ich meinen Platz in dem Popcorn-Wagen. Die Arbeit gefällt mir eigentlich ganz gut. Manche bitten mich auch um Auskunft über den Park. Ich kenne mich ja hier schon gut aus.

Indra:

Ich habe gerade Abitur gemacht, und ich wollte irgendwas mit Werbung oder Öffentlichkeitsarbeit machen. Da habe ich also in verschiedenen Pressestellen angerufen, um zur ersten Orientierung einen Ferienjob zu suchen. Ich hatte dann großes Glück, ich habe nämlich gleich ein richtiges Praktikum für mehrere Wochen bekommen. Zuerst hat man mich mit den verschiedenen Arbeitsgebieten bekannt gemacht, das heißt, Telefonieren, Anfragen schriftlich beantworten, Prospekte verschicken und so. Was ich noch lernen muss, ist, mit dem Computer zu arbeiten.

Ich jobbe, weil ich das Geld brauche. Abends ausgehen ist teuer. Und ich möchte mir ein Auto kaufen. Da kann ich das Geld gut gebrauchen. Aber dieses Praktikum ist auch wirklich mehr als ein Fereinjob zum Geldverdienen. Es wäre ganz toll, wenn ich im Herbst eine feste Stelle bekommen könnte. Bis dahin kann ich ja noch einige Erfahrung sammeln.

6. b)
Robin und Marion suchen einen Job

Robin

Robin: Ich bin Robin und ich studiere eigentlich in Göttingen Physik, aber in Göttingen ist die Jobsituation total beschissen, deswegen versuche ich in Kassel Arbeit zu finden. Am liebsten würde ich nachts arbeiten, weil man da mehr Geld kriegt. In Göttingen kriegt man zum Beispiel nur 12,– DM die Stunde, weil zu viele Studenten arbeiten wollen, und hier hoffe ich auf 20,– DM nachts oder so etwas, aber es sieht nicht gut aus, also irgendwie sind keine Jobs da.
Rep.: Und an was für einen Job hast du gedacht?
R: Ich würde bei der Post Briefe sortieren, da gibt's 24,– DM die Stunde, die suchen aber keinen mehr. Oder in einer Druckerei nachts, das ist ganz gut. Wozu ich keine Lust habe, ist auf dem Bau zu arbeiten, das habe ich früher mal gemacht. Das ist ein bisschen zu anstrengend und nervig.
Rep.: Und jetzt hast du diese Karteikarte ausgefüllt, also du warst noch nie hier.
R: Ich war schon mal da, aber das war vor einem Jahr oder so.
Rep.: Hast du an der Tafel schon etwas gesehen?
R: Ich habe noch nicht geguckt. Ich weiß gar nicht, wie das funktioniert hier. Ich hoffe, dass ich etwas finde.
…
R: Ich würde am liebsten nachts arbeiten, aber ich arbeite natürlich auch tagsüber, wenn's …
Mitarbeiterin: Hm, das können wir ja dazuschreiben. … So, bis zum 3.10. also.
R: Ja.
M: Haben Sie ein Auto zur Verfügung?
R: Motorrad.
M: Motorrad, na ja, das ist egal. Hauptsache, Sie kommen von der Stelle. … Im Moment haben wir nur einen Tagesjob für nächste Woche Mittwoch, in Friedland.
R: Echt? Ich wohne in Friedland.
M: 4–6 Stunden. Da sollen Büromöbel ausgeladen werden, das ist eine größere Firma …
R.: Wie viel Mark gibt's da die Stunde?
M: 15,– DM die Stunde plus die Fahrtkosten.
R: Ja, ist ja ganz gut.
M: Ja? Gut. Dann mache ich Ihnen eine Kopie.

Marion

Rep.: Was für eine Arbeit suchst du?
Marion: Also eigentlich ist mir das ziemlich egal, ich suche irgendwas, wo ich Geld verdienen kann, weil ich im Moment keinen Job habe und mein Bafög ist jetzt ausgelaufen, deshalb brauche ich jetzt dringend Geld.

Rep.: Möchtest du das ganze Semester lang arbeiten?
Ma: Nee, also ich suche eigentlich eine feste Arbeit, aber zur Überbrückung brauche ich einen Job.
Rep.: Und hast du irgendwelche Vorstellungen?
Ma: Nein. Nicht im hauswirtschaftlichen Bereich, das ist eigentlich die einzige Einschränkung. Ansonsten ist mir das ziemlich egal. Hauptsache ich kriege irgendwie Geld.
Rep.: Und hast du hier an der Pinnwand irgendetwas gefunden?
Ma: Nein, da war eigentlich nichts. … Also das Problem ist, dass ich auch keinen Führerschein habe und dadurch schon ein wenig eingeschränkt bin.
Rep.: Na ja, ich hoffe, dass du etwas findest.
…

Mitarbeiterin: Sie möchten jetzt das Gespräch. Ja.
Ma: Also ich habe jetzt hier nichts weiter hingeschrieben, mir ist es ziemlich egal, ich mache eigentlich alles.
M: Sie sind jetzt Diplomsozialarbeiterin, abgeschlossen, eingeschrieben weiterhin?
Ma: Ja. … Also ich würde auch im Kindergarten oder so als Aushilfe …
M: Mhm. Erzieherin ist auch abgeschlossene Ausbildung.
Ma: Ja.
M: Und wann können Sie arbeiten? Ab sofort?
Ma: Ab sofort.
M: Ob Vollzeit, Teilzeit, ist egal. Und in welchem Zeitraum? Ende der Semesterferien?
Ma: Auch darüber hinaus noch.
M: Führerschein ist nicht da, sehe ich gerade. … Was möchten Sie denn weiter machen jetzt? Sie lassen sich eingeschrieben, bis Sie etwas gefunden haben?
Ma: Also ich suche eigentlich eine feste Stelle.
M.: Gut. Dann muss ich erstmal die ganze Kartei durchsehen, ob wir etwas Passendes für Sie haben. Das dauert aber etwas länger. Am besten rufe ich Sie an, wenn ich etwas finde. Wär' Ihnen das recht?
Ma: Ja natürlich. Vielen Dank. Meine Nummer haben Sie ja.

7.
Die Mitarbeiterinnen von JOB erzählen
Rep.: Ich bin hier im City-Büro, das ist eine Außenstelle des Kasseler Arbeitsamtes, und ich möchte jetzt die Mitarbeiterinnen befragen: Ab welchem Alter dürfen Jugendliche in Deutschland eine Arbeit annehmen?
Mitarbeiterin 1: Ja …, die Jugendlichen dürfen ab 15 Jahre arbeiten, es sieht aber so aus, dass bei uns die Möglichkeiten für Fünfzehnjährige sehr beschränkt sind. Überwiegend werden bei uns Tätigkeiten angeboten für Jugendliche so ab 18 Jahren, weil ja viel Schichtarbeit und Tätigkeiten mit Nachtarbeit und so etwas angeboten wird.
Rep.: Und können Sie Arbeiten nur in den Semesterferein bzw. Schulferien anbieten oder auch während der Schulzeit?
M1: Auch während der Schulzeit. Da haben wir hier im Wartezimmer ein Schwarzes Brett und da hängen wir die Sachen aus, die stundenweise neben Schule und Studium angeboten werden. Und da gibt es auch eine Menge Möglichkeiten.
Rep.: Also praktisch vermitteln Sie auch Teilzeitjobs.
M1: Auch Teilzeitjobs, ja, oder Dauerjobs auf dieser 580,– DM Basis oder für Studenten natürlich auch bis zu 20 Stunden in der Woche.
Rep.: Und wenn Schüler und Studenten zu Ihnen kommen, werden Sie dann in eine Kartei aufgenommen oder wie geht das bei Ihnen?
M1: Ja, wir haben Karteikarten, die wir ausfüllen lassen. Darauf wird eingetragen, was man gerne arbeiten möchte oder wie lange, wie oft, Tagesjobs oder Vollzeitjobs, und das nehmen wir in unsere Kartei auf.
Rep.: Was für Jobs haben Sie jetzt im Angebot? Können Sie ein paar Beispiele sagen?
M2: Ja. Im Moment suchen wir einmal eine Arzthelferin, das ist wohl eine Urlaubsvertretung, für 25 Stunden in der Woche, also eine Teilzeitsache. Das ist immer ein bisschen schwieriger, da das eine gelernte Kraft wohl sein soll, und da müssen wir unsere Studenten einmal durchsehen, wer vor seinem Studium so eine Ausbildung gemacht hat.
Oder hier suchen wir noch einen Programmierer, das ist auch ein bisschen schwerer, weil die irgendwelche besonderen Kenntnisse haben müssen, und nicht immer haben wir Studenten in unserer Kartei, die gerade über diese Kenntnisse verfügen, aber wir versuchen es zumindest.

M1: Hier haben wir noch Fahrer für Gefahrenguttransporte, da haben wir auch im Moment zwei Studenten benachrichtigt. Das ist eben nur mit diesem Schein für Gefahrengut zu machen. Dann gibt es im Moment Tagesjobs, Interviewer zum Beispiel. Aber die Palette ist im Moment nicht so groß.
M2: Hin und wieder Bauhelfer. Das ist jetzt gerade so in den Sommermonaten problematisch mit den eigenen Arbeitnehmern, die sind auch im Urlaub, und man braucht doch mal jemanden, der mit zupackt.
M1: Ja. Auch Bauhelfer im privaten Bereich, wenn die Leute privat ein Haus bauen oder umbauen, dann haben wir auch viele Möglichkeiten, da irgendwas zu machen.
Rep.: Eine Bekannte von mir ist auch in Ihrer Kartei angemeldet und sie hat mir gesagt, dass Sie hauptsächlich Arbeit für Jungen haben. Stimmt das?
M1: Es stimmt, dass also im Moment für Frauen weniger Möglichkeiten bestehen. Gerade so für körperlich schwere Arbeiten, da kann man nur Männer vermitteln, da sind die Möglichkeiten größer.
Rep.: Vielen Dank für das Interview.

Ergänzungsmaterialien

Lektion 1

Steckbriefe

Steckbrief 1

Name: _____
Vorname: _____
Adresse: _____
Geburtsdatum: _____
Heimatland: _____
Muttersprache: _____
Größe: _____
Gewicht: _____
Haarfarbe: _____
Augenfarbe: _____
Spezielle Merkmale: _____
Lieblingskleidung: _____
Lieblingsfarbe: _____
Lieblingstier: _____
Lieblingsessen: _____
Lieblingsspiel: _____
Hobbys: _____

Steckbrief 2

Mein Sternzeichen: _____
Meine Besessenheit: _____
Meine Sehnsucht: _____
Mein Samstag: _____
Mein Glück: _____
Meine Leidenschaft: _____
Meine Stärke: _____
Meine Schwäche: _____
Meine Wurzel: _____
Meine große Pause: _____
Meine kleine Pause: _____
Meine Energie: _____
Meine Farben: _____
Meine Sucht: _____
Mein guter Tag: _____
Mein kleines Chaos: _____
Meine Lust: _____
Mein Luxus: _____

Lektion 2

„Wir haben 8000 Stacheln, aber keine Chance gegen euch Menschen"

Ein Igel schreibt über seinen Lebenskampf

Die letzten Tage waren schrecklich. Ich selbst bin am Dienstag auf der Landstraße nach Rosenheim gerade noch einmal davongekommen, meine Schwester aber hat es gestern nicht mehr geschafft – sie wurde von einem Auto überfahren.

Wir Igel sind nicht etwa leichtsinnig und laufen zum Spaß auf den Straßen herum. Wir können nur nicht anders, als jetzt im Herbst möglichst viel unterwegs zu sein, um uns Fett für den Winterschlaf anzufressen. Und weil es überall Straßen gibt, müssen wir drüber. Wir merken zwar, wenn sich ein Auto nähert, aber erstens geht das rasend schnell, zweitens sind wir keine Fluchttiere, sondern wir rollen uns ein und vertrauen auf den Schutz unserer 8000 Stacheln. Die helfen gegen Katzen und Hunde, aber leider nicht gegen Autoreifen.

Weil wir unser angeborenes Verhalten nicht ändern können, sterben jedes Jahr eine Million meiner Artgenossen auf Deutschlands Straßen. Einer pro Kilometer; an den Stadträndern, wo's die vielen Gärten gibt, sogar über fünf.

Dabei bräuchten die Autofahrer, die viel klüger und lernfähiger sind als wir, doch nur ein bisschen vorsichtiger zu fahren. Zumal wir sogar fast fahrplanmäßig in unserem Revier unterwegs sind: zwischen 18 und 22 Uhr, zwischen Mitternacht und zwei Uhr früh, dann noch mal von vier bis sechs.

Noch gibt es zwei oder drei oder gar vier Millionen von uns in Deutschland (wie viele genau, weiß niemand), aber unser Überleben wird immer schwieriger. Nicht nur wegen der vielen Autos.

Schlimm ist auch, dass immer mehr Hecken und Büsche verschwinden. Dass Bauern tonnenweise Gift versprühen und sogar die Komposthaufen in den Gärten verschwinden. Wo sollen wir uns verstecken? Wo sollen wir etwas zum Fressen finden? Und die Beutetiere? Die wir erwischen, sind so voller Gift, dass auch wir krank werden: Die Stacheln fallen uns aus, unser Nachwuchs hat immer häufiger Erbschäden.

Soll unser Dasein nach 60 Millionen Jahren jetzt etwa zu Ende gehen, nur weil die Menschen so unvernünftig handeln?

GESCHICHTE DER JEANS

1829
am 26. Februar wird Levi Strauss in Buttenheim geboren

1848
wandert er nach Amerika/New York aus

1853
nach Übersiedelung nach San Francisco produziert er die erste Levi's Hose aus braunem Segeltuch (später aus indigogefärbtem Denim)

1872
erste Jeans mit verstärkten Kupfernieten

1873
20. Mai: Patentierung der Nieten
Gestickter Doppelbogen (Arcuarte-Design) erstmals auf den Gesäßtäschchen, das älteste bekannte Markenzeichen

1886
Einführung des „Two Horse Brand" (Lederetikett mit Pferde-Qualitätstest), der Watch-Pocket (Uhrentasche) und des verstellbaren Riegels

1890
Gründung der Firma Levi Strauss & Co. (damals 40 Mitarbeiter)

1902
Levi Strauss stirbt im Alter von 73 Jahren.

1906
Das große Erdbeben von San Francisco zerstört fast die kompletten Firmengebäude.

1922
Die Jeans erhalten Gürtelschlaufen. Die Knöpfe für die Hosenträger bleiben jedoch vorerst erhalten.

1936
Das berühmte „Tab" kommt auf die rechte Gesäßtasche der Levi's Jeans.

1941
Die 501 wird zum kriegswichtigen Produkt erklärt, dadurch rarer und noch begehrter. Dann bringen die GIs die Jeans nach Europa.

1950
Die Zeit der neuen Idole bricht an, Stars wie Marlon Brando, James Dean und Marilyn Monroe tragen Jeans und werden zu Vorbildern für die Jugend.

1966
Die Nieten auf den Gesäßtaschen werden durch verstärkte Nähte ersetzt.

1986
Der berühmte 501-Spot „Waschsalon" kommt in die Kinos, dem weitere erfolgreiche Spots folgen. Ein Jeansboom wird ausgelöst.

Lektion 4

Inserat

Veranstalter des Internationalen Tennisturniers in Wien sucht

Ballbuben/-mädchen (ab 14 Jahren) in der Zeit vom 26. 12. bis 30. 12. 2001

BewerberInnen mit Regelkenntnissen bewerben sich
bis 1. Oktober schriftlich bei:

Tennis-VA, Gewinnstraße 16, 1050 Wien

Bewerbungsbrief

Isabel Kreiml
Schreiberweg 1
1190 Wien

Wien, am 15. September 2001

Tennis-VA
Gewinnstraße 16
1050 Wien

Inserat vom 1. September 2001
<u>Bewerbung als Ballmädchen</u>

Sehr geehrte Damen und Herren,

ich möchte mich als Ballmädchen für das Tennisturnier vom 26. Dezember bis 30. Dezember 2001 bewerben.

Ich bin 15 Jahre alt, spiele seit sechs Jahren selbst begeistert Tennis und nehme regelmäßig an Turnieren teil. Daher bin ich sowohl mit den Regeln als auch mit den Aufgaben eines Ballmädchens gut vertraut.

Ich bewerbe mich für diese Tätigkeit, weil ich mir gern zusätzliches Geld verdienen und international bekannte Spieler aus der Nähe beobachten möchte. Weitere Angaben zu meiner Person entnehmen Sie bitte dem beiligenden Lebenslauf.

Über meine Einladung zu einem persönlichen Gespräch würde ich mich sehr freuen.

Mit freundlichen Grüßen

Isabel Kreiml

<u>Lebenslauf</u>

Lektion 5

aus: Brigitte Peter: *Ufo*

„Hoffentlich stürzt sie nicht ab", sagte Susanne.
„Unsinn!" rief Theodor.
„Wie bitte?" fragte die Maus. Theodor hörte sie durch die Kopfhörer. „Nichts", sagte er.
„Du hast doch etwas gesagt!"
„Nein."
„Du hast Unsinn gesagt", sagte die Maus.
„Das habe ich nicht zu dir gesagt", sagte Theodor.
Darauf blieb es still in den Kopfhörern. Nur manchmal knackte es ein wenig. Die Untertasse flog am Fernsehturm vorbei.
„Mach jetzt eine Kurve und komm zurück", sagte Theodor in das Mikrofon seines Funkgerätes.
Die Maus gab keine Antwort.
„Was ist denn?" fragte Theodor. „Maus, Maus! Kannst du mich hören?"
„Ja", sagte die Maus. „Ich kann dich ganz genau hören, aber ..."
„Was denn, aber?"
„Ich kann keine Kurve machen!"
„Funktioniert etwas nicht?" fragte Theodor.
„Ach", sagte die Maus, und ihre Stimme klang schwach. „Ich bin so schwindlig. Alles dreht sich. – Ich weiß nicht, wie ich da eine Kurve machen soll."
„Zu dumm!", sagte Theodor. „Gib wenigstens acht, daß du nicht gegen den Kirchturm fliegst. – Dort kommst du nämlich gerade hin."
„Er ist schon vorüber", sagte die Maus.
„Du mußt zurückkommen!" rief Theodor in das Mikrofon. „Irgendwann mußt du doch zurückkommen!"
„Ja", sagte die Maus. „Das weiß ich selber. Ich komm ja auch zurück. Sobald ich nicht mehr schwindelig bin, werde ich umdrehen."
Doch die Untertasse flog weiter und weiter und wurde immer kleiner. Zuletzt war sie nur noch ein Punkt.
„Los, bring ein Fernglas!" sagte Theodor.
„Haben wir denn eines?" fragte Susanne, und die Maus in den Kopfhörern sagte: „Ich kann doch jetzt kein Fernglas bringen!"
„Nein, nicht du", sagte Theodor.
„Wer denn?" fragte Susanne.
„Na, du natürlich!" schrie Theodor. Doch dann schaute er zum Himmel und sagte: „Jetzt ist sie weg. Jetzt brauche ich kein Fernglas mehr."
„Entschuldige", sagte die Maus. „Aber ich habe gar kein Fernglas."
„Schon gut", sagte Theodor. Er setzte sich ins Gras und schaute auf die Gänseblümchen und auf den Löwenzahn. Denn am Himmel war nichts mehr zu sehen, wonach er schauen konnte.
Er nahm die Kopfhörer ab und legte sie neben sich, weil es darin auch nichts mehr zu hören gab. Es gab keine Funkverbindung mehr mit der Maus.
„Hoffentlich ist sie nicht abgestürzt", sagte Susanne.
Unsinn, wollte Theodor sagen. Aber er sagte es nicht. Er schaute auf die Kirchturmuhr. Es war zehn Minuten vor vier.
Die Kirchturmuhr schlug vier. Sie schlug fünf und sechs, und Theodor saß immer noch in dem Dachgarten. Susanne auch. Beide hörten die Uhr schlagen, aber sie schauten nicht mehr hin. Wozu auch? Man sieht ja nichts Besonderes, wenn eine Uhr schlägt, höchstens wie spät es ist. Aber das hört man ohnedies, wenn man die Schläge mitzählt.
Theodor und Susanne hielten den Kopf gesenkt. Alle beide. Das war schade, denn sonst hätten sie gesehen, daß gerade in dem Augenblick, als die Kirchturmuhr sechs schlug, etwas durch die Luft geflogen kam. Gerade auf den Dachgarten zu.

Lektion 6

Verhaltensregeln für Lehrer

1. Jeder Lehrer hat ordentlich und reinlich gekleidet zum Unterricht zu erscheinen.

2. Beim Betreten des Schulgebäudes hat jeder Lehrer seine Schuhe auf Matten zu reinigen.

3. Jeder Lehrer ist verpflichtet, auf die Sauberkeit des Schulgebäudes zu achten. Alle Abfälle sowie das Pausenbrotpapier der Lehrer sind in die dafür aufgestellten Abfallkörbe, nicht auf den Pausenhof zu werfen.

4. Den Lehrern ist das Rauchen grundsätzlich untersagt.

5. Das Raufen, Rennen und Lärmen in Gängen, den Klassenräumen und auf den Treppen wie auch das Rutschen auf den Treppengeländern ist allen Lehrern strengstens verboten.

6. Während der Pausen ist es den Lehrern nicht erlaubt, ohne Auftrag eines Schülers die Klassen zu betreten.

7. Wegen der großen Lehrerzahl ist das wilde Herumtoben und Raufen auf dem Schulhof zu unterlassen. Das Werfen mit Steinen und Bällen, das Fußballspielen usw. auf dem Schulhof sind den Lehrern streng verboten.

8. Es ist allen Lehrern untersagt, Schleudern, Streichhölzer, Sprengkörper aller Art, Springmesser oder andere gefährliche Gegenstände, die den Schulablauf stören, in den Unterricht mitzubringen.

9. Jeder Lehrer ist vepflichtet, den Vorschriften der Schüler ohne Weigerung zu folgen. Tut er es nicht, muss er mit einer angemessenen Strafe rechnen.

10. Während des Unterrichts darf kein Lehrer sein Pult verlassen. Lehrer, die während der Schulstunden herumalbern, mutwillig den Unterricht stören, heimlich essen oder Kaugummi kauen, werden vom Unterricht ausgeschlossen und mit Nachsitzen bestraft.

11. Alle Lehrer, die etwas in der Schule stehlen, werden angezeigt, und es werden die Eltern der Lehrer benachrichtigt.

12. Diese Schulordnung gilt sinngemäß auch für den Direktor der Schule, den zuständigen Schulrat sowie für alle Vertreter des Kultusministeriums.

Lektion 7

Plakat: Lese-Nacht in der Wilhelm-Löhe-Schule in Nürnberg

LESE-NACHT an der W-L-S

Freitag, 8. Mai um 19.30

==> Zur Lese-Nacht können alle kommen

==> Schüler ab der **9. Klasse** dürfen übernachten

==> Schlafsack und eventuell Isomatte mitbringen

==> Für Getränke sorgt die SMV (Unkostenbeitrag: 1,-)

==> Wenn möglich bringt Kuchen, Salat, oder so mit

==> Ihr könnt eigene Bücher mitbringen (Namen nicht vergessen)

==> Für Fragen und Anregungen stehen die Schülersprecher jederzeit zur Verfügung

==> Anmeldungen gibt es bei den Schülersprechern, im Sekretariat und im SMV-Zimmer

==> Für alle, die uns am Samstag dann beim Aufräumen helfen, gibt es ein gemeinschaftliches Frühstück

Lektion 8

Plakat: Müllkonzept der Wilhelm-Löhe-Schule in Nürnberg

So sieht das Müllkonzept unserer Schule aus:

Müll enthält viele Rohstoffe. Diese Wertstoffe sollten sorgfältig vom restlichen Abfall getrennt werden. Das verringert unsere Müllberge und senkt die Belastung unserer Atemluft mit Schadstoffen, die bei der Verbrennung des Mülls entstehen. Alle Schüler sind aufgerufen, Abfälle sorgfältig zu trennen und in die dafür vorgesehenen Behälter zu geben.
Für die Trennung des Abfalls stehen Wertstoffbehälter in den Klassenzimmern, den Fachräumen und in den Pausenhallen bereit.

Im Klassenzimmer und den Fachräumen

Mach mit! Mach mit! Mach mit!

Container für Papier

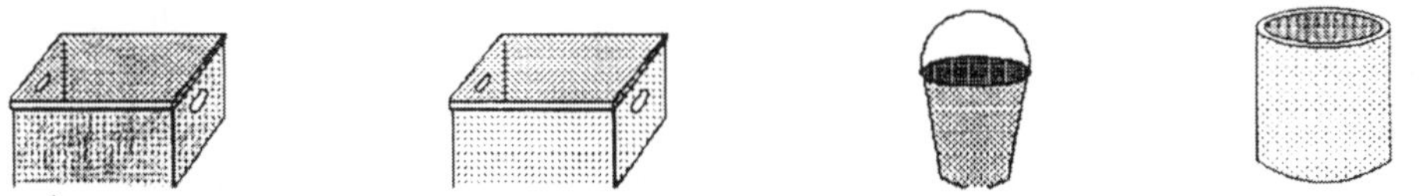

Einwurf:
Papier (ohne Klammern), Karton
Leerung:
- in die blauen und gelben Großcontainer am Haupteingang!!
- wird von den Schülern des Ordnungsdienstes nach Notwendigkeit, jedoch mindestens einmal wöchentlich am Freitag geleert!

Container für "Grünen Punkt"

Wertstoffe mit dem "Grünen Punkt", jedoch kein Glas, keine Metalldosen, alle Behälter müssen leer sein, Jogurtbecher u.ä. müssen löffelrein sein, bitte nicht spülen!

Biomülleimer

nur für kompostierbare Reste von Brot, Obst, u.a. Lebensmitteln; keine flüssigen Nahrungsmittel

Restmülleimer

für nicht mehr trennbaren Restmüll, verschmutztes Papier

→ wird vom Reinigungspersonal geleert

Auf den Gängen stehen in der Regel nur Restmülleimer; Wertstoffe, Verbundstoffe und Biomüll sollten dort nicht eingeworfen werden.

In den Pausenhallen

Mach mit! Mach mit! Mach mit!

Glas (weiß, braun, grün) **Blechdosen** **"Grüner Punkt"** (gelb, blau) **Batterien** **Biomülleimer** **Restmülleimer**

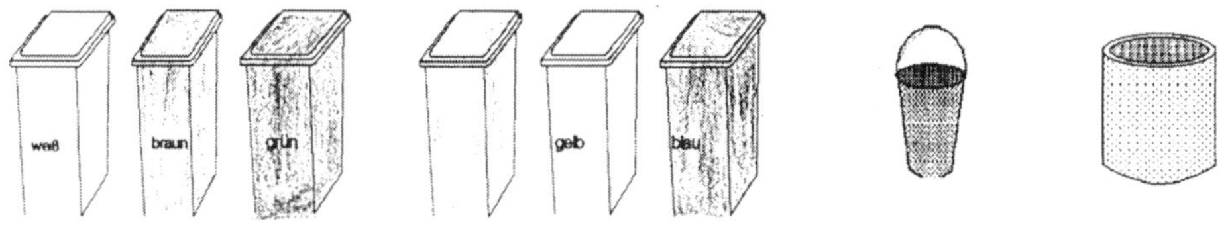

Wichtig ist:
In allen Behältern müssen die Wertstoffe (Papier, Glas, Alu, Metalle, Bioabfälle) möglichst sortenrein und sauber sein. Trinkdosen müssen vor dem Einwurf vollständig geleert werden. Kronkorken, Kunststoff- und Schraubverschlüsse von Flaschen gehören nicht in den Glasbehälter, sondern in den Restmüll!

Sei fair!!
Jeder, der die Wertstofftonnen durch falsches Einwerfen oder Restmüll "verschmutzt", macht die Bemühungen anderer zunichte, denn verschmutzte oder nicht sortenreine Wertstoffe wandern in den Restmüll und damit in die Müllverbrennung!

Nicht vergessen:
Müll sammeln und trennen ist wichtig
— **Müll vermeiden ist besser!**

Lektion 9

Verzettelte Familie

Die patriarchalische Großfamilie ist nicht zeitgemäß, „in" ist heute die partnerschaftlich orientierte Kleinfamilie. Früher wohnten alle Generationen unter einem Dach, heute ist tagsüber meist gar niemand zu Hause. Da wird die Kommunikation zwischen Familienmitgliedern zusehends schwieriger, und zur endgültigen Ablösung der Kinder von ihren Eltern ist der Weg auf diese Weise nicht mehr weit. So sieht es heutzutage oft in Familien aus:

Kevin M., 14 Jahre alt, kehrt um 16.30 Uhr aus der Schule zurück. An der Haustür findet er einen Zettel vor: „Bin in der Stadt. Schlüssel unter dem Blumenkistchen. Gruß Mami." Kevin klaubt den Schlüssel unter dem Blumenkistchen hervor und schließt die Tür auf. Er wirft die Mappe in eine Ecke und begibt sich, ohne die Jacke auszuziehen, in die Küche zum Kühlschrank. Auf der Tür erneut ein Zettel: „Falls jemand Hunger hat: Es hat noch Nussrollen im Brotkasten." Kevin durchstöbert den Brotkasten, allerdings ohne Erfolg. Also rasch den Kugelschreiber zücken, unten auf den Zettel schreiben: „Habe nichts gefunden. Vielleicht hat Melanie sie gegessen. Kevin." Da Kevin noch mit einem Kollegen abgemacht hat, verlässt er darauf das Haus, aber nicht ohne den Zettel an der Haustür mit folgender Meldung ergänzt zu haben: „Bin bei Martin. Komme gegen 20 Uhr zurück. Kein Nachtessen für mich. Gruß Kevin." Danach Schlüssel unter die Blumenkiste und weg.

Um 17.15 Uhr kommt Kevins Schwester **Melanie**, 16-jährig, nach Hause. Missmutig liest sie den Zettel und folgt den Informationen, die darauf stehen. Nachdem sie ihre Tasche versorgt, ihre Jacke über die Lehne der Couch geworfen hat, führt sie ihr erster Gang ebenfalls in die Küche. Wütend schreibt sie unten auf den Zettel an der Kühlschranktür: „Ich fresse meinem Brüderchen doch nicht alles weg! Papi war's! Melanie." Auch sie wird diesen Abend abwesend sein, denn sie hat noch Ballettstunde. Darüber weiß die Familie Bescheid, also erübrigt sich ein Zettel.

Vollbepackt mit Plastiktüten kommt um 18 Uhr **Frau M.** nach Hause. Sie nimmt Kevins Notiz gelassen zur Kenntnis, schließlich braucht sie so weniger Zeit für das Nachtessen, und gespart hat sie auch noch, da sie weniger kochen muss. Kaum hat sie all ihr Eingekauftes verstaut, klingelt das Telefon. Ihr Mann ist am Apparat. „Hallo Schatz. Es tut mir Leid, ich habe noch eine wichtige Sitzung heute Abend. Ich komme später. Tschüss." Also ist ein Nachtessen in Schichten angesagt.

Als gegen 22 Uhr **Herr M.** heimkommt, findet er einen Zettel auf seinem Schreibtisch: „Wenn Du noch Hunger hast: Im Gefrierfach hat es Käseküchlein. Wie der Mikrowellenherd funktioniert, weißt Du ja. Ich bin bereits im Bett. Melanie wird noch mit ihrem Freund unterwegs sein, und Kevin ist auf seinem Zimmer und hört Musik." Herr M. denkt: Alles in bester Ordnung, wie immer. Da soll noch einer kommen und sagen, in unserer Familie herrsche keine Harmonie. Er geht in die Küche und bereitet sein Nachtessen zu. An einem Käseküchlein kauend setzt er sich vor den Fernseher, wählt aus den 27 Kanälen die Nummer 11: Es läuft gerade der Spielfilm „Kevin, Home alone".

Lektion 10

So leben wir in hundert Jahren!

▶▶▶▶▶

Zukunftswettbewerb: Eure Ideen

Eine schöne, neue, verrückte, unglaubliche, fantastische, fliegende, schwimmende Welt – über und unter der Erdoberfläche! Einfach toll, die Ideen zu dem großen Zukunftswettbewerb der Jugendzeitung „Treff". Hier einige Beispiele von den Einsendungen der Preisträger:

„Die Menschen gehen immer mehr Risiken ein, um noch mehr Geld zu bekommen! Durch die Explosion einer riesengroßen Chemiefabrik und durch eine ansteckende Krankheit, die um die ganze Welt geht, bleiben zum Schluss nur noch ganz wenige Menschen am Leben. Sie bauen sich kleine, primitive Blockhütten und leben zum Schutz eng beieinander. Dabei stellen sie fest, dass das Leben miteinander und mit der Natur wunderschön ist!"

Anne-K. Kronberg, 12 Jahre, D-Neuditendorff

„Im Jahr 2096 geht niemand mehr zur Schule. Denn jedes Kind hat zu Hause einen Hausaufgaben-Lern-Computer, an dem es alleine vor sich hin arbeitet."

Regina Schmidt, 11 Jahre, D-Mühldorf

„In hundert Jahren leben wir auf fliegenden Inseln im All. Die Welt ist nämlich bis dahin von den Naturgewalten zurückerobert worden, und die Menschen müssen auf Platten im All leben. Wobei für jede verschiedene Vegetation oder Bevölkerung eine eigene Platte vorgesehen ist, um Feindseligkeiten zu vermeiden."

Karin Haselsteiner, 14 Jahre, D-Hutturm

„Es gibt schwebende Eisenbahnschienen im Weltall und zwei riesige Hochhäuser auf dem Mond. Mit einem Zug kann man zum Mond fahren. In jedem der Hochhäuser haben 100 Leute Platz.

Ich möchte gern in 100 Jahren auf die Welt kommen, um einmal ins Weltall, auf den Mond zu fliegen und die Hochhäuser zu besuchen!"

Angelo Immos, 9 Jahre, CH-Morschach

„Der Alltag eines Schülers im Jahr 2096: Der Schüler, nennen wir ihn 'Modul', steht morgens auf, lässt sich auf seinen neben dem Bett stehenden Computerstuhl fallen, drückt den 'on'-Knopf seines Computers, wartet auf das Bild, klickt sich in das Programm seiner Mutter in der Küche, die den Essensplan für den Tag (auf dem Küchencomputer) programmiert. Er schaltet sich dazwischen, indem er auf Mutters Bildschirm 'Hunger' schreibt. Gedankenverloren löscht diese das Wort und schiebt, ohne hinzugucken, ein Brötchen in den 'Hand-Lifter'. Modul erwartet es oben bei sich im Zimmer, nimmt es aus dem Lift, ohne den Blick vom Bildschirm zu wenden. Jetzt beginnt für ihn der Unterricht: Er drückt auf die 'S: M' (Subjekt: Mathe) Taste, ein kleiner Lehrer taucht auf dem Bildschirm auf, dann eine Tafel mit Zahlen und Aufgaben. Gelangweilt löst Modul alle Aufgaben und lässt sie ausdrucken. Dieser Vorgang wiederholt sich mit all den anderen Fächern. Am Abend schiebt Modul die ausgedruckten Aufgaben in sein Fax-Gerät, das die Blätter nach Hamburg befördert, wo der Zentral-Computer steht, der sie auswertet, benotet und zurücksendet."

Ricarda Franzen, 12 Jahre, D-Olpe-Biggesee

Lektion 11

Reservationskarte für die Jugendherberge

RESERVATION

Bitte reservieren Sie via IBN folgenden Aufenthalt:

Gewünschte Jugi	
Anzahl Personen	weiblich männlich
Jahrgänge	
Anreisedatum	
Anreisezeit	
Abreisedatum	
Telefon	

Nach erfolgter Reservation erhältst du eine Bestätigung und einen Einzahlungsschein über den Übernachtsbetrag und die Buchungsgebühr (vor Abreise zu bezahlen).

☐ Ich bin am Go as you please-Package der Jugi Tours interessiert. Bitte sendet mir die Reiseunterlagen zu.

☐ Offerte für Flug oder Zug (Jugi Tours).

☐ Ich bin bereits Jugi-Mitglied.

☐ Ich brauche noch eine gültige Mitgliedskarte.

　☐ Individuell (Fr. 20.–/30.–)
　☐ Familienkarte (Fr. 40.–)
　☐ Gruppenleiter (ab 18 Jahren; Fr. 40.–)

Geburtsdatum

Datum

Unterschrift

Vorname
Name
Strasse
PLZ
Ort

Falls du nicht in der Schweiz wohnst: Bei deinem nationalen JH-Sekretariat kannst du dein Bett ebenfalls via IBN reservieren.

Schweizer
Jugendherbergen
Postfach 161
8042 Zürich

Lektion 12

Formular

Anzeigen

Au-pair-Mädchen mit Deutschkenntnissen gesucht!

Frischer Wind gefällig?

Sie sind eine fröhliche Person, können Rad fahren und schwimmen?
Sie möchten im eigenen Wohnbereich bei einer gut situierten Familie mit 2 Kindern (3 u. 4 Jahre) in der Nähe der norddeutschen Großstadt Kiel wohnen?

Das bieten wir einem

Au-pair-Mädchen

zwischen 18 und 24 Jahren,
das gerne in unserer Familie leben möchte.

Wenn Sie uns und dieses Land kennen lernen wollen und dazu ausbaufähige Deutschkenntnisse besitzen, dann schreiben Sie uns.

Britta und Michael Eck
Am Hang 4 b
D 24217 Schönberg

AU PAIR
Mädchen und Jungs in Deutschland gesucht.

Voraussetzungen:
- Deutschkenntnisse
- Alter 19 bis 24 Jahre
- Erfahrung mit Kinderbetreuung.

Familienservice München vermittelt und betreut Sie kostenlos.

Bitte rufen Sie Frau Carla Klein oder Frau Christina Hirschberg in Familienservice an:
0049-89-5458103, Fax: 0049-89-54558104

Kopiervorlagen zur Grammatik

1 | Perfekt

1. Funktion

Perfekt verwendet man, wenn man über Vergangenes spricht.

- ● *Was **hast** du denn gestern Abend **gemacht**?*
- ▪ *Ich **bin** ziemlich früh ins Bett **gegangen**. Ich **habe** noch ein bisschen Musik **gehört**.*

Die Verben *sein, haben, es gibt* und die Modalverben (*können, müssen* …) verwendet man meist im Präteritum.

- ● *Wo **warst** du denn so lange?*
- ▪ *Tut mir Leid, ich **konnte** nicht früher kommen. Ich **hatte** viel zu tun.*

2. Struktur

a) Hilfsverb *(sein/haben)*

Die meisten Verben bilden das Perfekt mit *haben*, vor allem: – Verben mit einem Akkusativ-Objekt – Verben mit sich	*Ich **habe** Musik gehört.* *Er **hat** sich sehr geärgert.*
Sein verwenden wir bei – Verben der Ortsveränderung – Verben der Zustandsveränderung – *sein* und *bleiben*	*Ich **bin** nach Hause gegangen.* *Ich **bin** um 7 Uhr aufgestanden.* *Wo **bist** du gewesen?*

b) Bildung des Partizips II:

regelmäßige Verben	**ge-**+Stamm+**-(e)t**	*machen – **ge**mach**t*** *enden – **ge**ende**t***
unregelmäßige Verben	**ge-**+Stamm+**-en** (der Stamm kann sich verändern)	*lesen – **ge**les**en*** *gehen – **ge**gang**en***
gemischte Verben	**ge-**+Stamm+**-t** (der Stamm verändert sich)	*kennen – **ge**kann**t*** *bringen – **ge**brach**t*** (genauso: *denken, rennen, nennen, brennen*)

Verben auf *-ieren*	Stamm+**-t** (ohne **-ge**)	*telefonieren – telefonier**t*** *studieren – studier**t***
trennbare Verben untrennbare Verben	Präfix+**-ge**+Stamm+**-t/-en** Präfix+Stamm+**-t/-en**	*mitkommen – mit**ge**kommen* *verstehen – verstanden*

3 | Adjektivdeklination

1. Funktion

Das Adjektiv bekommt nur dann eine Endung, wenn es vor einem Substantiv steht. Die Endung signalisiert – mit dem Artikelwort zusammen – Genus, Numerus und Kasus des Substantivs.

- *Die Hose ist **schön**!*
- *Meinst du die **helle** Hose oder die **dunkle**?*

2. Struktur

a) Wenn man allgemein über etwas spricht: *ein(e)/kein(e)/mein(e)* + Adjektiv + Substantiv
Die Adjektivendung muss Kasus, Numerus und Genus des Substantivs signalisieren, wenn das durch das Artikelwort nicht angezeigt wird. In allen anderen Fällen ist die Adjektivendung **-en**.

	Singular			Plural
	maskulin	feminin	neutrum	
Nominativ	**ein** klein**er** Laden	**eine** hell**e** Hose	**ein** schön**es** Hemd	**meine** langweilig**en** Blusen
Akkusativ	**einen** klein**en** Laden	**eine** hell**e** Hose	**ein** schön**es** Hemd	**meine** langweilig**en** Blusen
Dativ	in **einem** klein**en** Laden	in **einer** hell**en** Hose	in **einem** schön**en** Hemd	zu **meinen** langweilig**en** Blusen
Genitiv	die Verkäuferin **eines** klein**en** Ladens	die Knöpfe **einer** hell**en** Hose	die Ärmel **eines** schön**en** Hemdes	der Schnitt **meiner** langweilig**en** Blusen

b) Wenn man über etwas Konkretes spricht: *der/dieser/welcher* + Adjektiv + Substantiv
Das Adjektiv endet immer auf **-e/-en**.

Nominativ	**der** blau**e** Faltenrock	**die** weit**e** Hose	**das** kurz**e** Kleid	**die** richtig**en** Farben
Akkusativ	**den** blau**en** Faltenrock	**die** weit**e** Hose	**das** kurz**e** Kleid	über **die** richtig**en** Farben
Dativ	in **dem** blau**en** Faltenrock	in **der** weit**en** Hose	mit **dem** kurz**en** Kleid	in **den** richtig**en** Farben
Genitiv	die Länge **dieses** blau**en** Faltenrock**es**	der Stoff **der** weit**en** Hose	das Muster **des** kurz**en** Kleid**es**	die Auswahl **der** richtig**en** Farben

c) Wenn man allgemein über etwas im Plural spricht: Adjektiv + Substantiv
Da es kein Artikelwort gibt, muss die Adjektivendung Kasus, Numerus und Genus des Substantivs signalisieren (zur Adjektivdeklination im Singular s. Band 2).

Nominativ	hell**e** Farben
Akkusativ	hell**e** Farben
Dativ	in hell**en** Farben
Genitiv	die Wirkung hell**er** Farben

Adjektive auf –a (*lila, rosa, prima ...*) werden nicht dekliniert.

4 | Konjunktiv II (1.)

1. Funktion

Mit dem Konjunktiv II kann man irreale Konditionen ausdrücken.

real: *Ich habe keinen Tennisschläger. Ich spiele nicht mit.*
irreal: *Wenn ich einen Tennisschläger **hätte**, **würde** ich **mitspielen**.*
real: *Er kann nicht gut spielen. Er gewinnt nicht.*
irreal: *Wenn er gut spielen **könnte**, **würde** er **gewinnen**.*

2. Struktur

a) Formen:

	haben	sein
ich	hätte	wäre
du	hättest	wärest
er/sie/es	hätte	wäre
wir	hätten	wären
ihr	hättet	wäret
sie/Sie	hätten	wären

	können	müssen	dürfen
ich	könnte	müsste	dürfte
du	könntest	müsstest	dürftest
er/sie/es	könnte	müsste	dürfte
wir	könnten	müssten	dürften
ihr	könntet	müsstet	dürftet
sie/Sie	könnten	müssten	dürften

Außer *haben*, *sein* und den Modalverben verwendet man in der Regel, vor allem in der gesprochenen Sprache, die Konstruktion *würde + Infinitiv*.

	mitspielen
ich	würde mitspielen
du	würdest mitspielen
er/sie/es	würde mitspielen
wir	würden mitspielen
ihr	würdet mitspielen
sie/Sie	würden mitspielen

→ zu weiteren Formen s. S. 165

b) Satzstrukturen

Irreale Konditionalsätze werden in der Regel mit *wenn* eingeleitet. Das konjugierte Verb steht an letzter Stelle des Konditionalsatzes.

Wenn ich mehr Zeit **hätte**, würde ich regelmäßig Tennis spielen.

Irreale Konditionalsätze kann man auch ohne *wenn* formulieren, dann steht das konjugierte Verb an erster Stelle.

Hätte ich mehr Zeit, würde ich regelmäßig Tennis spielen.

5 | Relativsatz

1. Funktion

Der Relativsatz erklärt ein Substantiv im Hauptsatz näher. Er wird von einem Relativpronomen eingeleitet.

Das ist ein neues Gesellschaftsspiel. Es ist sehr spannend.
*Das ist ein neues **Gesellschaftsspiel, das** sehr spannend ist.*

Das Spiel können vier Personen spielen. Sie bilden zwei Mannschaften.
*Das Spiel können **vier Personen** spielen, **die** zwei Mannschaften bilden.*

2. Struktur

a) Relativpronomen

Der Kasus des Relativpronomens hängt vom Verb ab. Genus und Numerus richten sich nach dem Substantiv, auf das es sich bezieht.

*Ist das der Computer, **den** du zu Weihnachten bekommen hast?* (bekommen + Akkusativ)
*Das sind die Videoclips, **in denen** auch mein Freund mitspielt.* (mitspielen in + Dativ)

Das Relativpronomen im Genitiv steht für das Possessivpronomen.

*Auf dem Foto siehst du meine Tante. **Ihre** Tochter kennst du schon.*
*Auf dem Foto siehst du meine Tante, **deren** Tochter du schon kennst.*

	Singular			Plural
	maskulin	feminin	neutrum	
Nominativ	der	die	das	die
Akkusativ	den	die	das	die
Dativ	dem	der	dem	denen
Genitiv	dessen	deren	dessen	deren

b) Satzstruktur

Der Relativsatz steht meistens direkt hinter dem Substantiv, auf das er sich bezieht. Er wird durch Kommas vom Hauptsatz getrennt.

*Meine Tante, **deren Tochter du schon kennst,** besucht uns am Sonntag.*

Das konjugierte Verb steht im Relativsatz an letzter Stelle.

6 | Präteritum

1. Funktion

Präteritum verwendet man, wenn man eine Reihe von Ereignissen mündlich wiedergibt oder schriftlich über Vergangenes erzählt.

*Ich **ging** gerade aus der Wohnung und **schloss** die Tür ab, als plötzlich das Telefon **klingelte** …*

*Ein Müller **hatte** drei Söhne, seine Mühle, einen Esel und einen Kater. Als der Müller **starb, teilten sich** die drei Söhne die Erbschaft …*

2. Formen

regelmäßige Verben	Stamm + -(e)te + Endung	klingeln – klingel**te** heiraten – heirat**ete**
unregelmäßige Verben	Stammveränderung + Endung	g**e**hen – g**i**ng abschl**ie**ßen – schl**o**ss ab
gemischte Verben	Stammveränderung + **te**	br**i**ngen – br**ach**te n**e**nnen – n**ann**te

	regelmäßige Verben: <u>klingeln</u>	unregelmäßige Verben: <u>gehen</u>
<u>ich</u>	klingel**te**	ging
<u>du</u>	klingel**test**	ging**st**
<u>er/sie/es</u>	klingel**te**	ging
<u>wir</u>	klingel**ten**	ging**en**
<u>ihr</u>	klingel**tet**	ging**et**
<u>sie/Sie</u>	klingel**ten**	ging**en**

	<u>sein</u>	<u>haben</u>	Modalverben: <u>können</u>
<u>ich</u>	war	hat**te**	konn**te**
<u>du</u>	war**st**	hat**test**	konn**test**
<u>er/sie/es</u>	war	hat**te**	konn**te**
<u>wir</u>	war**en**	hat**ten**	konn**ten**
<u>ihr</u>	wart	hat**tet**	konn**tet**
<u>sie/Sie</u>	war**en**	hat**ten**	konn**ten**

7 | Sich-Verben

1. Funktion

● *Beeil dich doch bitte! Ich möchte mich auch duschen.*
■ *Ich bin gleich fertig, ich kämme mir nur noch die Haare.*

Die sich-Verben lassen sich in drei Gruppen teilen:

– reflexive Verben: Das Verb steht immer mit dem Pronomen *sich*.	*sich beeilen*
– Verben im reflexiven Gebrauch: Das Verb kann auch ohne das Pronomen *sich* vorkommen. In diesem Fall bezieht sich die Bedeutung auf ein anderes Objekt.	*sich kämmen: Ich kämme mich.* *jemanden kämmen: Die Mutter kämmt ihre Tochter.*
– reziproke Verben: Das Pronomen *sich* drückt Gegenseitigkeit aus und kann durch *einander* ersetzt werden.	*sich grüßen, sich kennen lernen, sich küssen, sich lieben, sich streiten, sich treffen, sich umarmen, sich verstehen*

2. Struktur

a) Reflexivpronomen

Wenn es im Satz ein Akkusativ-Objekt gibt, das zum sich-Verb gehört, steht das Pronomen *sich* im Dativ.

sich im Akkusativ: *sich kämmen*	*sich* im Dativ: *sich die Haare kämmen*
ich kämme **mich**	ich kämme **mir** die Haare
du kämmst **dich**	du kämmst **dir** die Haare
er/sie/es kämmt **sich**	er/sie/es kämmt **sich** die Haare
wir kämmen **uns**	wir kämmen **uns** die Haare
ihr kämmt **euch**	ihr kämmt **euch** die Haare
sie/Sie kämmen **sich**	sie/Sie kämmen **sich** die Haare

Das Akkusativ-Objekt kann auch die Form eines Nebensatzes haben.

*Stell **dir** vor, dass wir uns erst in 20 Jahren wiedersehen.*

b) Stellung im Satz

Das Reflexivpronomen *sich* steht in der Regel nach dem konjugierten Verb. Wenn das Subjekt ein Personalpronomen ist, steht es immer vor dem Reflexivpronomen.

Wir	erholen		uns		diesen Sommer auf der Insel Sylt.
Diesen Sommer	erholen	wir	uns		auf der Insel Sylt.
Diesen Sommer	erholt		sich	die ganze Familie	auf der Insel Sylt.
Wo	erholt	ihr	euch		diesen Sommer?
	Erholen	Sie	sich		gut!

9 | Konjunktiv II (2.)

1. Funktion

*Wenn ich eine kleine Schwester hätte, würde ich oft mit ihr spielen (oder: **spielte** ich oft mit ihr).*
*..**ginge** ich oft auf den Spielplatz mit ihr.*
*..**ließe** ich sie nie allein.*

Außer irrealen Konditionen (s. S. 161) kann man mit dem Konjunktiv II Folgendes ausdrücken:

– höflich bitten und fragen	**Hätten** Sie vielleicht einen Stift für mich? **Könnten** Sie mir **sagen**, wie spät es ist? **Würdest** du mir bitte **helfen**? Ich **hätte** gern zehn Brötchen.
– vorsichtige Ratschläge geben	Du **könntest** ruhig mal deine Haare **schneiden lassen**. Du **solltest** dir eine moderne Frisur **machen**.
– irreale Wünsche ausdrücken*	Wenn er mich doch nur **anrufen würde**! Wenn ich doch besser Deutsch **könnte**! Wenn der Bus doch bloß **käme**! Ich **wünschte**, mein Freund **wäre** hier.

*Den irrealen Wunschsatz kann man auch ohne *wenn* formulieren. Dann steht das konjugierte Verb an erster Stelle.

Würde er mich doch nur **anrufen**!
Könnte ich doch besser Deutsch!

2. Formen

regelmäßige Verben	Die Konjunktivform stimmt mit der Präteritumform überein.	spielen → spielte
	Meist wird die Konjunktivform durch *würde + Infinitiv* ersetzt.	würde spielen
unregelmäßige Verben	Konjunktivform: Präteritumform + **-e**; aus *a, o, u* wird *ä, ö, ü*	wissen → wusste → wüsste
	Diese Form verwendet man nur bei *haben, sein* und den Modalverben (s. S. 161) und bei häufig vorkommenden unregelmäßigen Verben (*käme, ließe, fände, wüsste, bliebe, ginge* usw.).	

10 | Steigerung des Adjektivs

1. Funktion

Mit den gesteigerten Formen des Adjektivs kann man Vergleiche ausdrücken.

*Es war einmal ein unglücklicher Vater. Er hatte drei Söhne. Davon war **der älteste** sehr **klug**, und der zweite Sohn war noch ein bisschen **klüger**! Aber **am klügsten** von allen war sein **jüngster** Sohn.*

2. Struktur

a) Formen

Positiv	Komparativ	Superlativ
schön	schöner	schönst-
nett	netter	nettest-
klug	klüger	klügst-
stark	stärker	stärkst-
gut	besser	best-
gern	lieber	liebst-
viel/sehr	mehr	meist-

-est nach -d, -t, -s, -ß, -sch, -x, -z...

a → ä   alt, arm, dumm, gesund, groß, hart,
o → ö   jung, kalt, kurz, lang, scharf, schwach,
u → ü   stark, warm ...

Besonderheiten der Bildung:

hoch	höher	höchst-
nah	näher	nächst-
teuer	teurer	teuerst-
sauer	saurer	sauerst-
dunkel	dunkler	dunkelst

b) Verwendung im Satz:

sein + Adjektiv	Arthur ist **klug**. Roland ist **klüger**. Otto ist am **klügsten**. / Otto ist **der Klügste**.
Verb + Adjektiv	Arthur läuft **schnell**. Roland läuft **schneller**. Otto läuft **am schnellsten**.
Adjektiv + Substantiv	Arthur heiratet **eine schöne Prinzessin**. Roland heiratet **eine schönere Prinzessin**. Otto heiratet **die schönste Prinzessin**.

c) Verwendung in Vergleichssätzen:

Der erste Prinz ist stark. Der zweite Prinz ist (genau)**so stark wie** der erste. Der dritte Prinz ist (viel) **stärker als** die ersten beiden.

11 | Lokalangaben

Struktur

Lokalobjekte kann man durch eine lokale Präposition an das Verb anschließen.

*Ich verbringe meine Ferien **auf dem Lande**.*
*Fährst du auch dieses Jahr **nach Griechenland**?*

Präposition	Wohin? → Akkusativ	Wo? → Dativ
in	Wir fahren **in die Berge**.	Wart ihr **in den Bergen**?
an	Die Angler gehen **an den Fluss**.	Die Angler sitzen **am Fluss**.
auf	Der Vogel fliegt **auf den Baum**.	Der Vogel ist **auf dem Baum**.
unter	Der Taucher taucht **unter die Wasseroberfläche**.	Der Taucher schwimmt **unter dem Wasser**.
über	Das Flugzeug steigt **über die Wolken**.	Das Flugzeug fliegt **über den Wolken**.
hinter	Die Sonne sinkt **hinter die Berge**.	Die Sonne ist **hinter den Wolken**.
vor	Stell die Schuhe **vor die Tür**.	Warum stehen die Schuhe **vor der Tür**?
zwischen	Setz dich **zwischen deine Geschwister**.	Ich saß **zwischen meinen Geschwistern**.
neben	Setz dich **neben deinen Bruder**.	Ich saß **neben meinem Bruder**.

Präposition	+Akkusativ
durch	Der Zug fährt **durch den Tunnel**.
über	Geh bei Rot nicht **über die Straße**!
gegen	Das Auto fuhr **gegen einen Baum**.
um (herum)	Es gibt Wanderwege **um den See** (herum).
entlang	Wir gehen **den Fluss entlang**. (meist hinter dem Substantiv)
bis bis in bis an	Fahren Sie **bis Wien**! (bei Substantiven ohne Artikel) Fährt der Bus **bis ins Zentrum**? Ich gehe mit dir **bis ans Ende der Welt**.

Präposition	+Dativ
zu	Im Sommer fährt sie **zu ihren Großeltern**.
bei	Warst du **beim Friseur**?
von	Ich rufe **von meinem Freund** an.
aus	Ich komme **aus einer Großstadt**.
ab	**Ab der nächsten Straßenecke** trage ich den Koffer weiter.
nach	Wir fahren oft **nach Italien**. (meist ohne Artikel)
gegenüber	Die Werkstatt ist **gegenüber der Tankstelle**. **Der Tankstelle gegenüber** liegt die Werkstatt.
bis zu bis nach	Fahren Sie **bis zur Haltestelle** Stadtmitte. Wir fahren **bis nach Marbach** und gehen von dort zu Fuß weiter.

12 | Zusammengesetzte Sätze

1. Hauptsatz + Hauptsatz

a) *und, sondern, oder, denn, aber*

Diese Konjunktoren nehmen die Position 0 ein, es folgt ein Hauptsatz mit normaler Satzstellung: Das Subjekt steht auf Position I und das konjugierte Verb auf Position II.

Hauptsatz 1			Konjunktor	Hauptsatz 2		
Markus	verkauft	Popcorn,	und sondern oder denn aber	Peter	verkauft	Zuckerwatte.
I	II		0	I	II	

b) *deshalb, darum, deswegen, trotzdem, dann, sonst, doch ...*

Alle anderen satzverbindenden Konjunktoren nehmen die Position I ein: Es folgt das konjugierte Verb.

Hauptsatz 1			Hauptsatz 2			
Indra	sucht	einen Job,	deshalb	ruft	sie	in verschiedenen Pressestellen an.
I	II		I	II	III	

Die meisten dieser Konjunktoren können auch als Adverbien die Position 3 einnehmen.

*Indra sucht einen Job. Sie ruft **deshalb** in verschiedenen Pressestellen an.*

2. Hauptsatz + Nebensatz

Die Subjunktoren *dass, weil, da, wenn, ob, obwohl, damit, als, während, nachdem, bevor* usw. leiten einen Nebensatz ein: Das konjugierte Verb steht an letzter Stelle des Nebensatzes.

Hauptsatz			Nebensatz			
Anja	dachte	am Anfang,	dass	sie	die Arbeit	nicht schafft.
I	II		I	II		